引领

职业经理人

主　编　徐志毅
副主编　汪　泓　秦　健　盛焕烨

上海交通大學出版社
SHANGHAI JIAO TONG UNIVERSITY PRESS

内容提要

在新常态下，企业如何生存、创新、突破和发展？这是当前每个企业面临的一个战略思考和重要抉择。新常态下，不少企业处在或提前到达企业生命周期曲线的拐点。因此，职业经理人如何思考和实施主动型的突破管理具有十分重要的现实意义。

本书面向企业领导者和职业经理，分八大部分，其中：总论 1 篇、战略管理 12 篇、突破管理 9 篇、创新发展 6 篇、企业管理 7 篇、人力资源管理 5 篇、营销管理 5 篇、转型管理 6 篇，合计 51 篇，讲述新形势下，职业经理面对新问题，积极探索，大胆尝试，取得实效的历程。

本书适合职业经理人、企业管理者参考阅读。

图书在版编目(CIP)数据

职业经理人引领 / 徐志毅主编. —上海：上海交通大学出版社，2016

ISBN 978-7-313-15273-2

Ⅰ.①职… Ⅱ.①徐… Ⅲ.①企业领导学-研究
Ⅳ.①F272.91

中国版本图书馆 CIP 数据核字(2016) 第 144966 号

职业经理人引领

主　　编：徐志毅　　副 主 编：汪　泓　秦　健　盛焕烨
出版发行：上海交通大学出版社　　地　　址：上海市番禺路 951 号
邮政编码：200030　　电　　话：021-64071208
出 版 人：韩建民
印　　刷：上海春秋印刷厂　　经　　销：全国新华书店
开　　本：710mm×1000mm　1/16　　印　　张：23
字　　数：367 千字
版　　次：2016 年 7 月第 1 版　　印　　次：2016 年 7 月第 1 次印刷
书　　号：ISBN 978-7-313-15273-2/F
定　　价：68.00 元

编 委 会

上 海 市 人 民 政 府

SHANGHAI MUNICIPAL PEOPLE'S GOVERNMENT

值此上海卓越管理中心成立十周年之际，我谨代表上海市人民政府表示热烈的祝贺！十年来，上海卓越管理中心坚持产学结合，依托优秀师资，优化课程体系，大力培养经济社会发展急需的职业经理人，为促进职业经理人队伍建设作出了积极贡献。

希望上海卓越管理中心站在新的起点，弘扬“卓越管理”理念，紧贴上海“创新驱动、转型发展”的具体实际，进一步创新培训模式，提升培训质量，努力培养更多具有世界眼光、战略思维、善于现代经营管理的企业家和职业经理人，为上海的经济社会发展作出新的更大的贡献！

上海市市长 

二〇一一年九月

科学管理
追求卓越

祝"卓越管理丛书"出版

尹鸿祺　二〇〇六·一

办好卓越中心
提升管理水平

宋健
二〇〇二年秋

序

王宗光

上海卓越管理中心在中央领导的关心下，经国家人事部外国专家局推荐、上海市政府同意，由上海交通大学组织上海企业界和美国卓越管理中心合作，作为事业单位于2001年正式成立。

十多年来，上海卓越管理中心顺应经济社会改革发展需要，聚焦高级职业经理人的教育培训事业，以战略管理、突破管理等现代企业管理新概念为理论基础，多方位配合企业改革发展、经营管理的实际需要，建立了完整的创新教学的培训新体系。通过对近4 000名在岗企业经营管理者的系统培训，不仅满足了上海企业改革发展的急需，壮大了高级职业经理人的队伍，而且涌现了一大批优秀的领导干部，在大型企业集团或区县党政领导岗位发挥重要作用。

经过卓越管理中心培训的学员，均能把学到的先进管理理论和方法运用到管理实践，并结合企业实际情况和个人经历撰写出理论联系实际的好论文，用于交流和相互借鉴。

2006年以来，在中心理事长徐志毅教授的亲自主持下，已将多位专家、教授和职业经理人撰写的论文汇编出版了《战略——生产制造决定中国未来命运》《突破——现代企业管理新概念》《转机——中国企业如何转危为机》《职业经理人——风采》《职业经理人——睿智》等书籍。这些作品全面体现了国外先进管理理念与中国本土实际相结合的成功体验，有金融风暴背景下中国企业走出困境的成功案例，有职业经理人职业生涯的奋斗史，也有企业创新、市场营销、结构调整等方面的理论研究和实战经验。

2015 年，上海卓越管理中心组织专家对近三年的 800 多篇职业经理人论文进行了优秀论文评选，选出近 120 篇。这些论文选题新、内容实、文风好，生动反映作者的开创精神和管理能力。本书《职业经理人——引领》以上述优秀论文中的 51 篇为基础编写，涉及战略管理、突破管理、创新发展、营销管理、人力资源管理等多方面内容。作者来自不同经济领域、不同行业，所展示的生动案例体现了我们的企业家具有良好的职业操守、强烈的使命感和引领企业发展的精神风貌。

徐志毅教授为本书写了总论"新常态下的企业突破管理"，他指出："新常态是国民经济发展方式和结构调整的重要转型期。在新常态下，企业既要对宏观经济的发展趋势与政策导向保持灵敏的视觉，也要对市场的需求与产业动向保持敏捷的触觉，企业要紧紧抓住充满商机的战略发展机遇"，并强调："新常态下，创新是生命力，突破是驱动力。我们要认识新常态，适应新常态，引领新常态。企业要以崭新的姿态，抓住关键因素，实施突破管理，以获取卓越成果！"所以，在新常态下如何培育核心竞争力、引领企业持续创新发展就是本书出版的目的所在，也是书名的题中之意。

上海卓越管理中心一贯遵循的办学宗旨是以培育高层次管理人才为主线，对课程设置、论文研究、考核方法、鉴定认证、教育创新都作了系统的研究和实践，已创建和实施了能适应我国职业经理人特点的"学习——实践——提升——推广"培训教育新模式，结业后又为学员组织搭建了终身学习和服务的交流互动平台。

上海卓越管理中心坚持严谨教学的同时，倡导理论创新。徐志毅教授以其对企业长期工作和担任上海市政府经济管理部门领导的亲身经历和实际的智慧总结，在教学中不是简单移植外来管理理论，他对突破管理理论作了精心研究，结合中国企业、中国社会的实际情况提出了具有中国特色的突破管理理论系列新概念，在企业改革发展中得到了广泛应用。

上海卓越管理中心也是企业家的学术交流平台，不仅组织各类学术报告、学术研讨会和专题讨论会，而且出版的《现代企业经营管理》期刊已成为卓越管理中心的学术常态。近年举办的“睿智促发展”“实干圆梦”和“突破·引领新常态“三个学术论坛均取得良好反响，分别获得上海市社联颁发的第六、第七、第九届优秀组织奖。

上海卓越管理中心得到了领导和社会各界的好评。中共中央政治局委员、上海市委书记韩正在上海卓越管理中心成立十周年时曾评价说:“十年来，上海卓越管理中心坚持产学研结合，依托优秀师资，优化课程体系，大力培养经济社会发展急需的职业经理人，为促进职业经理人队伍建设做出了积极贡献。”当初曾参与筹建卓越管理中心的全国人大常委会副委员长严隽琪到会说道:“上海卓越管理中心工作得到不断成长发展，卓有成效，值得祝贺。”

党的十八届三中全会文件明确提出要“建立职业经理人制度，更好发挥企业家作用”，说明职业经理人制度的建立具有全局意义。我们期待上海卓越管理中心继往开来，为上海的改革开放创新发展再作新贡献。相信本书的出版将会为广大身负重任的企业管理者注入正能量和新启发，他们会以更大热情、勇气、责任和担当引领新常态。

王宗光

2016 年 7 月 1 日

（王宗光，原上海交通大学党委书记，现任上海卓越管理中心名誉理事长。）

创新发展

营销管理

转型管理

企业管理

人力资源管理

总　论

四是流通成本偏高，不仅传统商业运行模式，而且网络销售、网店等新模式，也同样受到高物流成本的影响。

五是知识产权保护成本过高，由于知识产权保护不力，企业创新能力受到影响。

六是准入成本依然很高，企业转型看好的行业门槛依然很高，看得见和看不见的政府干预依然过多。

企业如何应对六大高成本的挑战？上海东方鳄鱼服饰有限公司结合企业的实践，应用突破管理的理论取得了很好的效果。

卡帝乐鳄鱼男装是新加坡的品牌，在东南亚风靡了60多年。1993年进入大陆发展，该品牌经历了起步、辉煌、停滞不前、再稳定、再发展。上海东方鳄鱼服饰有限公司面临市场挑战，在20多年的经营发展中经历了多次的突破飞跃。

2012年，我国服装行业开始走下坡路，各个品牌业绩下滑非常厉害，公司的业绩也走到了拐点。董事会决定：在新常态下必须进行突破，要把A业务推广到B业务，甚至推广到C业务，充分利用品牌的附加值，挖掘品牌的附加值，并引进合作伙伴，进行股权合作。2012年初公司开始实施大规模的战略大调整。一是引进了风投公司，进一步提升公司的竞争实力，扩大生产和市场的开发。开发和运用互联网的销售，公司已经在淘宝、聚划算、唯品会、电视购物等网络进行合作，扩大了线上的销售渠道，销售业绩有了快速增长。二是挖掘品牌的附加值，相继开发授权了卡帝乐鳄鱼品牌的其他系列产品：办公用品、手表，眼镜、床上用品等。还有皮具、皮鞋、户外运动系列男士产品都一一相继授权给代理商经营。每一个品牌系列产品的授权，都是卡帝乐鳄鱼品牌附加值的提升。三是增加品牌的附属品牌效应，培养和扶植卡帝乐鳄鱼的副牌影响力。目前公司的总营业额比预期的目标增长了大约10%左右。

上海东方鳄鱼服饰有限公司经营的突破，无论是营销模式，还是生产技术的，还是品牌附加值上，都充分证明了一个企业要持续地发展，并一直保持领先于同行业的业绩增长，就必须要进行改革，决不能墨守成规，按部就班，要在新常态下，敢于突破，引领向前。

我国经济发展增速换挡是经济自我调整和主动调整的必然结果。我们要主动适应中国经济的新常态，我们既要摆脱“速度情结”“换挡焦虑”，又要适应和容忍降速，但又不能过度失速。

因此：不唯GDP，不等于不要GDP；促进GDP中高速增长，不等于就要牺牲环保；适度增加必要的投资，不等于一定会引起产能过剩。

二、新常态下企业面临的机遇

新常态下，中国企业不仅面临着严峻的挑战，同时也面临着众多的机遇。

新常态是国民经济发展方式和结构调整的重要转型期。在新常态下，企业既要对宏观经济的发展趋势与政策导向保持灵敏的视觉，也要对市场的需求与产业动向保持敏捷的触觉。在这个转型期中，企业要紧紧抓住如下充满商机的战略发展机遇。

（一）“一带一路”的机遇

“一带一路”沿线国家的总人口约 44 亿，经济总量约 21 万亿美元，分别约占全球的 63%和 29%。这些国家普遍处于经济发展的上升期，开展互利合作的前景广阔。

2013 年中国与“一带一路”国家的贸易额超过 1 万亿美元，占中国外贸总额的 1/4。未来 5 年，中国将进口 10 万亿美元的商品，对外投资将超过 5 000 亿美元，出境游客数量约 5 亿人次，周边国家以及丝绸之路沿线国家将率先受益。

国家重点实施的这一重大战略，使企业发展的空间将更加广阔，面临的政策倾斜机遇也将更加丰厚。如今，一个新的战略构想正在世界政经版图上铺展，共建“丝绸之路经济带”和“21 世纪海上丝绸之路”的战略实施，必将会给我国企业带来无限的商机。

（二）新技术革命的机遇

新一轮工业革命即所谓第三次工业革命的实质就是：以数字制造技术、互联网技术和再生性能源技术的重大创新与融合为代表，这一过程将推动一批新兴产业的诞生。

当前全球的信息科技、材料科技、生命科学与生物科技、生态环保科技等领域，都酝酿着激动人心的重大突破，与新兴产业发展更加紧密融合、互相推动促进，给经济增长提供了新引擎、给企业带来了新机遇。

新一代信息技术同机器人技术相互融合步伐加快，制造机器人的软硬件技术日趋成熟，使得工业机器人大批量走进生产车间。

（三）新型城镇化的机遇

到 2020 年，我国的城镇化率将达到 60%左右（2013 年是 53.7%），城镇化着重解决“三个 1 亿人”：促进约 1 亿农业转移人口落户城镇，改造约 1 亿人居住的城镇棚户区和城中村，引导约1亿人在中西部地区就近城镇化。

新型城镇化不仅给绿色低碳的生产生活方式和城市建设运营模式带来新机遇，而且给发展高端成长型产业和新兴先导型服务业，开拓更加广阔的发展前景。

企业要抓住新型城镇化和新型工业化下的向价值链高端发展的机遇。

（四）我国全部脱贫的机遇

改革开放30多年来，中国已有6亿多人口摆脱了贫困。到2020年按照国家的扶贫标准，将有7 000万贫困人口脱贫，这意味着未来5年我国现有贫困人口将全部脱贫。

习近平指出：全面小康不能出现有人掉队，在扶贫攻坚中实施精准扶贫方略。

中国的贫困人口全部脱贫，在中国具有划时代的意义，在国际上也有典型意义。这一精准扶贫的国家战略将提升国内消费的能级，也给企业带来发展的机遇和空间。

（五）互联网＋的机遇

李克强总理在2016年政府工作报告中提出“互联网＋”行动计划后，推动移动互联网、云计算、大数据、物联网等新一代互联网技术与各行各业结合，促进电子商务、工业互联网和互联网金融等新兴业态发展成为经济领域的关注焦点。“互联网＋”，不仅会产生一大批新兴企业，同时也会形成新的商业模式。

“互联网＋”必将成为“大众创业、万众创新”的新动能。

上汽、海尔等传统制造企业巨头迅速响应，已推出一系列依托互联网平台重构核心竞争力的战略举措。

（六）四新经济的机遇

2014年上海市委和市政府提出：上海要发展以“新技术、新产业、新模式、新业态”为标志的四新经济。为对接《中国制造2025》和上海科创中心建设、推进重点项目建设，围绕“四新”经济，上海将进一步加大招商引资力度，加快重点项目落沪，上海拟建亿元级工业项目272个。

“四新”经济将为众多企业提供新的机遇与挑战。我们应该紧紧抓住这一机会，担负起历史使命，着力从大量的四新经济企业中发掘培育出一批能够引领新经济增长的优秀企业。

企业如何抓住新常态下的发展机遇？上海金桥再生资源市场经营管理公

司的企业实践就是一个生动的实例。

随着社会经济的转型发展，对资源的需求量和环境保护的要求不断加大，在新常态下，开展系统化的再生资源回收，将生产和消费过程中产生的废弃物回收和资源化再利用，为上海金桥再生资源市场经营管理公司发展提供了一个良好机遇。公司搭建了全国第一个再生资源公共服务平台即"阿拉环保"，它是国家推动低碳建设和循环经济的重要载体单位，得到了社会高度关注，

"阿拉环保"再生资源公共服务平台不是一般的废旧回收公司，是以资源循环再生利用为目的，以公共服务平台建设为基础，以培育公众参与支持为导向，是新常态下的回收新模式，是"物联网＋互联网＋环保＋回收＋低碳"的专业新兴环境服务产业。该平台以突破管理和创新思路为引导，从功能、模式、技术三方面进行了全面的突破管理实践，不仅抢占了政策机遇，开拓了回收新模式，还带来了行业的全面示范引领效应。它曾被列入"浦东新区人大一号议案"，2014年获批国家环境保护部示范项目和上海政府实事工程，2015 年被列入《上海市2015—2017 年环境保护和建设三年行动计划》。

三、新常态下企业面临的突破

著名管理学家彼得·德鲁克认为："管理是一种实践，其本质不在于'知'而在于'行'；其验证不在于逻辑，而在于成果。"我们要以中国经济运行和企业管理的实践为出发点，探索新常态下的企业突破管理。这就是我们企业追求的主要目标。

新常态是实现经济成功转换和创新发展的跨越期。在这个跨越期中，企业要牢牢掌控发展的关键因素，真正实施企业的创新突破。在新常态下，企业如何选择突破发展的路径、实施突破管理的创新，显得更加迫切和重要。

何谓突破管理？当企业内部或外部经营环境发生重大变化，企业发展受阻或者说出现了危机，这个时候（这个时间节点在数学上称为极点）必须采取相应的措施进行突破，使企业的经营方式和经营效果产生明显变化，不仅使企业转危为安，延长了企业生命周期，而且使企业的经营业绩（包括效益、效率、等级）出现跳跃式的发展，这个决策分析和实施管理的过程即为突破管理。

当然，突破的结果可能是机会，也可能是危机，因此需要相应的措施来解决问题或者对机会进行最大化利用，这就进入了突破管理的具体实施阶段。当企业成功实施了突破管理，使企业产生飞跃，并上升到一个更高的生命周期，从而形成一个周而复始的循环上升过程（见图 1）。

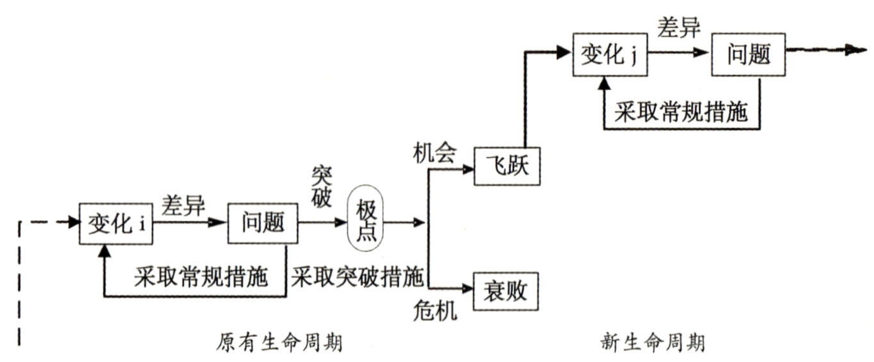

图 1　突破管理的循环上升机制

企业只有选准了“突破口”，才能有的放矢地采取变革措施。实施突破管理是一项复杂的系统工程，影响企业发展的因素甚多，突破的产生是企业内外部力量共同作用的结果，可列出主要关键因素五个，简称“5M” 因素：

市场及政策法规（Market，Policy & Law）、人才（Man）、资金及资本运作（Money）、机制（Mechanism）、经营者（Manager）。可以把上述因素称之为“突破管理的 5M 因素”（见图 2）。

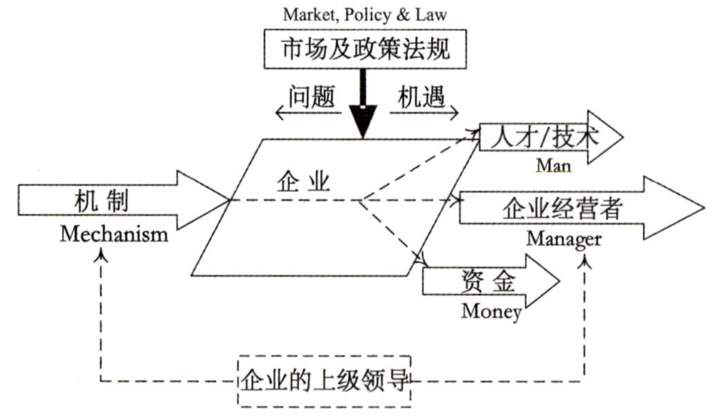

图 2　突破管理的 5M 模型

（一）市场运作（Market）的突破

新常态下企业应生产什么、怎样经营？我们应在产品个性化、差异化上下功夫，不仅要追求好，还要追求不同，应努力实现生产经营的专一性，实施以精品为基础的品牌发展战略。

企业要找准市场定位，开展差异化竞争。要根据目标消费市场和目标客户，找准市场定位，掌握重点用户需求走向和产品升级趋势，及时优化品种结构，加大技术创新力度，努力提升品种质量，培育和打造有市场竞争力的核心产品。通过开展差异化竞争，创新营销模式，提升服务水平，避免市场无序竞争，提升企业整体盈利水平。

制造服务化、服务网络化、网络全球化，这是商业模式发展的新趋势。企业要积极利用互联网技术开展商业模式创新，通过商业模式创新降低成本和开发个性化、全球化市场。

上海老凤祥有限公司通过建立营销网络的精益管理体系，进行了成功的市场突破。

老凤祥营销网络管理信息系统将营销网络中的终端销售点管理作为直接面对顾客服务的有效窗口进行规划，全面系统地涵盖了所有与顾客相关的业务和流程，包含了顾客关怀、账务统计和员工业绩的评价等。老凤祥营销网络信息管理系统采用了大量的业务流图，阐明了各个岗位在整个流程中所处的位置和作用，详细阐述了老凤祥营销网络日常业务的流程和操作。

老凤祥在160多年的经营服务长河中，积淀了自身独特的十大服务理念。由于受到地域、通信等诸多因素的影响，过去的销售服务：售前服务凭经验，售中服务在单点，售后服务受局限。营销网络的集成，将经验的结论和真实的数据相结合，将单点的销售演变成团队的服务，每一个顾客的诉求作为老凤祥的责任，每一件产品体现着老凤祥的价值。

Internet的到来使老凤祥实现了能提供一个全程24小时服务的梦想。一些新型技术工具的运用，如老凤祥网站、E-mail、微信、微博等，已逐渐成为客户服务的关键应用之一，它能为顾客主动提供感兴趣的新信息，能针对同一顾客使用多种服务渠道，能最大限度地化解顾客抱怨，从而使流失客户再生，使企业集中力量服务于“最可能忠诚的顾客”。

（二）资本运作（Money）的突破

“新常态”下的企业应考虑如何使有效资产尽快进入资本市场，全力以赴推动纵向的、横向的整合，以增强自身的国际竞争力。在资本充裕的基础上，储备战略资源，在商业模式的变革中做强实体经济。同时，企业要进一步拓展融资渠道，降低融资成本，大力降低财务费用，要密切关注资金链安全，防范资金风险。

上海南洋一藤仓电缆有限公司（简称NFC）通过资本突破，推动技术突破，

化。具有比较完善的法人治理结构的现代公司，将形成激励和约束相对均衡的格局，有助于提高企业决策的质量，进而提高企业经营和投资的效率。

上海市快乐（集团）有限公司，以公司治理理论和法律法规为指导，以健全协调运转、有效制衡企业法人治理结构为目的，从制度体系、人员选派、机制体制等方面入手，积极推动完善集团和子集团法人治理结构，全面维护国有出资人的权益，使公司走上了良性发展的道路。

公司进一步明确了快乐集团董事会决策、经理层执行、监事会监督“三位一体”的科学管理机制；完善了董事会会议制度和议事规则、总经理室的工作细则，细化了董事会、总经理室的工作职责与权限，规范了会议决策程序，确保了快乐集团公司治理的程序规范化、工作流程化、操作标准化。快乐集团董事会全面推行契约化、项目化管理，实行“一企一策”“一人一约”。每年初与各子集团签订经营业绩考核目标责任书，约定本年度考核的重点项目、具体任务与运营目标，并要求各子集团每两个月上报一次工作重点和进度，履行对各子集团决策管理的监督职责；建立权责一致、有效制衡、注重长效的激励约束机制，明确各子集团领导人员的薪酬主要由基薪、绩效年薪两部分组成，绩效年薪与各子集团的全年经营业绩、工作任务完成情况挂钩。年度经营业绩完成特别突出的，还有特别奖励。经过快乐集团董事会进一步优化资源配置、明确职能定位、彰显功能特色、规范管理行为，使公司的总体经济发展平稳，各项经济指标完成良好。

（五）经营者（Manager）的突破

在新常态下，企业的创新突破在很大程度上取决于企业经营者的领导管理能力和战略决策水平。在企业经营者中，职业经理人的队伍与素质起着十分重要的作用。

《中共中央、国务院关于深化国有企业改革的指导意见》（2015 年 8 月 24 日）指出：“推行职业经理人制度，实行内部培养和外部引进相结合，畅通现有经营管理者与职业经理人身份转换通道，董事会按市场化方式选聘和管理职业经理人，合理增加市场化选聘比例，加快建立退出机制。推行企业经理层成员任期制和契约化管理，明确责任、权利、义务，严格任期管理和目标考核。”

因此，培养和建立一支具有世界眼光，战略思维、善于现代经营管理的企业家和职业经理人，已成为企业进行突破管理的一个十分重要的关键因素。

上海太太乐食品有限公司总经理荣耀中先生和一支职业经理人队伍，带领企业取得了成功的经营突破，创造了成功营销的典型案例。

1988 年，“太太乐”品牌的奠基人荣耀中下定决心走实业扶贫之路，于 1988

年在上海嘉定区兴建了上海家乐调味品有限公司，并打出了“三新”品牌，以“鸡精”产品为契机，建立起一条全方位的产业价值链。1989年，太太乐鸡精工厂在上海建成投产，并提出了一个宏伟目标——让13亿人尝到更鲜美的滋味。经过20多年的发展，公司的主导产品鸡精调味料在生产规模上已位居国际先进行列，成为业内世界级超大生产规模的企业。

作为快速发展的本土企业，如何让本土品牌插上腾飞的翅膀，太太乐作为中国鸡精产业的龙头企业，与业界最大的食品跨国集团雀巢公司实现了很好的合作。太太乐和雀巢的东西方文化背景以及跨国公司和民营企业的经济架构的合资之路让我们看到的是面对不同文化，仍然可以通过互相尊重、加强沟通、相互包容、遵守规则等一系列具体方法，在“创造共享价值”的理念下，共同发展。太太乐始终坚持“至尊、至味、至诚”的企业文化。在此前提下，公司提出了“以诚信为基石，以合规为前提，以高品质为目标”的质量安全文化，主要体现在质量方针、目标、理念、价值观、行为准则等各环节。

太太乐作为中国驰名的调味食品企业之一，本着让“13亿人尝到更鲜美的滋味”的企业目标，始终视“质量安全”为生命线，以产品质量保证作为第一诉求，依靠360度全方位的先进生产工艺和严格的质量管理保障体系，始终致力于生产“高品质，好滋味”的调味食品，从而源源不断地为消费者带来健康美味的新一代调味料。公司经过多年探索与实践，建立了具有“太太乐”特色的食品质量安全管理体系，使得企业多年来无一食品安全事件发生，为政府、客户和消费者交出了一份满意的答卷。

突破管理：要关注未来，必须要颠覆传统，打破惯性思维，挑战先例，并接受新的规则。突破管理的成功基因与秘诀：大胆创新，持续创新！

新常态下：创新是生命力，突破是驱动力。

我们要认识新常态，适应新常态，引领新常态。

企业要以崭新的姿态，抓住关键因素，实施突破管理，以获取卓越成果！

作者系原上海市经委主任、
上海卓越管理中心主任、上海交通大学教授

战略管理

应用突破管理5M因素创建地方特色大学的战略探索

史健勇　金峥杰

党的十八大报告提出的“推动高等教育内涵式发展”，对于全面提高高等教育质量，推动高等教育科学化发展具有重要而深远的意义。高等院校是培养人才的社会组织。社会主义市场经济要求实现人力资源配置市场化。然而，我国高等教育结构与社会主义市场经济体制之间还存在的种种不相适应的方面。越来越多的高等院校，特别是地方高校，在办学实践中逐渐认识到，创建特色地方高校将有力地推动高等教育办学模式和人才培养模式的全面改革和创新，推动高等教育的办学质量和办学效益全面提高。上海工程技术大学创新性地吸收突破管理的5M因素理论，并尝试运用到学校办学，在创建地方工科特色大学实践中开展有益的探索。

一、“突破管理”理论运用在高等教育领域的思考

突破管理这一理论的应用具有普遍性，不但适用于管理企业，也适用于管理个人、家庭、社会团体组织和学校。

（一）突破管理是高校应对办学环境变化下的选择

市场中的企业处在一个动态变化的环境中，那些在某一特定时期对企业发展产生影响的因素非常之多，而且这些因素相互之间还会发生交叉和重叠的作用。运用在高等教育领域，在对高校的战略环境分析中，不仅需要考虑所有的变化因素，而且应该重点考虑其中某个或者某几个直接而具体地影响到大学未来生命周期发展轨迹的重要的环境变化。

高校创新力来自大学决策层的创新意识，即非常规的思维，由此及彼的思维，换位或换时的思维，全方位、综合性的思维。创新依靠高校全体师生员工在科教创新、管理创新、制度创新等方面不断突破，争取大学竞争的主动性，保持大学的活力。

（二）突破管理“5M 因素”具有高等学校办学要素的对应关系

1. 市场及外部环境(Market，Policy & Law)与高校办学的内外部环境

对市场及办学环境的调查和分析，是高校实施突破管理的出发点和归宿点。对市场的调研，应当分析研究大学的外部环境和具体环境。大学的外部环境分析有利于发现大学发展的机会和各种制约大学生存和发展的挑战。具体环境是指对高校办学活动有直接影响的各种条件和因素，从人才培养的前景、产业政策、规模结构等方面开展行业性质分析、市场环境分析和竞争力分析。

2. 资金及资本运作(Money)与高校办学资金的运作

优势企业常把产业经营与资本营运比作企业发展的两个轮子，两种经营综合、交叉运用，合理组合。对高校而言，充分利用政府、社会资源和校友会等资源，通过合作共建、吸引各类组织和个人捐赠等多种形式，积极拓宽包括政府拨款、学费收入、科研经费和社会捐助等资金筹措渠道，不断加大对资源和条件保障的投入力度，建立多元化资金资源筹措体系，形成政府、区域、社会和学校“多维联动”的社会化资源保障服务体系。

3. 人力资源(Men)与高校人才队伍建设

企业发展的诸要素中，人是最重要的，人力资源的开发和利用，是现代经济管理的核心。高校的人力资源管理职能也不例外。“进人”事关高校的招聘机制、聘任制度等；而“育人”则关乎对高校的教师培训制度、评价制度和激励机制等。因此，高校的人力资源制度改革要围绕人力资源管理的两项主要职能进行。

4. 机制(Mechanism)与高校运行机制创新

参照企业在经营活动中公司经营机制，高校在办学过程中，为了适应市场和内外部环境的变化，不断协调运转，并进行自我控制、自我调节，使办学环节内部以及各运作环节之间发生本质的，内在的，相互依存、相互联系、相互影响、相互制约的权责关系的总和。高等教育管理机制是表现高等教育系统的动态属性和运行功能以及系统诸要素之间互相制约、互相促进的联系。Rudenstine (2002)认为，哈佛的成功主要是形成了一种明确的办学理念和一套系统的制度与机制，所以即使没有校长，哈佛大学也照样可以正常运转。

5. 经营者(Manager)与高校决策核心

突破管理不同于传统的管理模式，突破管理的推动力量来自高层管理，从选择突破的时机、采用突破的方式、实施突破的运作等方面来看，经营者需要具备洞察力，创新力，统率力。高校的决策核心层要及时了解大学所处环境的变化，把大学的中长期发展规划，人才培养规格和目标的确立作为大学制度的先

决条件，正确把握大学内部的优势和劣势，及时采取最佳的应对措施和竞争方式，加快高校管理模式转变和管理结构改革，实现高校管理理念创新和策略创新。

（三）突破管理理论为创建特色大学瓶颈突破提供思路

潘懋元(2001)认为，中国高等教育的发展不同于西方国家，有其自身的发展特点，在未进入大众化阶段之前，已经呈现出多样化特征。当中国高等教育进入大众化阶段之后，社会对于高等教育多样化的呼声更高。

我国高等教育大众化阶段到来，客观上要求高等学校办学模式走多样化发展之路。从突破管理的市场及政策法规、人才技术、资金及资本运作、机制和经营者等因素的角度，可以分析创建特色大学需要突破的瓶颈。

首先，高等学校培养的人才规格与社会需求之间不相适应。改革开放后，在社会主义市场经济条件下，高等院校培养的人才受到市场需求的制约。以往那种高等学校人才数量少、规格单一的精英教育模式，就难以适应社会主义市场经济对数量多、规格多样化的高级人才的需求。

其次，高等教育社会功能单一化与社会需求不相适应。社会主义市场经济要求高等教育具备多元化的社会功能。因此，高等教育要适应市场经济发展需求，应当选择多元化的办学模式。然而，我国高等教育传统的单一办学模式难以适应市场经济发展对高等教育功能多元化的要求。

再次，高等教育缺乏竞争机制，与市场经济多元竞争不相适应。在社会主义市场经济条件下，高等学校必须考虑办学效益，考虑人力资源的使用效率，考虑学校核心竞争力的发展。然而，我国高等学校的传统办学模式，并没有真正引入竞争机制，更是缺乏多元化的竞争机制。

地方大学建立一套符合高等教育发展规律，适应地方经济社会发展，对接区域经济和现代产业，反映自身发展历史，体现鲜明特色的大学制度，是创建特色大学历史进程中的一项重要任务。突破管理 5M 因素理论可以为创建地方特色大学突破瓶颈提供思路。

二、突破管理“5M因素”在创建地方工科特色大学的应用实践

汪泓(2007)认为，高等教育的大众化，决定了高等教育质量的多元化、高等院校能级的多元化以及培养人才规格的多元化。培养和造就具有创新精神的应用型人才，是 21 世纪大学的一项重要任务，也是现代化特色大学的重要任务。这一理念为上海工程技术大学思考创建什么样的特色大学奠定了基础。

纵观上海工程技术大学30多年的办学历程，不难发现，学校始终坚持依托产业办学、服务地区经济的办学思想，形成了产学研紧密结合，致力于培养具有创新精神和实践能力的高素质、应用型人才的办学特色。学校创造性地运用突破管理的理念，主动应对竞争挑战和外部办学环境变化，多渠道、多形式、全方位地与上海地区经济和企业集团合作，共建具有矩阵组织结构的二级行业学院，形成了富有"工程大"特色的办学模式。

（一）以行业为依托，以工程为主线的矩阵式组织结构

地方工科院校不仅拥有和行业关系密切的主干学科，还有和主干学科相联系的众多相关学科和交叉学科，这些学科和相关人才对行业发展形成强大的智力支撑。由于校企双方在人才培养和经济发展方面利益一致，优势互补，共建了以工程教育为主体的二级行业学院。"汽车工程学院""服装工程学院""航空运输学院"和"城市轨道交通学院"等行业型二级学院的构建，在组织结构上把具有丰富实践经验的行业和拥有多学科综合优势的大学结合起来，形成以学科为纵轴，以行业为横轴的矩阵结构，为工程教育的实践性和复合性奠定了基础，为培养创新型工程人才准备了条件。

行业二级学院在学科布局上首先考虑的是满足产业经济对人才的需要。因此，行业型学院一般实行"一学科为主、多学科综合"的布局。如"航空运输学院"以交通运输工程学科为主，综合了工商管理（航空经营管理）、飞行技术、航空机务、航空商务、航空乘务、国际货运等学科和专业。"一学科为主"有利于学院主干学科的发展和成长，有利于学校设施装备的优化配置，同时也不至于在一个学院中集中过多的学科、教师和设备。"多学科综合"的配置，保证了工程教育的复合性和完整性，方便和产业集团在学科和专业上的对接。

（二）校企双方深度契合实现院务委员会或院务理事会领导

航空运输学院设立院务委员会，实行"双主任"制。由学校校长和上航董事长分别担任校方和公司方主任委员，校企各主要职能部门领导任院务委员会委员。城市轨道交通学院最高决策机构是学院理事会。理事会由校企双方最高层领导分别担任校方和公司方理事长，企业主要职能部门领导和学院领导担任学院理事会理事。

院务委员会或院务理事会是学院在合作办学和管理等方面的决策、咨询和协调机构。每年举行一次例会，对学院的办学方向、发展规划、教学计划、专业设置、管理制度、招生工作、培养模式和就业制度等重大事项进行研究和提出建议。

（三）学科链、专业链对接产业链　夯实产学研战略联盟

二级行业学院由于在办学体制和运行机制上与上海先进制造业和现代服务业紧密结合，在学科和专业设置上实现了学科链、专业链对接产业链。因此，在学生就业机制方面也具有相对优势。据统计，航空运输学院和城市轨道交通学院各专业毕业生供不应求，就业率在同类学院中保持领先。

产学研结合使学校的学科建设得到了快速发展，经上海市教委批准的学校首批3个上海市重点学科（培育）中，“载运工具运用工程”（汽车工程学院）和“服装设计与工程”（服装学院）都来自二级行业学院。城市轨道交通学院的“城市轨道交通运营工程”被确定为上海市教委高水平特色发展项目。

企业在产学研战略联盟中也受益匪浅，行业学院利用自身的学科优势，为企业进行学历培训和专业知识培训。企业通过产学研战略联盟获得了大量的毕业生，学校通过产学研战略联盟，大大提高了学生的就业率。显然，这是一种双赢的模式。城市轨道交通学院专门为上海地铁运营公司开设城轨技术短训班，培养合格的技术人员。航空运输学院为上海航空公司等民航运输企业的学员开办自学考试辅导班，上海航空公司许多中层干部取得了本、专科学历。学校与上海航空公司的战略联盟，被科技部、教育部评为“中国高校一大型企业合作”十佳案例之一。

从以上海工程技术大学为代表的地方工科大学在创建现代化特色大学的探索实践中，“突破管理”的理念，特别是“5M因素”的理论，在学校突破发展瓶颈实现特色发展中发挥了独特的作用。学校的办学思想不断演进，逐步深化提炼，呈现出鲜明的特点：一是从依托工业办学到依托现代产业，学科链、专业链与产业链全面对接，构筑产学研战略联盟的人才培养思想，既传承了办学初衷，又深化了其内涵与特色。二是具有学校发展与上海产业发展休戚与共的紧密的维系关系，显示出强盛的生命力和活力。三是具有深厚的思想基础、组织资源和文化条件，在全校广大师生员工普遍认同并形成了产学研合作的常态模式和长效机制。

企业界常用“核心竞争力”和“比较优势”来描述处于激烈的市场竞争环境中现代企业的管理行为与经济行为。在高等教育界，虽然学校与学校之间在教育资源竞争、教育成果与科研成果竞争方面没有现代企业那样激烈，但在高等教育大众化阶段，尤其是对于数量众多的地方高等院校来说，它们所面临的各类竞争也比较激烈。大学必须有核心竞争力，形成比较优势，才能在竞争中立于不败之地。突破管理5M因素理论可以为创建地方特色大学突破瓶颈，处理好规模与效益、规模扩张与提高质量、当前目标与长远目标、社会需要与学科建

设等一系列内部关系，使学校在外延和内涵方面得到协调发展，为实现特色发展提供有益的思路。

第一作者（史健勇）系上海工程技术大学副校长兼管理学院院长、上海现代企业经营研究会副会长
第二作者（金峥杰）系上海工程技术大学发展规划处副处长

从理论层面浅析供给侧结构性改革对质量的要求

奚立峰　潘尔顺　赵亦希

习近平总书记强调，供给侧结构性改革的根本目的是提高社会生产力水平，落实好以人民为中心的发展思想。要从生产领域加强优质供给，减少无效供给，扩大有效供给，使供给体系更好地适应需求结构变化。在这个讲话中，关键词“优质”和“有效”，其实本质在质量。

我国供需关系正面临着不可忽视的结构性失衡。“供需错位”已成为阻挡中国经济持续增长的最大路障：一方面，过剩产能已成为制约中国经济转型的一大包袱；另一方面，中国的供给体系，总体上是中低端产品过剩，高端产品供给不足。

猴年春节，600 万出境过年的中国游客“刷出”境外消费 900 亿元人民币的新纪录，质优日用品成“抢手货”，集中在电饭煲、智能马桶盖、空气净化器等高端耐用商品，还有电动剃须刀、保温瓶、美颜器、化妆品、食品、药品等相对平民化的商品。

我国已是全球汽车产销第一大国，2015 年整车产销量超过 2400 万辆，其中发动机达到 2200 万台。我国汽车行业虽然已基本具备发动机产品自主设计能力，但制造工艺仍照搬国外，技术研发严重滞后。其主要原因一方面来自于我国汽车企业发动机自主工艺开发能力不足、基本依赖国外引进制造标准与生产线；另一方面来自于国产数控机床可靠性、精度保持性有所欠缺。这样也形成了国内汽车发动机生产线的数控机床基本上均是进口。

以上两个事例折射出中国质量没有达到预期，也反映出供给侧改革中，质量是关键。

需求侧有投资、消费、出口三驾马车，三驾马车决定短期经济增长率。供给侧则有劳动力、土地、资本、创新四大要素，四大要素在充分配置条件下所实现的增长率即中长期潜在经济增长率。而结构性改革旨在调整经济结构，使要素实现最优配置，提升经济增长的质量和数量。

供给侧结构改革对质量的要求主要集中在：需求牵引、多元供给、创新驱动、立法保障。

一、顾客需求牵引质量，需要更加关注顾客需求

俗话说“顾客是上帝”，充分把握顾客需求是最重要的一步，我们提供的产品更多的是关注基本功能，而忽视了产品的美观、可靠性、寿命等要素。魅力质量理论告诉我们，只有通过满足顾客潜在需求，超越顾客期望，使新产品或服务达到顾客意想不到的新质量，才能给顾客带来惊喜和愉悦以至使顾客钟情着迷。

二、通过创新手段增强供给的能力

通过创新提高优质、有效供给的能力。通过创新的手段优化产品结构，加快从中低端制造业向中高端制造业迈进，加快从劳动密集型向技术密集型转变，不断提升产品质量，提高产品附加值。

三、建立一种多元供给的体系

激发企业内生动力，创新消费品，增加优质产品的有效供给，建立多元化的供给体系，满足广大消费者个性化、多样化的消费需求，引导“国际扫客”的回流。

四、加强质量立法

国家需制定质量促进法，作为质量发展领域的基本法，实施质量激励等促进措施，实施优质优价，可以提高产品、工程、服务和环境等质量水平，从法律的角度鼓励增强有效供给和优质供给的意愿，激发供给侧的正能量。我国现有与质量直接相关的法律，重点关注的是质量安全，偏重对质量问题的政府管理，而对于质量发展和质量促进仍是空白，忽视了企业、消费者、社会组织和质量技术服务机构在质量治理中的积极参与和促进作用，这迫切需要通过制定质量促进法进行补充。

目前，我国质量距世界先进水平还有一定差距，质量保障能力、供给水平与消费者的质量安全需求之间的矛盾依然突出。政府工作报告中提出加快建设质量强国、制造强国，就是要把提升质量作为供给侧结构性改革乃至整个经济转型发展的一个重要切入点，通过改善质量供给，来释放消费潜力，转变发展方

式，提升我们国家的综合国力。

作者单位：上海交通大学中国质量发展研究院
第一作者（奚立峰）系上海现代企业经营研究会副会长、
上海交通大学机械与动力工程学院院长

立新品牌战略的培育与实践

沈至伟

品牌是企业的金字招牌，是市场畅销的通行证，是企业经济效益的“活水源”。当市场竞争逐步从局部的产品竞争、质量竞争、价格竞争向品牌竞争发展时，企业建立和实施品牌培育管理体系，将有力促进经济调整，转变经济发展方式，从而进一步发扬民族品牌的影响力，为打造由中国制造走向中国创造奠定坚实的基础，上海立新液压有限公司正是以立新品牌的培育方式来实现企业快速健康发展的目标。

一、立新品牌发展概述

上海立新液压有限公司的前身是上海立新液压件厂，创建于1967年，是上海最早生产液压元件的企业之一，2003年9月改制为多元投资的有限责任公司，公司的主导产品是“立新”牌力士乐系列高压液压阀和液压成套系统。在同类产品的全国市场上，其占有率已达到20%左右。公司在引进、消化、吸收德国力士乐系列高压液压阀技术基础上，进行技术再创新，已成为引进技术、消化吸收、替代进口的专业化企业，为国家重大工程、重大企业提供配套产品。在冶金行业，为宝钢、武钢、攀钢、天钢、鞍钢、邯钢等钢铁公司生产了近千套大中型液压系统。在工程机械行业，为徐工、柳工、三一重工、长沙中联等公司生产了各类高压液压阀产品，产品还广泛应用于机床、矿山、石油、船舶、塑料、橡胶、建材、农业等行业。按中国液压气动密封件工业协会统计数据，综合市场占有率名列上海同行同类产品第一、全国同行同类产品前茅。

（一）品牌发展的困难和问题

企业在品牌发展过程中，面临着市场的洗礼，碰到多方面的困难和问题：一是国外产品的不正当竞争。国外品牌大都具有强大的经济实力，为了抢占中国市场，往往采取先以低于其成本的售价低价倾销，等占领市场后再大幅度提高价格的营销策略，对企业的品牌产品形成了较大的冲击。二是企业的品牌实力较弱。国际名牌产品如“力士乐”“派克”等都有着几十年的发展历史，而企业的品牌不过较短的历史，无论从经营策略、经营手段，还是从经营资本来说，都是比较弱小的。三是市场主体多而散。整体优势得不到充分发挥，加剧了国内市场竞争中的内耗，也使企业资金投入普遍分散。四是市场管理不够规范。导致企业为了追求品牌，不择手段，也影响了消费者对中国品牌的看法。五是观念滞后。我国企业深受计划体制影响，受市场经济洗礼的时间不长，企业还没有完全从旧的营销观念中走出来，市场开拓方式较单一，难以与国外大公司先进的整体营销策略相抗衡。因此企业品牌难以从众多世界品牌中突出重围。

（二）品牌发展的重要意义

企业取胜的手段已不再单纯以产品本身作为竞争优势，而是更加注意企业品牌的树立与营造。随着中国经济的快速发展，国内虽然也涌现出一批品牌产品和品牌企业，但与发达国家相比，我国仍是品牌弱国，处在全球价值链的低端。要尽快采取有效措施，加强品牌战略的研究。注重企业和产品的品牌建设，将是我国所有企业必须重视的问题，品牌将成为企业决胜市场的战略武器。为此，实施品牌战略有以下重要意义：

(1) 实施品牌战略有利于企业适应市场。

(2) 实施品牌战略有利于深化企业改革。

(3) 实施品牌战略有利于企业参与国际竞争。

二、国家推动企业品牌战略的规划与设计

企业是否愿意实施品牌战略，在品牌战略实施上的投入力度，在一定程度上取决于国家对企业的约束力。国家对企业争创名牌的支持还表现在创造一个公平竞争的环境，使企业有动力进行企业规划，包括实施品牌战略以促进企业发展。

（一）国家推动企业实施品牌战略的规划

国内企业实施和推进品牌战略时存在的问题已引起国家的高度重视。近年来，我国的“十二五”规划纲要和国务院印发的工业转型升级规划，以及工信部印发的《工业产品质量发展“十二五”规划》，都对工业企业品牌建设提出了明确要求。2011 年 7 月，工信部联合发改委、商务部等七部门，联合印发的《关于加快我国工业企业品牌建设的指导意见》，提出了“到 2015 年，50%以上大中型工业企业制定并实施品牌战略，重点培育一批具有国际影响力的自主品牌”的

总体目标要求，品牌建设已经成为一项具有重要意义的长期性任务。

（二）国家推动企业实施品牌战略的设计

为推进企业品牌战略的实施，工信部组织编制标准文件《品牌培育管理体系（第一部分 实施指南）》和《品牌培育管理体系（第二部分 评价指南）》，为国内企业在实施品牌培育管理体系、贯彻品牌培育方针、实现品牌培育目标、评价企业的品牌培育能力和绩效提供了依据。

三、立新品牌战略的培育和实践

2012 年 3 月 22 日工信部《关于深化工业企业品牌培育试点工作的通知》确定全国 141 家工业企业为首批品牌培育试点企业，上海立新液压有限公司作为上海的企业代表也列入其中。列入全国首批品牌培育试点企业后，公司在总经理的直接领导下，具体规划并付诸实施，进一步明确品牌培育试点的目的，就是要引导企业科学地实施品牌培育管理，提高品牌培育的能力，追求品牌培育的持续成功。这既需要科学的管理方法，更需要试点企业通过实践活动，探索适合自己的品牌成长模式。

通过认真学习工信部在借鉴国际通用的管理体系思想和成熟度评价模型的基础上所提出的品牌培育管理体系《实施指南》和《评价指南》，立新结合自身品牌发展的特点、战略和目标，经过学习、研究和探索，规划出一套适合自己品牌发展的计划。

（一）领导决策部署，制定培育计划

总经理作为企业最高领导者通过以下方式建立、实施品牌培育管理体系：

(1) 制定适合公司自身的品牌战略、方针，建立品牌培育管理体系的规划和目标，并确保目标在公司的各相关部门和层次上得以分解和实施。

(2) 向公司员工传达贯彻品牌培育管理体系的必要性和重要性，树立品牌意识，了解品牌与公司生存的紧密关系，不断地提高员工的品牌意识，积极参与品牌管理的活动。

(3) 为满足相关方对品牌的需求和期望，提供试点工作中为建立、实施和持续改进品牌培育管理体系有效性有关的资源。

(4) 定期主持管理评审，通过对品牌培育管理体系的适宜性、充分性和有效性进行自我评价，评估公司品牌培育管理体系是否达到规定要求，并接受外部评价。

(5) 总结提炼试点工作经验和教训,并积极参与交流。

(二) 配置工作机构,建立工作体系

根据规划,公司品牌培育管理体系是由上到下形成的一个工作体系,公司立足于精简、高效、兼职为原则,成立以企业最高管理者为主的品牌管理工作领导小组。制定了《品牌培育试点工作计划》,内部进行培训以及广泛宣传,并对公司的品牌培育现状进行调研,从而摸清公司品牌培育工作的状况,完成公司现状调研报告。

(三) 分析影响因素,形成品牌战略

公司在信息收集基础上,组织相关部门采用SWOT分析,对经营环境存在的机会(Opportunity)、威胁(Threaten)、优势(Strength)和劣势(Weakness)进行了充分的分析。

根据对产品专业化规划、竞争环境能力评估、服务运营方式的改善和内外部优劣势分析基础上,公司战略目标基本形成。首先,在快速消化前期发展的基础上,短期目标是继续扩大元件的市场占有率,继续以提高专业配套、行业配套为目标,充分应用带有技术潮流方向的高效率、低成本、电液一体化产品技术,缩短与国内第一品牌的距离;中期目标是超过目前液压行业同类产品国内领先的标杆企业;长期目标是达到国外液压行业同类产品的先进水平,成为世界级的品牌。

根据经营环境的变化不断调整战略,把握宏观经济对液压行业的影响程度以及企业的竞争优势。近年来,公司主要集中精力进行品牌战略和产品品质提升,根据不同时期的要求逐步对战略规划作出阶段性调整,集中精力创建"LX立新"品牌,以技术优势占领液压行业发展的制高点。

通过研究分析确定公司的品牌战略、品牌目标:

(1) 品牌战略。以技术领导行业,品质铸造未来,品牌带动发展,管理成就员工,实现百年企业。

(2) 品牌目标。①建立品牌培育管理体系,通过有效的实施,达到第三方品牌培育评价的完善级力争优化级;②走向世界,引领行业,成为全球领先的液压系统集成服务商第一品牌。

(四) 提供战略资源,分解培育目标

品牌战略的首要因素是产品的质量。产品质量好,就为品牌竞争奠定了良好的基础。产品质量的优劣,对于企业创品牌是至关重要的,产品的高质量是

一个品牌得以打响的基础，是品牌的载体，也是品牌得以维持的必要条件。

品牌战略的次要因素是开发与创新能力，一个品牌有没有生命力，并不完全取决于品牌自身的知名度或影响力，还要看企业的开发与创新能力。开发是指企业不断地推出新产品、新技术，创新是指企业对于新技术、新产品的商业性利用。正是一代又一代不断的开发和创新，才推动了技术的发展、经济的增长和社会的进步，企业也是在这样一个过程中得到发展。可以说，新技术、新产品的开发与创新之于品牌的生命力，就如同DNA之于细胞生命体。

公司在品牌战略实施上，首先确保从人力资源和技术两个方面进行规划与配置，并作为公司和职能部门年度工作和绩效考核的指标之一。

1. 人力资源配置方面

(1) 推进薪酬结构调整：完善薪酬体系建设，加强薪酬分配与绩效考核的关联度，逐步减小同类人员与市场薪酬的偏离度，建立具有吸引力与竞争力的薪酬体系。对关键人员、核心人员、骨干人员进行动态评估，改进绩效考核方法与模式，实施跟踪激励。

(2) 强化各类人员培训：强化各层次管理人员培训，培训人员要覆盖各类管理层级与领域，提高管理人员的工作水平。对各类高端技术人员进行针对性深度培训，提高技术人员层次与水平。

(3) 加大高端人才队伍引进力度：加快重点岗位人员引进配置工作，加强未来人才的储备与培养，有重点、分层次地进行人才结构多样化调整，人才收入市场化的探索，加大人才引进与招聘的力度，为企业未来发展提供支撑。

2. 技术资源配置方面

以传统液压制造技术为始端，公司确定了“专、精、特、新”的发展思路，通过实施品牌战略和技术专业化路线，不断投入相匹配的技术资源和预算需求。

(1) 积极贯彻公司发展的主战略，结合企业技术发展重点进行技术研发，逐渐形成具备自主知识产权的关键核心技术。

(2) 努力跟踪未来液压行业发展方向，积极探索新能源、可再生能源技术，不断丰富、完善、优化产品结构，为新产业市场的开拓提供技术支撑。

(3) 加强与研究机构、高校的合作力度，展开全方位“产、学、研”合作，搭建技术合作机制与协作平台，形成技术创新产业链。

(4) 加快技术研发速度以及试制车间的建设进程，进一步明确各个研发板块(产品研发、材料研发、新工艺研发)的职责、功能与定位，配置各类相关资源，尽快形成研发能力。

（五）分析确定过程，明确关键过程

为确保公司品牌战略的实现，就建立品牌培育管理体系进行过程分析，确定了八项关键过程：①品牌定位。②品牌设计。③技术创新和产品开发。④品牌传播。⑤品牌更新和延伸。⑥信誉和风险管理。⑦品牌保护。⑧品牌文化塑造。

公司推行品牌培育方针目标管理模式，主要运行体系为：建立品牌方针目标管理程序，实施年度品牌方针目标管理，实施月度品牌方针目标考核制度，在公司、职能部门、车间与管理人员这三级实施目标管理。在此基础上建立 KPI 绩效指标体系来衡量企业绩效。绩效指标体系，共有关键绩效指标 11 项。总经理负责，明确职能部门推动品牌绩效运行。年度品牌绩效的执行、监测和调整从六个方面进行：①形成公司品牌培育年度目标。②年度目标分解。③各部门实施工作。④品牌培育绩效考核。⑤公司目标回顾。⑥品牌培育年度绩效评估。

公司建立的 KPI 绩效指标体系，对绩效指标进行规定，明确了目标值。按不同的月度、季度、半年度和年度实绩进行监控，并在管理层内通报。如有调整，则组织进行目标沟通、再分解或调整工作，预算也需作相应的调整。通过目标制定、监测、通报、改进、再监测和调整的循环过程来提升总体绩效。

（六）形成体系文件，运行管理体系

公司制定了品牌战略和目标，通过分解目标、策划品牌培育的过程，识别并确定关键过程。具备了建立品牌培育管理体系的基础，从而正式发布品牌战略和品牌培育管理体系文件，形成可以量化、适用的标准化体系文件，并编制了管理手册和 24 项程序文件。

（七）营造品牌文化，实施品牌战略

企业文化是企业的灵魂，是企业成员之间相互理解、共识的产物，是企业制度、企业精神、企业价值取向的总和。用文化的力量来塑造人，使广大员工树立起正确的价值观、高尚的道德观、严谨的作风和求实的科学态度，从而实现企业整体素质的提高。

公司确定把培育品牌竞争力、提升品牌知名度、争创上海乃至中国品牌作为一个重要的发展目标。高起点、高要求、高层次地强化“LX 立新”品牌内涵，将品牌战略方针贯穿于市场调研、产品开发设计、品牌和产品定位、广告投放等环节的始末。瞄准力士乐、派克等国际品牌，通过优化自身形象，初步形成品牌的文化建设体系。塑造企业文化是企业在长期的经营中形成的价值理念、精神需求、道德规范和企业形象等的总和。

(1) 品牌愿景:追求卓越标准,铸就国际品质.

(2) 品牌本质:液压技术应用专家。

(3) 品牌承诺:优化应用,支持你的发展。

(4) 品牌特质:卓越、适用、可靠。

(5) 品牌文化:诚信、协同、竞争、共赢。

(6) 品牌口号:为您刻意立新。

(八) 培育产出亮点,实践效果显著

公司要在激烈的竞争中立于不败之地,必须走品牌战略之路。立新品牌战略的培育之路,内在靠产品的质量和功效,让顾客用口碑传播品牌;外在的则靠公司形象宣传和服务,通过市场活动提高品牌知名度和美誉度。在培育与实践中,展现其亮点:

(1) 质量是实施品牌战略的基础。

(2) 创新是实施品牌战略的主题。

(3) 文化内涵是实施品牌战略的灵魂。

(4) 服务是实施品牌战略的保证。

(5) 人才管理是实施品牌战略的依托。

公司通过实施品牌战略,建立品牌培育管理体系,使品牌意识深入人心,维护、参与品牌培育建设已形成自觉的行动,在市场活动中取得了显著成效。先后获得上海市专利工作示范企业、上海市知识产权示范企业、上海名牌产品、上海市著名商标、上海市装备制造业与高新技术产业自主创新品牌、上海市创新型企业、中国机械工业优质品牌产品等荣誉称号,并于 2015 年 4 月 21 日被工信部授予 2014 年工业品牌培育示范企业。

作者系上海临港新兴产业企业服务有限公司副总经理、
上海卓越管理中心第 32 期高级职业经理人班学员

三、中国麦德龙的坚守和改革

(一) 坚持以仓储式销售为主

坚持麦德龙仓储式销售为主的经营理念的核心不变。麦德龙是会员制仓储超市,即以会员制为基础,仓储与销售为一体,以批发为主,兼营零售。以服务特定的专业客户为主,客户主要以现金购买商品,倡导自行运输。

核心的坚守,除了继续提高让人津津乐道的停车场和专用发票服务,还有以下几个方面的良好保持:

1. 继续以专业客户为目标顾客

绝大多数普通超市的目标消费群是以单体的散客为主的,即服务对象基本上是终端消费者,消费者短期内的重复购买率高,但每次的购买量不大,大多为临时性随机性消费行为。而仓储式超市的目标消费群比较明确,麦德龙针对"有限"客户,即对工商领域的经营者、群体消费层实行会员制,会员必须是具有法人资格的企事业单位,客户的特征是团购,并且有些还不是终端,还会进行再销售。

2. 直邮广告促销

麦德龙超市一般不通过大众媒体进行广告宣传,而是利用直邮广告进行促销。它向所有会员每两周邮递一份"麦德龙邮报"。邮报是一份详尽全彩页的商品目录,介绍了半个月内商品的最新价格,新增商品以及近期开展促销的商品信息。邮报不仅使会员及时了解商品信息,而且帮助企业有效地降低采购成本,提高客户采购的透明度和公正性。

3. 商品质量控制系统

正由于麦德龙的专业客户特色具有非常显著的社会性,对商品的质量的要求也非同一般。试想如果一个单位的食堂由于采购了麦德龙的原料导致员工食物中毒,这个社会影响是非常巨大的。因此麦德龙制订了大大高于同行业的商品质量控制标准系统。麦佳龙商品质量的重点是食品,而食品中生鲜食品尤其重要,而且监控难度大。麦德龙从创建开始就设立了完整的食品质控体系。首先麦德龙在所有的超生鲜部门(人们通常熟知的肉类、鱼类、蔬果类)投入巨资,在这些部门的销售区域实行标准化低温保鲜控制,使得整个冷链(COLD CHAIN)的最后一个环节得到保证,并率先在同行业内取得了由世界最大的食品安全认证机构瑞士通标公司所颁布的国际食品质量控制最高认证(HACCP),也是行业唯一取得该项认证的。

（二）必要的变革

变革要积极和主动，通过以下各方面展开：

1. 继续以专业客户为主要客户的同时拓展其他客户群

随着国家的发展，越来越多人步入中产阶级。据统计，当前中国的中产阶层人数已过亿人，这个群体是无法忽视的，而且这个群体还会不断地壮大。如何重视和拓展这部分客户，我们要有针对性地展开。首先是要发挥独有的特色，麦德龙的天然优势的是其他卖场所不具备的一支专业团队——客户发展部，贴近的服务是中产阶层非常看中的，这也是目前最被看中的客户体验。另外，麦德龙高标准的质控体系也是中产阶层所向往的。

2. 商品结构的改善

随着客户的拓展延伸，将从原来主要服务和满足于团购的商品需求扩展到同时满足中产阶层这部分消费者的需求。团购客户的商品需求特征是量大，包装也大，对品种的需求不是非常敏感，而中产阶层要求是量小，品种齐全，包装精美，他们的共性是对品质的高标准性。由于生活水平的提高，对高品质商品的需求也是不断扩大，引进国内精品和优质的进口商品也已经刻不容缓。

3. 服务的多样性和提升

保留原先国际标准的发票，尽可能大的停车场（这也是目前困扰许多大卖场的难题）的基础上，提供和开发新的真正解决客户目前急需的服务诉求。例如，一是送货，不管是团购客户和其他客户，送货已经成为常规的必备服务项目。团购客户，由于单位越来越注重成本控制，自行提货变得越来越难。很多专业客户都早已提出要求，公司也十分重视，一年前专门成立了送货服务管理部门，已经在正常实施中，当然这项服务势必要延伸至所有客户群。二是客户体验，利用麦德龙长期为餐饮客户服务的专业优势，门店现场每个周末做不同菜式的家庭化制作演示，客户可以品尝到中外不同风味的美味佳肴，甚至可以亲自参与制作。这个项目目前已经展开，效果非常不错。

4. 价格的市场属性回归

物以稀为贵，在早先零售大卖场，特别是外资的零售大卖场，寥寥无几。那时候商场里人头攒动，拥挤不堪，对价格的敏感度低，所以那个阶段是做销售的春天，相比销售价格更关心商品的库存量是否足够需求。而如今，几乎不会有这种情况，本应是销售旺季的春节时期，业绩水平可能还不如平时，所以价格竞争在所难免。那么商品调整中新商品销售的不确定性将会受到来自供应商的阻碍。而作为麦德龙的目标客户，单位和公司对价格也越来越敏感，讲究成本考核，政府采购也加强管控，更加注重性价比。

四、中国麦德龙的不断创新和开拓

创新和开拓是任何时候任何企业永恒不变的主题。同样，机遇和危机常常相伴相随。在未来，我们还是要利用改革开放的机遇，牢记发展是硬道理。固守常规，故步自封，终将会被历史淘汰。当今世界，互联网思维是任何一个企业无法回避的课题，特别是电商对零售业的冲击是如此的迅猛。中国麦德龙要超前意识，主动迎接新科技、新理念。我们已经快速启动，而且迈出了相当大的步子，不管是从资金层面还是人力资源的投入都是相当巨大的。虽然起步还是较为艰难，但敢于试错，拥抱失败，才会有未来。同时，开拓新的商机和领域也是必不可少的。由于电商的影响，大卖场的可达性问题凸显，“最后一公里”成为新的机会。麦德龙已经意识到了这点，开始启动开设深入到社区的小店模式试点，利用麦德龙生鲜食品由世界一流的 SGS 品控认证管理体系这个无形品牌，以此吸引越来越追求生活高品质的消费群体，特别是 90 后、00 后这股新生力量，在竞争激烈而又充满机遇的中国市场占有自己极其重要的一席之地。

作者系锦江麦德龙品类管理部总部经理、
上海卓越管理中心第 29 期高级职业经理人班学员

上海外服国际人才培训中心战略管理研究

陈养铃

上海外服国际人才培训中心（以下简称“培训中心”），作为培训以及人力资源咨询服务的提供商，从 2002 年起通过与全球优秀机构战略合作，积极打造内部团队，提升自身竞争力，经过 10 多年的历练，终于形成自身的核心优势。

一、背景介绍

2001 年第四季度，上海市对外服务有限公司（以下简称“上海外服”，隶属于东浩兰生集团，成立于 1984 年。早期，主要为外资企业和外商驻华代表机构提供人才派遣、人才招聘、薪酬管理、福利管理、人事培训和商务咨询等服务。）对培训、翻译业务进行整合，把原来下属的培训中心、翻译中心、对外教育部和上海市对外人力资源进修学院、上海外经贸培训中心进行合并，成立了上海外服国际人才培训中心（以下简称“培训中心”）。

新成立的培训中心共有员工 25 人。发展方向不明，管理混乱，产品单一，员工扯皮。2001 年营收为 658 万元，亏损近 100 万元。

针对这一情况，我们清醒地意识到：治病，关键在治本。对于当时的培训中心而言，如果不设法解决那些存在于体制深处隐而未现、盘根错节的问题与弊病，任何谈改革、谋发展的规划都只是痴人说梦。为此，我们通过制定战略发展方针，明确了总体发展战略，企业文化、各阶段战略分目标、分阶段解决各类问题，将其引入良性发展的轨道。但是，正如达尔文所言：“能够生存下来的，既不是最健壮的，也不是最聪明的，而是最能够适应变化的。”随着市场的变化，培训中心的发展遇到了一定的瓶颈，站在 2013 年的转折点，培训中心在总结过去的同时，更需要认真思考未来 5 年的发展战略。

二、2002—2012年战略发展及成果

（一）战略目标

培训中心发展立足于可持续发展，其可持续发展战略将综合考虑经济、社会、环境三方面的效益。

1. 经济效益

2001年，培训中心亏损近100万元。在可持续发展战略的引导下，仅用两年时间，扭亏为盈。2003年，培训中心盈利近40万元。

2012年，盈利800.70万元，收入2 674.93万元。

2013年，盈利850万元，收入2 800万元。

2. 社会效益

经过2001至2012的努力，培训中心已拥有众多国内外优秀的合作伙伴。国际合作伙伴包括：

（1）美国IMA管理会计师协会（The Institute of Management Accountants）。

（2）美国IPMA国际人力资源管理协会（IPMA－HR）。

（3）美国SQI服务质量协会（Service Quality Institute）。

（4）美国GPTW协会（Great Place To Work）。

（5）美国UIC伊利诺州立大学芝加哥分校（University of Illinois at Chicago）。

（6）美国环球英语集团（Global English）。

（7）美国创新学院（Innovation Academic Institution）。

（8）英国领事馆文化教育处（The British Council）。

（9）日本语J－TEST事务局（J Test Bureau）。

（10）日本A－Commerce株式会社。

国内合作伙伴包括：

（1）中国国家汉语国际推广领导小组办公室。

（2）上海市财政局。

（3）上海市商务委员会。

（4）上海市外国投资委员会、上海外国投资促进中心。

（5）上海市人力资源和社会保障局培训中心。

（6）上海市紧缺人才办公室。

3. 企业文化

培训中心致力于通过打造企业文化,增强团队能力,构建了"专业、严谨、创新、和谐"的企业文化。

(二) 战略决策及战略措施

1. 确定使命、愿景、价值观

培训中心在品牌初创期,就明确了使命、愿景、价值观。具体内容如下:

(1) 愿景:一流的国际化咨询、培训、认证中心。

即专注于以胜任力(competency-based),为基础的全球劳动力发展战略。

(2) 使命:中外合作桥梁,合格人才基地。

即把世界最好的引入中国,把中国最好的推向世界。

(3) 价值观:创新,严谨,专业,和谐。

2. 制定战略措施

针对三个阶段的特点,根据总体发展战略目标,培训中心制订了三个阶段的分目标,即:

(1) 调整期 2002—2004 年。

(2) 初创期 2005—2008 年。

(3) 发展期 2009—2012 年。

1) 调整期 2002—2004 年

中心在盘整内部情况、调查外部市场的基础上,开始了历时 3 年的调整整顿期,从市场定位、发展战略规划、企业文化建设、流程与制度建设、产品与服务的引进开发、员工队伍的调整与整顿等方面入手,拨乱反正。

通过整合与划分,初步形成以培训与认证、国际教育与交流、翻译三大业务模块为主的架构;同时,重新出台了完善的考核制度和行政章程。2002 年底,亏损减少至 28 万元,一年之后,赤字彻底消失,经营利润逾 30 万。

从 2003 年起,在公司的帮助支持下,先后引进、创立众多国内外知名品牌,包括:

(1) 外语类:①提供 24 小时网上英语学习的"Global English 环球英语";②国际外语测试:BULATS、TOEIC、J.TEST;③国际翻译测试:英国皇家注册语言学会的 CIOL。

(2) 国际专业认证类:①美国服务质量协会 SQI 培训认证;②美国人力资源协会 IPMA—HR 培训认证;③美国国际进出口协会 IIEI 培训认证。

(3) 海外教育培训:

与美国排名前 20 位的商学院"伊利诺大学芝加哥分院"合作的 MBA 项目。

（4）金融财会类。①与上海市外资委合作，推出投资咨询紧缺人才岗位证书；②与上海市财政局合作，开展财会人员继续教育。

2）初创期 2005—2008 年

扭亏为盈的第二步，便是调整战略，谋求发展。激烈的市场中，各类咨询、培训项目层出不穷，客户要求节节攀升，究竟该如何从中寻找商机、脱颖而出，并最终形成自己的特色。在对市场环境、公司要求和中心现状进行了全面的分析之后，根据全球公认的“企业成功四要素”（即：企业文化、战略、流程、人）的要求，首先建立了企业文化，明确了战略目标。

（1）理念：终身学习，成就终生。

（2）愿景：一流的国际化咨询、培训、认证中心。

（3）使命：中外合作的桥梁，合格人才的基地。

（4）价值观：①对待自己：自信；②对待工作：敬业；③对待同事：协作；④对待企业：忠诚；⑤对待顾客：真诚；⑥对待人生：智慧。

2005 年，确立了“搭建平台、创立品牌”的发展目标。这一年，中心拥有了成形的宣传资料、专属的网站和各类宣传渠道。我们把这一年称为“品牌初创年”。

2006 年，在全体成员的共同努力下，拿下交通银行太原分行、上海分行、天津分行的客户服务项目。其中，太原分行客户服务项目是第一个总标的超过 50 万元的金融领域咨询、培训项目，上海分行、天津分行的项目更是突破百万。各项业务快速发展。这一年，当之无愧成为“品牌发展年”。

2007 年至 2008 年，各项业务全面突破，各类制度全面优化，管理信息系统全面创新。培训中心由此迎来了“品牌确立年”。

尤其值得突出的是：

（1）培训认证的客户服务咨询、培训、认证项目异军突起，在激烈的竞争和对抗中，迅速扩张至全国市场，得到交通银行的高度认可。

（2）翻译中心在逆境中崛起，成为上海后起之秀的知名品牌，服务的机构包括世博局、世博集团、市公证处、市人事局、市外资委及其众多著名的欧美、日本企业，营业额从 2001 年的 230 000 元上升至 2007 年的 2 781 200 元，利润从 23 100元上升 626 600 元。

（3）对外教育与国际交流部，在优化传统的对外汉语教学业务的同时，拓展国际交流项目，顺利完成美国里海大学、法国格诺贝尔商学院合作的实习生交流项目（2 个月），汇丰银行赞助、英国领事馆文化教育处委托的英国交流学生项目（10 个月）第一期圆满结束、第二期顺利开始；营业额从 2001 年的 1 768 000 元上升至 2007 年的 4 286 400 元，利润从－453 000 元上升至 915 200 元。

至此，培训中心的“品牌初创期”宣告全满完成，正式步入品牌建设的良性轨道。

3）发展期 2009—2012 年

2009 年起，随着各项业务更成熟和全面的发展，中心正式进入品牌发展期。这个品牌，意指“一流的国际化咨询、培训、认证中心”，为个人、企业、国家、世界服务的雄心和责任。

此时的培训中心，更为关注的是流程和打造员工队伍。

流程方面，倡导“铁打的银盘，流水的兵”，要求团队成员固化每一个项目的流程，及各环节中的相关工具，做到标准化、系统化、专业化。

员工队伍方面，开始运用一些全球著名的工具训练员工思维方式。

根据彼得·圣吉的“五项修炼”，定期给予员工参与培训、学习的机会，并互相分享。

带领员工探讨李嘉诚的“取势、明道、优术”。要求员工根据国家工作报告、行业动态、公司战略、培训中心的目标，制订自身工作目标及相应的计划措施。

功夫不负有心人。这 3 年，金融类咨询、培训项目获重大突破，总人数突破 2.2 万人，合同总标的逾近 2 000 万元。涉及交通银行、农业银行、建设银行、江苏银行、南昌银行、九江银行、上饶银行等多家知名金融机构，遍布 20 多个城市。国际教育与交流结出硕果，国际教育与交流项目的海外授权点在美国芝加哥、日本东京成功运营。涉及国外院校（美国里海大学、法国格诺贝尔商学院、美国印第安纳大学）、企业（Internship Desk）、政府（英领馆）等。翻译项目异军突起，成为世博局、世博集团、市人保局海外人才服务中心、市公证处等政府机构指定翻译机构。2010 世博会期间，翻译了大量的资料，包括《上海世博》杂志等。荣获 2010 中国世博会组委会、执委会授予的“荣誉称号”。

三、2014—2018 年战略突破

在国家、社会、企业发展的诸要素中，人是最重要的。如果没有人，再好的组织、规章制度，再找的技术和外界条件，都不会给发展带来好处。人力资源的开发和利用，是现在经济管理的核心。

因此，作为中国人力资源行业的领先企业，培训中心着眼全球，紧跟时代的步伐，在发展过程中明确方向和定位，寻求突破。

2014—2018 年，中心仍然坚持可持续发展，并在原先的战略基础上寻求突破，包括内部人力资源体制机制的突破、外部业务模式的突破等。

（一）战略目标

1. 经济效益

在原有基础上，以“又好又快”的原则，保持持续增长。

2014 年，盈利 950 万元，收入 3 000 万元。

2015 年，盈利 1 020 万元，收入 3 300 万元。

2016 年，盈利 1 070 万元，收入 3 600 万元。

2017 年，盈利 1 140 万元，收入 3 900 万元。

2018 年，盈利 1 210 万元，收入 4 200 万元。

2. 社会效益

面对全球一体化的大趋势，中心在保障生存、谋求发展的基础上，要进一步寻求突破，因此，2014－2018 期间，要进一步增加与国内外业务伙伴的良好合作。

1）国际合作伙伴

（1）TTi Success Insight 美国人才测评系统：引入 DISC 行为测评工具，及其培训认证。

（2）World-Work 英国跨国界工作机构：引入跨文化测评工具，服务在华外国企业和中国企业走向海外。

（3）CPLI 北美物流协会：引入高端物流认证项目，与市人保局培训中心、国家外专局培训中心合作推进。

（4）CIOL 英国皇家注册语言学家学会：引入全球知名的“高级翻译证书”考试，培养高端翻译人才。

2）国内合作伙伴

（1）成为中国服务外包人才培训基地（上海唯一）。

（2）成为中国国家外专局培训中心特许培训机构。

（3）成为全国 HR 服务标准化技术委员会培训标准起草工作小组成员（共 5 位成员）。

（4）成为上海市服务外包人才培训基地，并且努力筹备上海市国际金融人才 认证中心，并与上海市金融业联合会、上海市金融工作委员会、上海市金融工会、上海市金融系统文明办、上海市国际金融人才认证中心深入开展合作。

3）企业文化

在未来的发展过程中，为了进一步保障人力资源，提高团队凝聚力，培训中心将进一步提炼和发展内部企业文化，即：

（1）对待企业：忠诚。

(2) 对待工作:敬业。

(3) 对待客户:真诚。

(4) 对待同事:协作。

(5) 对待自己:自信。

(6) 对待人生:智慧。

同时,以此为基础打造两支核心团队,一支是“关键客户经理团队”,该团队能够与企业高层沟通、对话;致力于销售文化(使命、价值观)、人力资源解决方案。另一支是“实施与保障团队”,能够按照相关要求、流程,实施项目,提供支持与保障服务。

(二) 战略决策及战略措施

培训中心将2014—2018年定位为“突破期”,在这个阶段,既要从内部的体制机制,也要从外部的业务模式寻求突破。

1. 内部团队

1) 至2015年,完成四大部门的建设

(1) 人力资源咨询部:成为人力资源专家、人力资源经理的摇篮,服务公司的总体战略计划。

(2) 培训认证部:与国际伙伴紧密合作,引进与开发并举,形成自己特色的“金融”板块咨询、培训、认证项目。

(3) 国际交流部:建立汉语教育的标准和体系,在上海开展汉语、文化、交流项目的同时,把服务推向全国、海外;翻译业务成为中外合作与交流的桥梁与纽带。

(4) 支持保障部:做好财务、教务、后勤工作,保障中心各业务的顺利展开。

同时,系统建设更趋完善,2013年建设“培训中心学习管理系统”,构筑培训与认证、国际教育与交流、翻译的网络服务与认证平台。

2) 在产品与服务解决方案方面

培训中心联合国际合作伙伴,发展具有外服国际人才培训中心特色的“核心竞争力”项目。在培训、翻译、国际教育业务的基础上开展咨询与认证服务,使之形成一个相辅相成的整体品牌。利用内外渠道,大力开展营销与销售。以上海为基地,与公司的兄弟公司和部门合作,继续尝试将部分优势项目推广到全国其他地区。

在接下来的五年中,培训中心将乘势而上,聚焦团队和管理的打造,加速发展。

3）团队方面

由原先的"关键客户经理团队"和"实施与保障团队"两支队伍，细化发展至四支队伍：

（1）经营管理领军的人才队伍。

（2）市场开发的人才队伍(包括专业营销和新兴业务开发队伍)。

（3）顾问型的资深客户服务人才队伍。

（4）市场和产品研发的人才队伍。

力争拥有一支优秀的团队，认同组织的使命、愿景和价值观，奉献智慧和才华；具备国际化视野，良好的语言水平（中文、外语）、电脑技能、专业技能、广博的知识，知道该做什么；具备市场敏感性，创新能力，公关和协调能力，策划、营销、推广、执行、客户服务能力；具备大局意识，注重团队协作，忠诚本市，爱岗敬业，真诚正直，富有人格魅力。

并且，创造以人为本的管理模式，以员工为本，给予每一位员工自由发挥的平台。加强团队建设，不断学习，在人力资源行业内做实做专。满足个人、企业、股东、社会的需要。参照彼得·圣吉的五项修炼，带领团队进行自我提升。

4）管理方面

（1）理念上：以人为本。

① 将人作为重要资源，加以开发、利用、管理。

② 使员工积极主动、创造性地开展工作。

（2）层次上：更具战略性。

HR 部门处于决策层，直接参与组织的计划与决策。

（3）形式上：动态管理。

① 动态管理：整体开发，系统操作。

② 量才使用，人尽其才：除了安排员工工作，还要根据组织目标和个人状况，

做好职业生涯规划，充分发挥个人才能。

（4）策略上：更着眼于未来。

① 注重近期或当前事宜的解决。

② 更注重 HR 的整体开发、预测与规划，根据组织长远目标，制定 HR 的开发战略。

（5）方式上：人性化管理。

① 考虑人的感情、自尊、归属、价值。

② 发挥个人特长，做到扬长避短，体现人生价值。

（6）技术和手段上：更着重系统性。

① 采取科学的考核系统和评价系统。

② 运用新技术、新方法，对员工进行管理。

2. 外部市场

在接下来的5年中，培训中心力争在全国范围内的各类企业（中央企业、国有企业、外资企业、民营企业）、各个领域（金融、零售、汽车、教育等）中成功开展各类项目，提供人力资源解决方案。尤其在金融行业，成为行业标杆。

其战略决策，需重点关注“六个性”，包括：

(1) 前瞻性。准确预测国际、国内的需求，把握培训、认证的发展趋势，秉承超前意识，高瞻远瞩地确立重点和方向。

(2) 市场性。以市场为导向，不断调整和创新，找准切入点。

(3) 相关性。培训、翻译、对外教育业务，必须服务公司的主业，服务国家发展的需要。

(4) 效益性。效益有经济效益和社会效益之分，局部效益和整体效益之分；利益也有短、中、长期利益之分，当前利益和未来利益之分。要全局把握。

(5) 专业性。具备专业意识、知识、和能力。

(6) 标准性。实施项目流程标准，标准化包括产品开发、设计、宣传推广、项目执行、后续服务的全过程，这有利于品牌的树立和项目的可持续发展。

在未来竞争日益加剧的市场环境中，培训中心将以良好的心态面对挑战，力求突破性的发展。

作者系上海外服国际人才培训中心主任、留学中心总经理、
上海市对外人力资源进修学院院长、
上海卓越管理中心第29期高级职业经理人班学员

上海一品颜料有限公司发展战略研究与思考

吕所林

上海一品颜料有限公司(以下简称“公司”)是我国专业生产经营氧化铁系无机颜料及相关衍生品的行业龙头企业,产品行销全球54个国家和地区。

氧化铁是建筑、涂料等行业的大宗原料。近年来,国家提出“一带一路”战略构想和积极推进城镇化建设给氧化铁产品带来极大的市场空间;由国际行业巨头在国内建设大型生产企业引发,氧化铁行业进入产品结构调整、资源整合、产业集聚的大变革时期;上海市推进“创新驱动,转型发展”,也给企业高端产品发展带来良好的机遇。公司正迎来历史性战略发展机遇期。

市场的召唤,行业的变革,要求公司重新审视企业发展战略,研究思考如何紧紧抓住这一历史性发展机遇,凭借大股东的资本实力以及公司的技术和品牌优势,提升企业核心竞争力,实现企业跨越式发展。

一、公司发展历程与发展瓶颈

公司的前身是上海氧化铁颜料厂,创立于1931年。

1957年公私合营成为国营企业。次年产品开始进入香港、东南亚、中东、欧美等国际市场。

1979年注册“一品”商标。为适应国际市场发展,2004年又注册“Yipin”组合商标,开始实施品牌战略。

改革开放后,公司几经改组,于2005年9月改制为有限责任公司。

目前公司是我国氧化铁行业协会会长单位,我国砖瓦行业协会副会长单位,先后获得“上海名牌产品”“上海市出口名牌”“上海高新技术企业”“最具潜力的上海老商标”“上海市认定企业技术中心”“上海市著名商标”“上海市知识产权示范企业”“中华老字号”等荣誉称号。

公司改制8年来,主营业务收入由改制前的0.82亿元,上升到2012年的3.5亿元,增长327%,初步达到“快速扩张,占领市场,提升品牌”的改制战略目标。但是，与主营业务大幅增长不相适应的是利润的增长幅度不大，始终在 600 万元以下，年平均不到 300 万元。企业的盈利能力阻碍企业的发展后劲，成为公司的发展瓶颈。

顺应行业发展潮流，破解企业发展瓶颈，提升核心竞争力，实现企业转型发展是公司新一轮发展战略制定中要解决的主要问题。

二、公司环境分析

（一）行业环境分析

氧化铁行业是国民经济的重要配套行业，氧化铁是仅次于钛白粉位居世界第二位的无机合成颜料大宗产品。我国是氧化铁生产大国，也是消费和出口大国。产量约占世界产量的 1/2，出口量约占国内总产量的 1/2。

氧化铁产品具有无毒无污染的特性，广泛运用于建筑、涂料、橡胶、塑料等传统领域。由于市场需求量大、价格低、替代产品少。随着氧化铁产品安全好的功能被不断发掘，大量高端产品进入高级涂料、电子、医药、化妆品、饲料、磁性材料等新兴领域，有效提升产品的附加值。

我国积极推进保障性安居工程和以人为中心的新型城镇化建设，实施“一带一路”新的国际战略，将释放巨大市场需求，给行业带来广阔的发展空间。国家积极鼓励“大众创业，万众创新”，将给高端产品的发展带来良好的机遇。

氧化铁产品传统生产工艺是由边角废料及各种含铁废料为主，经化学处理制造而成。近年来，随着黄金冶炼等企业环保意识的提升，开始研究对副产品硫酸亚铁实施前一体化运作生产氧化铁产品，推动我国的废副资源综合利用能力显著提升，具有变废为宝的循环经济发展优势。它们的进入，将对现有产品的价格造成影响，对行业中现有生产企业构成较大威胁。

目前我国有氧化铁生产企业 50 多家，70%以上是中小企业，产业集中度低，能耗高、污染重、同质化现象严重，长期占据国内外低端市场。近两年，行业中的一些具有市场、品牌、技术和资金优势的企业，通过强强联合，正投巨资新建一批技术含量高、规模大的新生产基地。既提升产品质量和档次，又大大降低废弃物的排放。一场优胜劣汰、产品结构调整、资源整合、产业集聚的大变革正在氧化铁行业中掀起。

综上所述，从市场前景角度看，在今后 10～20 年，行业前景看好。从企业竞争角度看，市场占有率、规模和成本将成为竞争的决定因素。从企业经营角度看，产品组合、技术能级和解决方案将成为决定企业成败的关键因素。

（二）公司环境的 SWOT 分析

SWOT 战略分析法，是把企业所面对的内外部条件等各方面进行优势与劣势、机会与威胁综合分析的方法。通过对公司内外部环境分析，确定自身的优势、劣势、长处和短处，研究利用市场机会和避开威胁的可能性，为战略的制定提供依据。

1. 企业优势

历史悠久又具国资背景，企业声誉好，品牌认知度高；行业公认的市场领导者，拥有一批知名度高的客户群；宣传意识强，具有强大的广告和宣传促销能力；自主研发基础好，能力强，产品创新能力大大高于国内同行；有长期国内外市场的经营基础，销售渠道成熟，有较大的地域覆盖和分销能力；建有应用技术服务队伍，能为用户提供实际问题的解决方案，产品服务优势高于国内同行。

2. 企业劣势

占地面积小，产品直接制造规模小，产量有限，不能满足市场需求；产品销售主要依赖于 10 多家没有资产纽带关系的外省市生产基地贴牌生产，一些产品生产中的关键技术或能力优势无法正常发挥；公司同国内外竞争对手相比，生产间接费用大，整体运行成本高，盈利能力不强；地处上海大都市，发展大规模产品生产的可能性几乎没有，发展空间有限；与国内竞争者相比，人力资源成本高。

3. 企业机会

我国新型城镇化建设、实施“一带一路”新的国际战略，市场发展奠定了基础，给公司加速扩张带来良好的机遇；功能性氧化铁产品的发展，拓宽产品的应用领域，带来新的细分市场和客户群体，有效提升产品的附加值；行业新一轮结构调整和资源整合，推动公司发挥自身优势，建立规模化生产联合体、提高产品竞争力成为可能；上海进一步开放服务业，能有效降低国际贸易成本。

4. 企业威胁

黄金冶炼企业综合利用排放废弃物生产氧化铁，将成为市场强大的新竞争对手；客户和贴牌供应商的谈判能力不断提高，将挤压公司的产品利润；上海城市定位的不断提高，将进一步限制氧化铁产品在上海的生产能力；随着 2015 年行业中新建的规模化生产联合体全面投产，产能快速扩张，可能引发恶性竞争，导致产品价格急剧下滑。

三、公司发展战略的制定

企业发展战略是为求得长期生存和发展，为获得持续竞争优势，在分析外部环境和内部资源及能力的基础上，设计具有全局性、系统性、长远性和方向性的企业发展总体纲领和方案。

（一）公司的发展战略

根据上述SWOT战略分析，充分发挥企业优势，顺应行业发展趋势，将资源和行动聚集在企业强项和潜在机会领域。可采用的总体发展战略为：以成本领先为主导，以差异化、一体化为核心，建立三大基地（即规模化生产基地，差异化产品深加工基地，集产品研发、技术服务、物流配送、财务结算等为一体的多功能服务基地），提升企业核心竞争力，实现企业跨越式发展。

（二）以成本领先为主导的产品生产、营销发展战略

依托企业优势，整合行业资源，打造规模化生产基地，加速核心业务产能扩张，达到提升技术、提高质量、降低成本、节能减排的发展目标。为紧紧抓住这一轮行业结构调整和资源整合的历史性机遇，凭借上海精细化工有限公司国资大股东的资本实力以及公司的技术和品牌优势，主动出击，与行业中优势企业江苏宇星工贸有限公司强强联合，组建多元投资的宜兴华谊着色科技有限公司，实施"20万吨新型氧化铁着色材料技改项目"，结束公司绝大部分产品长期依赖于贴牌生产的局面。

依托强强联合的优势，整合营销渠道资源，实现优势互补，加速核心产品市场扩张，提高产品的市场占有率和企业的影响力。

（三）以差异化为核心的功能性氧化铁发展战略

充分发挥公司的研发和地处上海的地域优势，通过与相关大学和科研院所合作，进一步加大功能性氧化铁产品的研发；充分发挥公司"示范生产线"作用，加大氧化铁产品深加工工艺研究，提高产品质量和产量。逐步将上海现有生产基地，转化为功能性氧化铁产品的研发、服务与深加工基地；建立健全功能性氧化铁产品营销渠道，在细分市场精耕细作，形成特色，做精做强，使之成为企业的核心竞争力。

（四）以一体化为核心的多功能服务基地发展战略

充分运用公司多年打造的“市场营销、物流配送、技术开发、示范型生产线、产品检测、财务决算和行政管理”六大功能总部基地的经验，根据新生产基地建成后的新业务、新要求，整合现有服务功能，将公司总部打造成具有产品组合和技术能级的、能提供各类解决方案的多功能服务基地。

四、公司发展战略的实施建议

战略是一种长期的计划，保证实施的整体性活动。为确保公司总体发展战略的顺利实施，需要各职能层的战略相互配合。具体实施建议如下：

（一）安全生产战略

质量是本，安全是根。当人员、原材料一定时，要降低产品的制造成本，首先要有一定的生产规模；二要采用先进的生产工艺技术和装备；三要质量达标，少出或不出次品；四要避免发生安全或环保事故。随着公司新生产基地建设的正式实施，公司可采用的安全生产管理方式有：

1. 明确各生产基地产品定位

确定新生产基地与公司总部生产基地的产品定位，并根据定位建立相应的生产管理办法和管理机构。

2. 建立完善的质量、安全生产管理体系

建立符合质量、职业卫生和安全生产要求的工作环境和工作设施，降低环境安全风险；建立健全工艺设备操作文本和有效的员工岗位培训机制，避免因误操作引发的质量损失或安全事故；建立明确的岗位说明书和长效的安全生产监督机制，将质量或安全事故消灭在萌芽状态；建立并不断完善产量、质量、单耗、能耗考核办法，鼓励员工充分发挥工作中的聪明才智，在提高产量和质量的同时，降低消耗。

（二）市场营销战略

为应对将大幅增长的产能和激烈的市场竞争，公司可采用的营销方式有：

1. 整合营销渠道

发挥公司与江苏宇星工贸有限公司强强联合优势，在大宗产品市场开展销售渠道整合，形成“1＋1＞2”的优势互补局面，进一步扩大产品的销量。

2. 建立“一站式服务”的营销机构

发挥公司多年的国际、国内贸易经验优势，经过慎重的评估，在国内外合适国家或地区，建立具有产品展示与体验、能够提供产品组合、能够提供解决方案、又具有物流配送功能的“一站式服务”营销机构，推动公司的经营模式由产品生产与销售向产品生产、销售＋服务模式转变。

3. 建立并不断完善“互联网＋”的营销体系

当今世界已进入互联网时代，快速反应已成为企业核心竞争力培育的重要内容。因此，要建立互联网营销体系和线上线下快速反应机制，并在时机合适时，将网络营销与“一站式服务”的营销机构紧密结合，为用户带来便利，为企业降低销售成本。

4. 建立功能性氧化铁营销售网络

根据该类产品量小、面广、技术含量高、与大宗产品市场不重叠的特点，建立专门的营销网络和独特的营销策略，与研发部门相结合努力提高产品应用技术，不断提升产品销量。

（三）产品研发战略

根据公司新生产基地建成后生产布局调整情况、产品市场的变化情况和公司新的发展战略，确立“以市场为导向，以产品分类研发为抓手，与相关研发和装备优势企业合作，加快科研产业化进程”的产品研发战略，可采用的方式有：

1. 大宗氧化铁产品研发管理

结合新生产基地建设和投产，努力探索产品工艺技术和质量安全管理方式的改进。并通过持续改进，不断提高产品质量，降低生产成本；以市场为导向，积极探索氧化铁与相关颜料组合的应用性能研究，不断推出符合用户需求的产品组合，并形成产品系列，扩大产品的销售市场；建立由设备、生产、技术、物流、营销等部门共同参与的用户解决方案研究机制，为实现用户个性化服务奠定基础。

2. 功能性氧化铁产品研发

建立“以自主研发为主，与相关技术、装备优势企业合作”的氧化铁产品深加工研发机制和研究团队，加快不同应用领域功能性氧化铁产品的研究和质量提升，为产业链的不断延伸奠定基础；密切关注可能或已经应用功能性氧化铁产品的特种材料行业发展，如锂电池、化工触媒等，通过采用“早期介入，共同开发，与用户共同成长”的方式开展产品研究，不断提高相关产品的质量和销量；建立有研发人员共同参与的、有一定技术专长的产品应用技术服务团队，做好客户的服务、沟通和信息收集工作，为产品的深入研发和销售策略的制定提供依据。

（四）人力资源战略

人才是推动企业创新发展的核心要素。随着新生产基地的建成投产和新发展战略的实施，公司将进入高增长发展时期，迫切需要各种人才。为此，公司可采用的人力资源管理方法有：

1. 全方位用好现有人才

建立新的人才规划，将“想干事、能干事、干好事”的各类现有人才，放到关键岗位，负以重任，为人才的成长和脱颖而出搭建工作舞台。

2. 多种形式培养人才

公司要根据员工的特点和岗位的需求，建立员工培训机制。通过培训、师带徒、技术比武等方式培养公司需要的人才，打造一支适应性强、技能精湛的技术工人队伍，努力将合适的人放到合适的工作岗位。

3. 多种渠道引进人才

公司要根据人才规划，建立多渠道人才招聘和引进管理机制。对专业性强的岗位或高端稀缺人才，要主动出击，通过优厚待遇，担任职务，提供科研条件等措施，提高企业对人才的吸引力。

4. 多种方法留住人才

公司要不断探索人才管理的体制机制改革，不断完善员工考核激励机制，让人才能引得进、留得住、用得好。努力营造人人皆可成才、人人尽展其才的生动局面。

战略管理的精粹是扬长避短、趋利避害，不断通过战略性投资和整体化运作提升企业的核心竞争力。目前氧化铁行业结构调整、资源整合和产业集聚的大变革正在如火如荼地进行，国际行业巨头朗盛公司在国内的大型生产企业已建成投产，公司的新生产基地也已初步建成，新一轮的市场竞争正等待着我们。上述研究成果已在公司“十三五”规划中得到体现，特别是公司2016年建立网上颜料商城，为公司实现核心业务的快速扩张提供有力的支撑。愿我们的公司在不断开拓中前进，在不断创新中发展，努力加快企业由生产销售型向生产销售＋服务型企业转变步伐，实现跨越式发展。

作者系上海一品颜料有限公司党总支书记、副总经理
上海卓越管理中心第30期高级职业经理人班学员

资源整合　平稳退出

周鹤松

具有80多年历史的上海四方锅炉厂(以下简称"四方厂"),被称为"中国工业锅炉的摇篮"。曾经拥有辉煌的过去,创造了诸多令人羡慕的业绩。在产能过剩、竞争激烈的大背景下,企业体制机制僵化,创新力及竞争力缺乏,发展陷入困境。在上级的领导下,四方厂整合退出过剩产能,为确保员工队伍稳定、止损扭亏为盈、和优化资产基因提供实施保障,并于2014年完成工商、税务注销工作。

一、退出战略的选择

(一) 企业内外部环境分析

20世纪80年代,在改革开放的浪潮的推动下,四方厂与美国休斯敦公司合作生产热采用油田注汽锅炉,引进当代具有国际先进水平的丹麦角管式锅炉技术,市场竞争优势明显,生产任务饱满,经营形势良好,职工士气高涨。90年代初,企业安于现状,暂缓大容量高参数锅炉研发,竞争对手先于企业抢占35T及以上大容量锅炉市场先机。企业管理层人员与决策变动,与世界500强ABB公司合作失之交臂。为积极应对市场及环境的变化,主动减员分流及开发新品,但产品开发进度缓慢、销售过度依赖中间商,企业陷入发展困境。

根据SWOT矩阵模型,科学分析四方厂内、外部环境,发现四方厂商誉好,产品节能环保、品质优良,有一定的市场占有率。但研发能力薄弱,设施设备陈旧,产品售价高,经营形式不理想,内部劣势明显,外部威胁颇多,企业应采取防御性战略,即要大力推进业务重组和经营模式调整,打造亮点,重振四方。

(二) 防御性战略的评估与选择

如何实施防御性战略,上级和企业提出多种设想:

1. 整体搬迁

上海电气(集团)总公司(以下简称“上海电气”)曾考虑缩小企业规模,易地生产。经考察认为,该厂房不适合锅炉制造,加之企业长期亏损,方案予以否决。

2. 成立合资公司

为拓展中国工业锅炉市场,联手四方厂合资经营,英国富尔顿公司与上海电气签订合资意向书。但厂长与上级企业存在意见分歧,合作事宜搁置。

3. 业内吸收合并

业内吸收合并有利于充分利用电站锅炉的优势,并继续保留工业锅炉的产业。但合并方担心产品类型不同(电站锅炉/工业锅炉)、文化各有差异,企业合并存在风险。最终,合并方案夭折。

4. 成立“新四方”突围

从保留民族工业品牌出发,剥离沉重的历史包袱,选留精干技术骨干和部分工人,组建“新四方”,重振旗鼓,继续拓展工业锅炉市场。职代会确立“新四方”组建的人员安置分流方案,但新企业成立的实施方案迟迟未制定,员工各寻出路,企业人心涣散,突围方案胎死腹中。

(三)退出战略的决策

论证退出战略的可行性,提升战略的实操性:

1. 遵循经营规律

从2007—2009年四方厂的各项经济指标来看,人均销售不足70—80万,应收账款回笼不畅,经营性现金流量为负数,资产负债率居高不下,连年亏损,已无法适应激烈的市场竞争,只能遵循“不消灭亏损,必被亏损消灭”的经营规律。

2. 服务转型发展

按照“创新驱动、转型发展”的要求,上海电气提出,有所为有所不为,消灭亏损,整合资源,开展以“价值再造”为重点的改革重组,聚焦集团核心产业,为先进制造业发展提供资源支撑。

3. 适应区域发展需要

四方厂地处闸北区的中部,属闸北区“南高、中繁、北产业”布局中的“中繁”区位。闸北区政府频频与上海电气联系,希望收储四方厂地块,开发大宁地区。

综上所述,若继续经营,企业仍将面临连年亏损的局面;若退出市场,企业在补偿损失和清偿债务后仍有盈收。经综合评估,上海电气决定在2010年初关闭四方厂,整合退出,清算注销。

二、制定退出战略计划

（一）确定时间框架

4月底前完成人员安置分流工作。

（二）成立整合退出领导班子和工作组

上海电气选派具有丰富改革经验的领导挂帅，抽调20余名具有安置分流实战经验的同志组成工作组，带领厂领导班子和中层干部，分析、研究、制定和完善整合退出方案。

（三）制定退出战略工作计划

根据整合退出的任务和目标，确定项目实施的优先级，做好人员安置分流、维稳预案制定、资产审计评估、销售合同完成、质保收购服务、应收账款催讨、资产处置、长期投资清理、占用物业清退（含集宿）、税务筹划、土地收储、工商税务注销等各项工作。

（四）做好稳定预案

制定专项维稳工作预案，按A\B\C分类进行整合退出风险评估，按风险等级启动预案，确保安全工作稳定受控。

（五）坚持“四个必须”

实施退出战略要坚决做到“四个必须”：

1. 必须坚持依法退出

必须严格遵守《企业法人登记管理条例》《公司法》《企业破产法》等法律法规对企业法人歇业、被撤销、宣告破产或其他原因终止经营的一系列明确规定，确保不留后遗症。

2. 必须加强领导

实施退出战略，是一项系统工程，要有组织保证。成立企业改革领导小组，全面协调人员安置分流、资产处置、财产分配及安保工作，稳妥推进，确保企业和社会稳定。

3. 必须维护合法权益

一是维护职工的合法权益，保障职工对实施退出战略的知情权、参与权、监督权和人员安置分流方案的决定权。二是维护债权人的权益，严格按照清偿顺序，依次予以财产分配。

4. 必须加强国资监管

严格执行产权交易及股权转让、资产处置、不实不良资产核销等企业审批规范流程，防止国资流失。

三、退出战略的实施

（一）统一思想，群体决策，开好职代会

科学评估风险，掌控思想动态。一是稳定人心，做好职工安置分配工作。二是加强安保，确保安全工作稳定受控。

开展递进式沟通，转变员工思想。稳定领导干部和中层干部队伍思想，调动开展整合退出工作的积极性。采取分阶段举办干部和骨干学习班引导干部职工转变思想观念。；用法规和政策统一认识，引导职工期望值回归理性；将行业内不同企业的安置分流方案作比较，制定适合本企业实际情况的职工可接受的方案。

坚持群众路线，加强访谈宣讲。安抚职工情绪，做好员工访谈工作，为职工代表大会的召开做好准备工作。

坚持民主决策，开好职代会。在基本统一思想认识的基础上，组织职工代表深入讨论职工安置分流方案，合理采纳意见，不断完善，形成定稿。

（二）"救人不救厂"，职工安置分流

坚持以人为本的理念，做好600多名职工的安置分流工作。在广泛听取职工意见的基础上，制定职工安置分流的"八扇门"通道，包括托养、职业介绍、业内转岗、人事代理、协解等。以平等、公正为原则，组织职工参观集团内相关企业，举办招聘会，推介岗位，化解对抗，达成意向，兼顾个体的不同诉求，满足职工合理要求。在方案实施的两个月内，妥善分流安置500多名职工，仅发生一起集访事件，确保大局稳定受控。

（三）完成销售合同，做好售后服务

讲究诚信、守法经营，确保企业整合退出不影响产品售后服务，梳理全部销售合同，并采取四项有力措施：一是发信让用户确认合同有效或解除，梳理履约合同，修正生产计划。二是发出律师函给迟迟未提货的用户，告知违约法律责

任。三是外包协作有效合同，强化质量监控，确保产品合格如期完成。四是委托专业队伍和组织专业技术人员做好质保期售后服务。

（四）资产处置实现残值最大化

组织留守人员加强目标管理、流程管理和预算管理，采取总体规划，分步实施，目标定向；明确任务，分工负责，责任到位；加强管理，完善制度，规范流程；政策落地，业绩导向，提高工作效率。

1. 规范操作，实物资产处置完毕

严格审批程序，确保国资处置规范，保证安全无事故。本次资产处置共清理 12 只仓库，2 483.3 吨近万品种的存货，处置各类设备 1 161 台(套)。

2. 债权债务全清理全覆盖全落实

成立债权债务工作小组，仔细梳理应收应付账款。积极与业务单位协商应付债务重组，实现重组收益约 150 万元。针对不同情况，组织人员催讨应收账款、技术服务、委托售后服务、质量问题协商，以及进行债权诉讼清欠。派出 193 人次，发出信函 95 封，解决 26 个技术质量问题，诉讼 27 起，净回笼 5 500 多万元，并对其他应收应付款项进行分析合理调整核销。

（五）攻坚克难，按节点移交厂房场地

四方厂房地产清理清退的总体思路是：先易后难，抓早抓实，层层推进，以较小的成本清理各类房地资产。同时把平稳清退放在第一位，做到预案在先，心中有底；上下联系，及时得到上级指导和帮助；横向互动，争取地区相关单位的支持和配合；克服畏难情绪，变等为进，变难为抓，变怕为敢，积小胜为大胜。移地安置集宿居住人员 4 人，清退集宿居住人员 5 人，完成集宿清退工作，顺利地向业内文通物业公司移交了广中路集体宿舍共 16 套；稳妥地清理清退错综复杂的物业占用户 29 户，建筑面积 2 366 m^2，场地面积 1 851 m^2。并于 2013 年 11 月初完成四方厂土地政府收储工作。

（六）突破瓶颈，清理对外长期投资

认真梳理，分门别类，一企一策，制定清理方案。对正常运营的多元投资有限公司采用产交所挂牌交易方式进行转让；对参股企业采取退股的方式退出；对国有和集体联营企业选择清算解体；对已吊销企业办理注销手续。至此，21 家长期投资企业全部清理完毕。

四、实施退出战略的思考

（一）企业陷入困境的主要原因

1. 体制机制僵化

尽管采取三产和辅助车间转制剥离，富余人员分流转岗等改革措施，但治标不治本，企业股权结构单一、各项竞争机制缺乏、产品部件大量外包内做、劳动生产率低下、高级人才大量流失和核心竞争力不足，注定企业无法适应激烈的市场竞争环境。

2. 干预和缺位并存，不符合企业发展和运行规律

上级领导管理干预多，生产经营自主权少，表现为权力的越位、错位和缺位。从 1996 年至 2007 年，上级对企业 9 名党政领导进行人事调动，企业战略规划缺乏连续性、长期性和前瞻性；四方厂隶属关系多次变动；出资者在合资项目推进时没有坚定行使所有权，影响企业生产经营和开拓发展。

3. 把握机遇能力不足

四方厂在发展过程中也曾有过多次发展机遇，但由于领导班子缺乏忧患意识和危机管理，与机会失之交臂。比如领导调动或意见不同导致数次合资项目发展计划搁置，大容量高参数锅炉的研发暂缓，循环流化床、城市垃圾焚烧锅炉开发的缺失，培养意见分歧导致技术领军人物流失等。

（二）退出战略的成效

1. 止损扭亏

四方厂迈过了 20 世纪 80 年代的全盛时期后，进入 90 年代，一直处于微利或微亏状态，自 2008 年新会计准则的执行，企业连年亏损。四方厂退出市场，及时止损，不再消耗出资者的资本，从某种意义上来说，也算是"胜利"退出。

2. 财务协同实现残值最大化和税负得利

按照税务筹划方案，积极争取所得税亏损可弥补税基，充分利用税收豁免政策，从严执行整合退出预算，实现退出成本最小化。存货处置收入 1 142.38 万元；固定资产（房地产除外）评估价 1 485.26 万元，处置收入 1 442.62 万元，为评估价的 97.14%，为账面值的 145.48%；应收款净回笼 5 500 多万元，争取到处置收入征税的减免优惠。四方商标和技术图纸、专利等无形资产落户上海工业锅炉研究所。

四方厂房地产权证于 2012 年 10 月上移上海电气，为财务协同创造有利条

件。上海电气对四方厂实施3亿元债转股，争取到可观的可弥补亏损税基；土地政府收储，土地、房产双开票，在享受土地收储流转税减免政策的同时，合理规避部分所得税的缴纳，最大限度实现资产变现税负得利。

3. 存量资源优化配置，服务集团转型发展

四方厂房地产资源收入10多亿元，成功将固化的国有资产转化为可流动的国有资本，既清还上海电气的借款，又为盘活存量资产，实现资源的优化配置，为核心产业的发展提供有力的资源支撑。

4. 地区获得土地开发的机会

四方厂的退出符合闸北区区域发展规划。闸北区收储四方厂土地后，于2014年1月挂牌交易，以高达101亿元的"地王"价招拍成功，重塑地段、空间价值，为闸北大宁地区旧貌换新颜做出贡献。

（三）成功退出后的代价

1. 上海基本退出中国工业锅炉行业

随着具有83年历史的"中国工业锅炉的摇篮"——四方厂的清算注销，上海基本退出中国工业锅炉行业。这是上海为产能过剩、发展服务经济的必然选择。

2. 民族工业著名品牌的逝去

"四方牌"工业锅炉响彻中国工业锅炉行业，在东南亚地区也小有名气。1934年，民族资本家蔡正粹发挥自己的聪明才智，带领工人制造出中国第一台工业锅炉。新中国成立后，四方厂励精图治，又不断发展壮大。"四方牌"从无到有，从有到优，成为民族工业的著名品牌。随着四方厂实体的销号，昔日辉煌终将逝去。

3. 职工承受改革的代价

四方厂实施退出战略，牵涉到600多名员工的利益。改革重组的决定一经公布，职工反响激烈，但在大量宣讲解释和思想教育之后，成功实施人员安置分流方案。职工为企业改革发展做出巨大牺牲与贡献。

（四）退出后的思考

1. 企业退出，保障职工生活来源

以和谐分流安置为原则，要着眼于维护广大职工的合法权益，最大限度确保员工安居乐业，维护社会稳定。

2. 梯度转移，传承民族品牌

四方厂历史悠久，行业影响力大，技术图纸、技术专利、商标、商誉等无形资

产含金量较高，是企业几代人筚路蓝缕的成果。在退出战略实施过程中，上级可以采取开放型、市场化的资本运作，向有需求的企业输出产品与技术，甚至可以参股投资，梯度转移四方的节能环保技术、管理和商标，使四方民族品牌得以传承。

作者系原上海四方锅炉厂副厂长、
上海卓越管理中心第 32 期高级职业经理人班学员

上海汽轮机厂转型发展的战略实践

薛志伟

任何企业要实现跨越性的可持续发展，其开展的每一项工作必然要符合企业的发展战略。面对外部市场环境复杂且多变，在不同的时期制定和调整企业的发展战略，是企业获得可持续发展动力的重要保障。上海汽轮机厂在产品转型、制造布局调整、激烈市场竞争环境中，以战略管理理论为指导，以优势、劣势、机会、威胁战略分析方法为工具，分析和制定企业在复杂环境下的竞争发展战略，并以战略为导向，开展工作。

一、上海汽轮机厂发展历程及其面临的形势

中国第一家汽轮机厂——上海汽轮机厂于 1953 年 8 月 30 日正式诞生。上海汽轮机厂是国家装备制造业大型重点骨干企业，是国内最早建成的汽轮机制造基地，担负着电站设备制造的重任，是我国汽轮机生产的摇篮。见证了共和国汽轮机、燃气轮机从无到有、从小到大、从大变强的发展历程，始终坚定地走在时代前列，技术发展的前沿。

上海汽轮机厂(以下简称上汽)在六十多年的发展过程中，经历了四个发展阶段。上汽在技术创新和管理上，将国内先进的一流设计、制造经验与美国、德国等国的先进技术和管理紧密结合起来，设计并制造出了在技术和价格上拥有相当竞争力，且符合国际标准的世界级汽轮机产品。汽轮机单机容量从 6 000 千瓦发展到 100 万千瓦，整整提升了 166 倍。总产量累计突破 3 亿千瓦，占国内火电设备总量近 40%，位居亚洲第一、世界前列。在广袤的神州大地上，上海汽轮机厂生产的汽轮机已落户于除西藏、台湾外的所有省、自治区、直辖市；在全球的版图上，上海汽轮机厂产品正像春天的花蕾，在世界各地竞相绽放。上汽人已经把 18 项令人骄傲的“中国第一”，光荣地镌刻在中国汽轮机制造业的史册上，矗起了 18 座巍巍丰碑。

从工厂发展历程可以看出，上汽一方面将面临相对稳定的市场发展机遇，另一方面，又处于“前有标杆、后有追兵”的激烈市场竞争环境。企业要在这几

年抓住市场机遇，夯实企业发展基础，不断发展和保持核心优势，做行业的持续引领者，与国内同行拉开差距，在世界舞台上争得话语权，转型发展是关键。把企业的核心产能放在附加值高、技术水平高的优势加工上，向社会化分工要效益。上海汽轮机厂必须将有限资源的效能最大化，突出自身核心优势，利用合资合作和长三角成熟的产业配套优势降低运营成本和提高运营效率，利用整个配套产业链与对手竞争。

燃气轮机这颗电站设备"皇冠上的明珠"，随着国内燃机市场的快速增长，工厂订单急剧增加，迎来了燃机制造的新时代。在工厂规划中，燃机作为工厂新的增长点，显示了工厂发展的方向。然而，面对如此迅猛增长的市场，对工厂而言，既是机遇，同时更多的是挑战。在工厂产能滞后的情况下，要完成历史赋予我们的重任，带来更多的就是通过战略转型来实现燃机批量生产。

二、上海汽轮机厂的SWOT分析

（一）能源市场分析

随着经济的快速发展，带动了中国能源消费的迅速增长，中国的能源消耗已经占到了世界总量的15%，相当于美国能源消耗量的70%。如果继续以目前的速度增长，中国的能源消耗量将在7年内翻一番，并取代美国成为世界上最大的能源消耗国。

虽然中国在节能减排等方面取得了显著成绩，但一些客观因素的存在也使得电力行业面临温室气体减排的巨大挑战，绿色和谐之路依然任重道远。转变电力发展方式、提高发展质量将是中国电力行业节能减排、应对气候变化的战略任务。由中电联牵头编制的《电力工业规划研究报告》中指出："2020年中国非化石能源在一次能源消费中比重达到15%左右和单位GDP二氧化碳排放量比2005年下降40%～45%的目标做出应有贡献。"并提出电力开发的基调确定为："优先开发水电，优化发展煤电，安全高效发展核电，积极推进新能源发电，适度发展天然气集中发电，因地制宜发展分布式发电。"对应其规划，上汽主要市场的火电、核电和燃机都将面临不同的形势变化。

上汽的高效、节能、环保发电技术已日益成熟，首先，超临界、大容量、高效率、低排放的绿色火电机组已成为主打产品。其次，国内火电发展中心将逐步向西部转移，目前上汽厂火电产品在西部市场有着不俗的表现，在新疆市场占有率为80%，宁夏和陕西市场占有率超过三分之一，在青海的市场占有率更是达到100%。第三，随着煤炭价格的变化以及新增电站项目难度的增加，要进一步发展火电产业，情况并不乐观。近几年，国内市场招投标项目主要集中在核电、风电、燃机等新兴产业上，火电项目十分稀少。在新接订单中，火电项目的比重也呈下降趋势。

“十二五”期间，我国天然气发电将稳步发展。燃机机组的综合效率高出同时代燃煤机组15%以上，燃机发电效率达60%，同时，耗水少、占地少、投资省、建设快、易调峰，我国近年将增加天然气发电比重。上汽引进的燃机技术无论在国内还是国际市场都反映良好，工厂承接的订单量占据国内燃机的半壁江山，后续订单还在增加中。针对这些订单，工厂年计划排产有12台燃机和配套的12台联合循环汽轮机，达到了燃机制造历史最高值。近年来，业主对燃机产品会提出更高要求，较短的交货期和多变的抽气参数给上汽在原材料采购、技术创新、制造周期方面带来了诸多挑战。同时燃机电厂不同于常规火力电厂，一般业主都只会选择由设备制造方提供后续的长期服务，也就是说只要获取了燃机设备订单，随之而来的就是利润更丰厚的长期售后服务与设备维护订单。加快燃机核心部件的国产化，不断开辟新的市场，实现燃机主机设备和长期服务的共同发展，上汽将迎来燃机良好的市场机遇。

（二）竞争环境分析

1. 国际竞争环境分析

与国际同行标杆对比，作为全球第一集团企业之一的西门子，其能源板块的销售规模占据西门子的近30%。西门子能源板块主要包括火力发电、可再生能源、石油与天然气、能源服务、输配电。

经济运行规模与效益方面，由于对标公司的业务范围的差异，以及国际市场与国内市场的合同价格差异，上汽在规模上无法与西门子全面对标；而在效率上，上汽目前已具备一定的优势。因此，上汽要进一步关注如何保持和扩大在效率上的领先优势，同时，在产品升级和市场开拓上要加快培育和提升。

技术开发能力方面，在常规汽轮机的领域内，上汽完全有能力开发和制造性能质量不亚于国外同行的机组。但在三个新高地领域——超超临界、核电、燃气轮机的技术基础研究、产品的开发及实践经验方面还存在一定的差距。燃气轮机技术、燃气轮机市场同样尚缺乏自主产权。燃气轮机的技术主导权仍在外方手中，所有的技术引进目前只偏重于制造技术，设计技术不在转让范围之内，严重影响了国内燃气轮机发展。

制造能力方面，上汽现有的常规火电生产能力超过2 500万千瓦，西门子工厂无法达到这个产能。燃机制造能力，上汽从转型发展战略高度出发，通过投资建造燃机总装车间、添置专用设备、业务流程重组、生产布局调整等方法，对标西门子柏林燃机工厂。上汽在燃机的制造上还需要进一步改善产品的质量水平和稳定性，提高国产燃机的认知度，需要进一步加强计划执行力度，提高产品按期交付的能力，另外还要从原材料、生产率等多方面入手，进一步降低燃机部件的国内制造成本。

总体来说，上汽与国际电力装备制造业巨头相比，百万核电、燃气轮机高端产品自主知识产权的技术研发和创新能力、项目管理、计划管理、质量管理、供应链管理和服务管理，以及适应国际化进程中的各类员工队伍等方面都存在较大差距。

2. 国内竞争环境分析

上汽的国内同行业主要竞争对手是东方汽轮机厂（东汽）和哈尔滨汽轮机厂（哈汽）。在国内汽轮机电站设备市场占有份额中，占据前三位的企业为上汽、东汽、哈汽，而且，这三家几乎垄断了大功率汽轮机电力设备的供应。三家各自的主要客户群相对集中在各自周边的省市自治区。

在市场占有率上，上汽一直处于领先的优势地位，但优势不是很明显。经营管理综合能力方面，从销售利润率指标看，近两年上汽、东汽、哈汽水平相当。管理费用和销售费用合并比较，东汽最高、上汽居中、哈汽最低。如果剔除上汽近几年比较集中的新产品技术引进相关费用，上汽的费用水平国内最低。产品技术方面，上汽始终坚持自主创新路线，加强技术投入，强化自主的研发系统；不断提高产品的科技含量，发展符合市场要求的高参数、高效率、高可靠性、高度灵活性、高自动化、低维护性的各种产品。因此，常规火电技术方面的产品综合自主创新在内的技术有一定的优势。核电汽轮机技术方面，上汽有着很好的基础，也在百万等级核电低压焊接转子以及半速大容量核电汽轮机 1.7 米长叶片的开发实现了突破，并积极推进 1.9 米长叶片的开发。燃气轮机技术方面，上汽的起步比较晚，但经过不断努力，现在国产化水平上已全面赶上甚至在部分方面实现了超越，同时在 E 级、F 级燃机的市场占有率上也暂居领先地位。在人员总数上说，上汽始终保持最少。同时，在优化人员队伍结构，三高人员比例等方面优于哈汽与东汽。上汽地处长三角，周边地区经济水平在国内相对领先，电力市场需求比较旺，也有利于国际业务的开展，包括国际市场采购和销售。同时，长三角地区的民营企业发展较快，有利于上汽挖掘更好的零部件供应商。上海还具有良好的人才市场，有利于公司选择和招聘优秀的雇员。

总体来说，与国内同行如上汽与东汽相比，领先优势已不太明显，一些地方甚至存在劣势。上汽厂当前面临较多的外部机会和较好的市场形势，但市场也对企业提出了更高的管理要求。而企业内部的管理水平当前还不能完全满足外部市场的需要，相对外部需求而言还存在诸多内部不足。

（三）转型战略和初步实施计划

上海汽轮机厂相对国际巨头、国内同行而言，存在一些制约企业健康持续发展的不足。而经济发展和能源政策的调整，工厂也面临良好的机遇。工厂需要采取利用外部机会、克服内部弱点，即全面提升内部实力，使企业具备持续发展的动力。要在做强汽机、做精燃机的前提下，集中优势力量聚焦燃机产业。具体包含两方面的内容，一是基于技术发展、市场情况和价值流分析，进行工厂转型发展分析和业务流程重组、调整生产布局。二是针对燃机市场回暖和满足业主交货期要求，在生产组织运营、外包业务和计划管理方面加强监控，提升燃机生产能力，实现燃机批量生产目标。

三、上海汽轮机厂燃机产业转型战略实施

（一）战略设计和实施方案

在转型战略和执行方针的指引下，实施方案如下：按工厂产品转型规划，全面、准确、系统地积极组织落实各车间规划，持续推进工厂的业务流程重组工作；在复杂的国际形势和宏观能源政策框架下相对准确的分析能源市场需求和企业占领市场的能力，以期在今后形成企业清晰的产品定位；密切关注技术发展趋势和具体工艺特性，以期为产能配套计算和价值流分析提供基础；推动企业合作，工厂与西门子联合建立燃机产能提升项目，双方均同意了“行动交流计划”，该项目设立三个小组，分别是：计划风险管理、工艺改进、联合采购小组，以此推动燃机产能提升。

（二）战略推进计划

由于产品转型业务流程重组和生产布局调整所牵涉到的面广，而且问题处置较为复杂，需逐步稳定的推进，以达到预期效果。总体来说，组织各车间形成与工厂产品转型相匹配的战略规划思路，按照达成的共识全力推进各车间产品转型业务重组战略规划的具体实施，在实施基础上实现生产不断不乱，解决好业务流程重组和生产布局调整所带来的各种问题，在原有基础上巩固提高，形成新的管理模式并进入常规工作轨道。

（三）实现燃机批量生产转型目标

提升燃机产能，实现燃机批量生产目标包含四方面内容：

1. 抓住一个核心:变革

上汽 60 多年的历史,现在面临了转折点,这个转折点决定了上汽厂能否成为百年企业。从生产汽轮机到燃气轮机,打破传统模式、传统习惯,实现有效的变革。

2. 立足二种思维:适应性思维和引领性思维

在适应形势变化的同时,要能够做到引领,实现持续跨越性发展。

3. 研究三种模式:盈利模式、扩张模式、资源整合模式

研究盈利模式就是要考虑工厂要靠什么主导产品赚钱,以前是 30 万机组,今后可能就是燃机。扩张模式是指上海电气提出了进入世界 500 强的目标,燃机是创新驱动、转型发展的代表,目前工厂在国内市场占有率是领先的,在扩张的同时,我们也要时刻关注对风险的控制。资源整合模式,就是要对长三角,甚至是全球的优势进行整合,实现资源整合。

4. 关注四个结构:产业结构、产品结构、组织结构、人力资源结构

现在工厂的产业结构比较清晰。组织结构要为企业战略服务。工厂原来组织机构的分分合合,都是为了适应企业的发展,有时代背景。

上海汽轮机厂是具有深厚管理底蕴的优秀企业,在外部市场竞争日趋激烈、能源发展重心快速调整、产品结构不断优化升级、社会化分工的各种因素影响下,明确企业的战略发展方向,聚焦燃机产业发展。通过产品转型业务流程重组和生产布局调整,燃机产能实现批量生产目标,是上海汽轮机厂在复杂的竞争环境下做持续引领者的必要条件。

光明辉映人间,未来正在召唤。上海汽轮机厂在全面实现"四个转变"的基础上,"四个发展"的宏伟战略目标已经壮阔展现:从专注三大战役制高点向透平产品系列化发展,从引进技术向自主研发发展,从国内国际产品经营向国内国际产业运作发展,从设计制造型企业向生产服务型企业发展。以引领行业、引领先进制造业、引领当代工业的宏大气魄,不断增强盈利能力和竞争能力,努力为中国先进装备制造业再做新贡献,续写新篇章。

作者系上海电气电站设备有限公司上海汽轮机厂制造部副部长、
上海卓越管理中心第 32 期高级职业经理人班学员

上海电缆厂有限公司战略转型的发展研究

张应荣

近70年电缆工业的发展史，记载上海电缆厂有限公司（以下简称“上缆公司”）发展的风风雨雨，经历计划经济时代的辉煌，也承受着市场经济时代的痛楚。国有体制企业如何在完全竞争市场生存和发展，是当前国家大力提倡发展混合所有制背景下值得探讨和研究的问题。

一、公司发展的发展现状与瓶颈

（一）公司的发展现状

上缆公司是一家母公司＋四家合资子公司的管控模式，2013年销售13.99亿元，其中上缆公司本部4.74亿元、上缆藤仓2.43亿元、藤仓橡塑1.26亿元、特雷卡光缆2 949万元和南洋藤仓5.27亿元。这些企业中，只有南洋藤仓经营尚可，并在楼宇分支电缆细分行业做到第一，其余均处于不同程度的亏损状态。

电线电缆是料重工轻的行业，需要依靠资金推动，企业规模决定行业地位。由于技术含量低、工艺简单、行业准入门槛就不高，目前中国国内约有18 000多家电线电缆企业。电线电缆行业属于完全竞争市场，企业均处于微利的状态。国内电缆第一集团军企业规模在100亿元能级，第二集团军在50亿～80亿元能级，行业大多数企业均在10亿元左右能级，这些企业基本都在死亡线上挣扎。

（二）公司发展的瓶颈

1. 资金严重匮乏

上缆公司注册资金27 415万元，总资产55 455万元，净资产16 376万元，资产负债率为70.45%。净资产多为对外投资和陈旧的设备，负债中有2.4亿元的银行贷款维持企业的经营现金流，企业的利润全部偿还银行的利息，2004年破产时遗留历史资金和债务1.2亿元。

上缆藤仓资产负债率为81.3%，尽管2013年有近3亿元的国网在手订单，但是却没有现金维持企业生产的正常运作，需要股东方增加担保额度。

2. 市场运作能力差

上缆公司的市场基本局限于上海市场，仅上海电力一个客户的销售额占公司总销售额50%及以上，市场风险大，企业过度依赖上海电力，基本丧失外地市场的运作能力。

上缆藤仓的销售工作主要依靠中介公司，企业未能形成自有销售团队，客户资源全部掌握在中介公司手中，在产品毛利率不高的情况下还要被中介公司提取大部分利润。

特雷卡光缆的销售工作基本依靠合资公司的外方母公司的订单。

3. 总体规模小，市场竞争力不强

电线电缆行业属于资金密集型行业，充足的资金是企业强大的助推器，规模决定企业行业竞争力。上缆公司与四家合资企业总销售额只有13.99亿元，其中，规模大的企业5亿元左右，规模小的企业在1亿元及以下的水平，企业经营分散，资源利用率低，产品成本无法摊销，市场竞争力低。

4. 国有体制的束缚

员工观念陈旧、缺乏市场竞争和服务意识，企业官僚作风严重，办事推诿扯皮的现象时常发生。

5. 现有合资方对企业信心不足

中方电气集团：由于电线电缆产业不是集团主业，不愿意新增投资；

外方日本藤仓：对企业经营缺乏信心，一是新技术不愿意再引进，二是要从藤仓橡塑撤资，三是只愿意维持上缆藤仓现有规模生产，不增资不撤资。

由于股东方信心不足，上缆公司及下属合资企业长期得不到资金的投入，研发水平降低，设备陈旧老化，市场竞争能力不断下降，企业经营进入恶性循环的阶段。

二、公司战略转型的方案选择

根据SWOT分析结论以及上缆公司目前的瓶颈状况，利用企业优势，吸引优秀的外资或民营企业合资合作，选择相对优质的资产、业务和产品进行整体合作，在上海本地过渡经营3～5年或者把上海基地打造成电线电缆的研发和销售基地，同时在周边地区觅址新建工厂。经过多方运作，目前已经和两家优秀的企业进行合资合作谈判，一家是国际电缆巨头意大利普睿司曼集团，另一家是国内优秀民营企业香港上市公司江南集团。

（一）普睿司曼重组方案的分析研究

同意整体收购，股权要求65%。考虑易地生产经营的投资计划，合资后采用普睿司曼品牌，同时对人员录用、技术转让、搬迁补偿、董事会、经营层构架以及有关重大事项的决策原则等问题进行商讨，并达成初步意向。该方案的前提是在合资前要求日本藤仓必须先撤资。

（二）江南集团重组方案的分析研究

同意整体收购，股权要求51%及以上。考虑易地建厂、逐步搬迁的投资计划，并在合并后继续保留使用上海电缆厂品牌。同时就合资后的员工就业、搬迁补偿，以及合资前的业务合作等问题进行探讨，并达成初步意向。该方案以快速为目标，同意先控股上缆公司，再逐步（或同时）解决合资企业股权结构问题，接受日本藤仓暂时继续保留现有股权。

（三）方案的比较与选择

普睿司曼方案不仅能对企业未来发展产生积极正面的影响，而且能给企业带来国际领先的产品技术。但合资前提要求企业必须于2014年3月底前达成与日本藤仓的撤资意向。该方案成立的可能性较小、操作难度较大。

江南集团方案可以有效解决目前上缆公司市场竞争力不足的问题，缓解经营压力，确保企业在合资过程中经营稳定。另外，该方案基本同意易地建厂、逐步搬迁的投资计划，符合电气集团的战略发展要求，有利于上缆公司的产品转型，提高企业的综合竞争能力。江南集团方案可以采取分步操作的方式，规避解决日本藤仓股权问题的障碍，可操作性较强，实施速度较快。

综合上述考虑，结合目前上缆公司及下属合资企业现状，企业应该优先选择与江南集团的合资重组方案，并积极探索国有企业在完全竞争市场中发展混合所有制的道路。

三、公司战略转型的实施建议

（一）重组范围

上缆公司本部、下属合资企业上缆藤仓和藤仓橡塑以及持股投资企业南洋藤仓的股权均可带入新公司股权架构。特雷卡光缆股权由上缆公司在合资前自行处置。

（二）股权比例

通过注资稀释上缆公司原股东股权的方式，达到持股比例51%及以上目标，为新公司注入发展资金。

（三）交易方式

鉴于注资后对上缆公司、上缆藤仓和藤仓橡塑有财务报表合并的要求，考虑到日方退出上缆藤仓和藤仓橡塑股权需要一定时间，在江南集团对上缆公司增资前，拟由上缆公司先行收购下属合资企业股权，实现上缆公司先行与下属合资企业财务报表合并。

1. 上缆藤仓

上缆公司可先行收购华普电缆所持有上缆藤仓30%股权，完成上缆公司与上缆藤仓的财务报表合并。

2. 藤仓橡塑

上缆公司可先行收购日本藤仓所持有藤仓橡塑50%股权，形成对藤仓橡塑100%控股。

（四）新公司治理结构

成立新的董事会和监事会，由江南集团掌握董事会控制权。由于电线电缆行业并非电气集团主业，企业应做好投资收益的管理工作。

（五）商业目标

1. 近期目标

上缆公司控股或全资上缆藤仓和藤仓橡塑后，有机结合江南集团的销售资源和上缆公司及旗下企业的产品资质，力争在3年内将新公司打造成年产销30亿元左右、拥有良好盈利能力的中型电缆制造企业。

2. 中长期目标

公司现有场地制约企业发展高度。为此，新公司将根据企业未来规划，易地建厂，逐步搬迁，实现成为以海底电缆等高端产品为主导的精品电缆制造企业的战略目标。

（六）新公司的治理

1. 调整组织架构，优化人力资源

特雷卡光缆剥离，南洋藤仓保留股权，维持投资收益。上缆公司本部、藤仓橡塑、上缆藤仓三家公司整体合并，形成从低压到高压再到特高压全范围、从海缆到陆缆再到核电缆、矿用电缆等全系列的综合型电线电缆企业。

三家公司合并后进行组织架构重组，职能重叠的部门予以合并，富余人员进行工龄买断处理或者重新培训上岗。设定新的部门职能以及岗位职责，制定新的薪酬绩效管理考核办法，调动员工的工作热情和工作积极性。

2. 营销创新，调整策略

整合三家公司销售资源和人员，完善销售业务承包制度，调动销售人员的工作积极，在维护老客户的同时积极拓展新市场。利用新股东江南集团的销售网络和资源，努力开辟新的销售业务。

上海电力和上海市场：积极维护，保持稳定增长，改变新公司过度依赖上海市场的现状。

国网市场和南网市场：利用上缆藤仓高压销售渠道以及江南集团在国网和南网的销售资源，培养战略合作代理公司，迅速攻入市场，努力将国网和南网市场发展成为新公司的主要市场之一。

轨道交通市场和重大建筑工程市场：依托上海，积极发展上海周边城市以及全国省会城市的轨道交通及重大工程项目市场。

海外市场：利用江南集团的海外销售网络，进行直销海外。

核电市场：利用现有的核电产品资质和江南集团核电市场的资源，积极开拓核电市场。

总体形成以上海电力和上海市场、国网市场和南网市场、轨道交通市场和重大建筑工程市场为主导，以海外市场为补充，以核电市场为技术品牌形象的市场结构。

3. 管理创新，激活资源

紧紧围绕公司发展战略，着力于提高经济运行质量，从传统的注重经济增长速度的管理方式向现今的注重成本控制的资源节约型经济增长管理方式蜕变。进一步强化与下属合资企业在营销、技术、生产制造环节的快速联动机制作用；从源头开始控制经营风险，以货款管理为抓手，以合同管理为主线，重点对项目信息、价格审批、中介确认、合同评审、合同流程、外购外协、货款回笼、客户维护、业绩考核等全过程进行制度完善；加强合同订立和合同货款“事前、事中、事后”三个环节实施的控制和预警监督，提高合同质量和执行过程；实行生产制造运行环节的分类管控，以集中高效为原则，通过生产流程再造、工序管理调整、内控制度修缮、绩效考核创新等手段，激发公司的内生动力，提高产品品质，降低制造成本，提高生产效率，推动企业经济运行质量由量变向质变飞跃提升。

4. 技术创新，调整结构

逐步实行部分产品的战略性收缩和结构维新。努力发展和开发具有相对优势、体现企业核心竞争力的产品，实现产品的差异化创新的目标。努力推进符合国家战略和市场热点、具有较高附加值的海底电缆、高压电缆和超高压电缆产品及相关附件的研发工作，加速高新技术产业化进程，形成新的经济增长点；巩固和提高市场占有率大、产品品质高、经济效益好的高压充油电缆等传统产品的专业化生产水平；加速工艺调整和技术改造，逐步推广新材料、新工艺提升产品档次。积极改善中、低压电力电缆工艺技术和生产制造条件，保持适度生产能力，满足固定客户对于上海电力需求。

积极推进上缆公司（本部）和业务关联度较高的上缆藤仓的整合组建工作。打造一家在超高压电缆、海底电缆领域国内技术领先、竞争优势明显的综合性电缆企业。

5. 机制创新，以人为本

提高人力资源质量，优化人力资源配置，推动人与企业环境和谐发展。建立和完善公司对技术型人才和复合型人才需求的引入机制和培养的资金投入，形成符合公司长期发展需要的人才结构；深度挖掘和充分利用教育资源，为企业持续发展提供人才保证。谋划和制订公司人才培训短、中、长期培训规划，并纳入常态化管理机制；加强青年人才后备梯队建设，完善中青年后备人才的选拔培养机制，真正做到“适才就位，储才待位”；保持员工职业技能培训的稳定投入，搭建员工“职业”培养成才平台，通过岗位分析、培训、上岗、考核，健全公司以激励机制为导向的人才培养制度，提高用人效率和全员劳动生产率。

四、总结与展望

不谋万世者，不足谋一时；不谋全局者，不足谋一域。管理是企业永恒的主题。在当今变幻莫测的经济全球化的大背景下，企业的生存和发展所面临的机遇与挑战并存，风险与机会共在。企业核心竞争力和盈利水平的提升，是企业经营者和经营团队的共同责任和使命，不论企业经营步入上升通道，还是处于下滑的危机区域，都需要经营者、经营团队具备睿智和胆略，不断在变化中变革，在变革中突破，在突破中发展。

作者系上海电缆厂有限公司总经理助理、

上海卓越管理中心第 32 期高级职业经理人班学员

上海惠尔物流有限公司发展战略研究

周亚玲

上海惠尔物流有限公司前身是一家运输企业，自1999年正式成立以来已在国内14个主要城市建立了办事处，组建了区域分发中心（RDC）和位于上海的中央分发中心（CDC），并建有自主开发的第三方物流信息系统。惠尔物流始终坚持以“客户为本”为经营理念，以专业的物流运作和全方位的物流服务促进了企业自身的发展。

一、宏观环境与市场分析

（一）宏观环境分析

1. 政策分析

2009年2月，国务院出台《物流业调整和振兴规划》，明确指出必须加快发展现代物流，建立现代物流服务体系，以物流服务促进其他产业发展。随后，山东、陕西、湖南、湖北、青海等相继出台物流振兴规划方案，把发展物流业提高到前所未有的高度。

2. 经济分析

国际上一般用物流费用占GDP的比例来衡量国家物流行业的整体效率，2008年我国这一比例为18.1%，而发达国家的平均比例为10%左右，我国物流行业还有很大的成长空间，物流业已成为新的投资热点

3. 社会分析

虽受国际金融危机的影响，但由于我国及时采取扩大内需、促进消费等一系列政策措施加以应对，人民对消费品的需求量持续增长。根据国家信息中心预测，2009年全社会消费品零售总额有望实现18%的增长水平。另一方面，随着新《劳动法》的实施，比较规范的企业，人工成本一次性增长的幅度大致在5%～10%左右，但如果违规操作，则可能带来更大幅度的成本增加。

4. 技术分析

以网络购物为时尚的消费习惯将对物流行业产生巨大的影响。电子商务是一次高科技和信息化的革命，它必将导致产业大重组，原有的一些行业、企业将逐渐压缩乃至消亡，将扩大和新增一些行业、企业。在实践中，物流企业会逐渐强化。数据显示，2008 年全国网络购物交易规模破 1 300 亿元，同比增长超过 170%。同时，网络购物占社会消费品零售总额的比重也首次突破 1%。

（二）竞争环境分析

1. 外部竞争威胁

外部环境的竞争主要有三个方面：一是新进入者的威胁，这类企业主要是由快消品制造企业在已有业务基础上，将自有物流部门独立，从而转化成新的物流公司；二是竞争对手的直接威胁，如已在快消品物流领域具有竞争优势的宝供物流、顶通物流、益诚物流等企业；三是替代服务者的威胁，主要由于当前网络销售带来的渠道扁平化，物流配送直达终端消费者而诞生的新的物流公司，此类物流公司客户往往不固定，替代速度也比较快，但是离终端消费者“最近”，往往能更了解客户的需求，也代表着“最后一公里物流”的方向。

2. 供应商议价能力

供应商往往以市场规模小的物流公司、货车主为主要构成，因供应商处于主体物流公司(有实际业务)的下游，且数量巨大，因而在竞争环境中处于不利地位，自身规模难以发展的前提下只能依附于大的物流公司，在公司信息系统、财务管理方面基本处于原始状态，自身开拓客户的能力也十分有限。但是大的物流公司对此类供应商的管理长期处于困难的状态，一方面双方本身的物流利润及分配到的物流利润在一个博弈的过程中，同时难以管理又导致此类供应商的变换速度很快，因而，价格合适、服务完美的供应商始终难以找到。

3. 客户议价能力

客户在产业链中处于物流公司的上游，也是每一个物流公司欲服务好的对象，客户整体上处于相对强势地位。由此，客户往往提出不断压价、拖延账期、服务要求增加的要求，客户议价能力不断增加、甚至转换原有的服务商给物流公司带来致命的打击。

（三）行业趋势分析

近些年的新倾向是把物流进一步向外国延伸，与通关、商检相连，与商流、资金流、信息流捆绑在一起，把物流纳入生产、流通与消费整个经济领域，企业不仅把物流作为具有降低成本、提高服务水平、加强企业竞争力的功能业务，还认为是创造“第三利润的源泉”，并且把物流提升到经济的增长点、经济发展的支柱和关键产业的高度。

二、公司内部资源能力分析

（一）优势

（1）拥有上海家化、妮维雅、中国雀巢、百事可乐、纳爱斯、太太乐、开米等国内外知名消费品制造商客户群体。

（2）初步形成的沿海地区并辐射中部地区的物流网络布局，当前全国共有14个DC，分布在上海桃浦、广州、南宁、北京、杭州、宁波等地。以14个DC为依托，初步形成沿海地区物流网络布局。

（3）具有10年的第三方物流行业经验、供应商管理经验、快消品物流行业经验，同时具有对中国二、三级城市商超配送的经验，是公司市场营销获得客户的关键所在。

（4）以周亚玲为首的新的经营团队充满激情和信心，是未来公司实现跨越式发展的基本保证。

（5）2009年，公司逆势大手笔加大物流产业投资，在上海市青浦区建起了一座占地183.1亩的现代物流生态园，作为未来惠尔物流的总部办公基地、制造企业的中央分发中集以及城市配送中心，将对惠尔物流的长远发展起到里程碑的作用。

（二）劣势

（1）整体市场营销能力不足，近年来新增客户很少，部分客户流失。缺乏市场研究和客户分析，市场营销工作开展不力，同时营销部门缺乏有效的管理，营销人员变动频繁。

（2）各部门都有比较详细的规章制度和流程，“蓝皮书、黄皮书”比较完整规定了各项制度，执行也较好，但有些僵化、不灵活。

（3）缺乏标准化统一的流程体系，仓管运营部、上海运营部、外埠管理部之间存在不协调性。需要建立总的标准化流程，统管公司的各个职能部门，有效实现各部门之间的信息、业务、人员对接，以此减少部门之间的摩擦。

（4）WMS（仓库管理软件，上海超算提供）、TMS（运输管理软件，惠尔物流自行研发）、财务软件之间信息不相通，导致公司内部存在很多重复工作。

（5）缺乏明确的晋升制度，员工对于晋升、奖励的标准不了解，同时公司也没有具体的员工培训计划。

（三）机会

(1) 国务院出台了《物流业调整和振兴规划》，在金融危机的背景下，物流行业位列十大振兴规划之中。近期，各省市物流振兴规划方案密集出台，可见物流业处于一个大好的环境背景之下。

(2) 2009 年我国快速消费品市场年销售额达 40 000 亿元，并保持每年 16%以上的增长速度；2010 年达到 53 800 亿元。即使按 10%的物流费用计算，快速消费品物流的总市场容量将保持在 5 000 亿元以上，并将保持持续增长，快消品物流市场空间巨大。

(3) 快消品客户企业之间竞争加剧，但是物流企业并未满足客户不断增长的附加服务需求。

（四）挑战

(1) 当前物流业的发展中，传统物流业务的竞争十分激烈。而且部分快消品物流企业已经有明晰的定位和规模优势，如宝供物流、顶通物流、益诚物流已经在快消品物流领域具有一定竞争优势。

(2) 市场始终是给有准备的物流企业，而且物流服务业经过金融危机的洗礼后，市场集中度已经加强，在未来竞争中的格局，规模物流企业、专业物流企业将更具竞争优势。

三、公司的愿景和战略

（一）制订战略的指导思想

紧紧抓住国家大力发展物流行业的历史性机遇，认真分析行业竞争格局、竞争模式演变的趋势，立足长远发展，重新审视自己。科学地进行战略定位，利用好、配置好企业内外部资源，完成服务升级、管理升级，以愿景拉动打造企业核心竞争力，深入认识经营风险，加快企业发展速度，抢占行业未来竞争优势地位。

（二）公司的愿景

成为中国领先的快消品销售物流服务提供商，以全国性的网络布局（渠道）和先进的 IT 技术为支撑，为快速消费品客户提供有助于提高销售能力和快速、安全、精准的物流服务。

主战场：快消品销售的终端渠道网络（含各种中小型商店）。

主攻方向：提升技术、强化市场、掌控渠道。

核心价值观：不断进取，持续创新。

（三）公司的战略

1. 整体战略

惠尔物流的打造核心竞争力的整体战略是：掌控网点，精致到家。整体战略可以分为三个方面：

1）客户战略

化妆品客户突破，快消品客户跟进。基于当前已有化妆品客户优势、经验积累以及化妆品客户的毛利率相对较高等因素，建议前期重点发展化妆品客户，同时搭配日化等快消品客户。

2）渠道战略

各地深耕渠道终端，总部主打核心客户。各地办事处（分公司）以深耕渠道终端为核心目标，以此拓展客户。总部则在此基础上主要以发展全国性大客户为核心目标，以此带动干线网络。

3）资本战略

引进私募投资，争取 3 至 5 年上市。以领先的快消品销售物流服务提供商为融资故事，引进私募投资，在资本的推动下争取 3 至 5 年内登陆资本市场。

2. 未来三年的具体战略

3 年内（即 2017 年）达到 19 亿元营业额。

1）第一步

(1) 客户战略：以化妆品客户为突破口。

(2) 渠道战略：改革现有网点的运营（以营销为中心），重点突破广州、北京等地。

(3) 资本战略：公司内部明确管理团队并实施股权激励。

2）第二步

(1) 客户战略：着力拓展食品（饮料）品牌客户。

(2) 渠道战略：根据全国食品（饮料）客户产销分布，加大城市布点。

(3) 资本战略：以独特故事和品牌市场影响，进行首轮私募融资。

3）第三步

(1) 客户战略：大力发展高附加值的快速消费品客户。

(2) 渠道战略：根据快消品产销售分布，加快和完善全国布局。

(3)资本战略:完成股份制改制,进而进入申报上市程序。

四、公司战略实施保障措施

惠尔物流需要从企业文化、运营机制、组织架构、激励机制等各方面,进行一次转型。鉴于当前惠尔物流的实际情况,不宜进行一步到位的大步伐改革,具体操作原则是:积极酝酿,循序渐进,分步实施。

(一)文化保障

文化保障作为公司落实战略的第一保障措施,是从本质上决定公司能否落实战略的最重要的因素。因此,惠尔物流全体股东、管理团队当下定决心第二次创业,承担创业的风险,努力在企业内部形成第二次创业的企业文化。树立敢创敢闯的创业信心与信念,百折不挠的追求创业目标,如此才能把惠尔物流打造成为百年企业。

(二)制度保障

公司应当以完善的股权架构为制度保障的核心,清晰各层次职能,明确各公司的职责、人员的职责,形成"业绩说话"的制度。根据惠尔物流的实际情况,实行在重点区域建立子公司和对外投资两大块的股权结构,对包括惠尔物流(集团)在内的各相关公司实施股权激励,充分调动管理团队的积极性,为实现惠尔物流销售规模不断扩张建立制度保障。

(三)机制保障

1. 运营机制

公司各种机制保障措施中当以运营机制完善为基础,建立与物流企业相适应的运营机制:以市场部为先导分析研究目标市场、客户需求,以市场部与销售部为配合共同开发目标客户,以销售部、运营部为配合试运行新进客户,成熟客户进入后再由运营部与市场部配合服务,以此克服销售人员"单兵作战"、"个人即为物流公司"的局面。在此基础上由行政部门与财务部门服务于市场部、销售部、运营部,再由公司信息部的信息系统为核心贯穿各个部门,建立运转高效的运营机制。

2. 决策机制

当前惠尔物流主要问题是制度太多,决策(审批)速度较慢。为改变此局面,必须进行组织架构调整,总体思路是:明确职责,充分放权,市场导向,加快决策。同时,公司决策机制保障的重点是完善公司的法人治理结构,当前公司董事会投票机制会导致重大问题在董事会与股东会之间难以抉择。需要真正落实设立监事会,完善股东会、董事会、监事会的职责、权利范围、议事规则等,建议股东会召开专题会议讨论此事并修改公司章程细节。此外,应改进公司当前的审计方式,将财务总监(财务部)与审计分离,以此实现各部门之间的相互制衡机制,控制财务风险。

3. 激励机制

为落实惠尔物流的战略,需要激励所有的员工。中层及以下的员工具体激励措施是:①细化制定全面预算方案,落实分解经营指标到每个员工。②确定360考核指标,给中层以机会。对于公司的高层管理人员的激励以基本底薪+绩效收入+股权激励为核心思想。

其中:①基本底薪按每月相应的基数(市场价格)的70%发放,其余30%计入岗位职责的基本考核。②年收入主要用于激励超过年度目标的业绩,按经营指标(60%)、辅助经营指标(30%)、相关管理指标(10%)给予考核,每项具体指标由公司选择确定。③针对公司的发展需要,可以选择总裁、总监(副总裁级别)给予实施股权激励,具体方案由惠尔物流股东会进行相应决议后另行拟定。

4. 拓展合作机制

惠尔物流要真正做大做强,必须成为全国性的物流公司。落实公司的布点战略主要可以采用两种模式:承包合作模式与股权合作模式。承包合作模式即:将战略布点处的分公司承包给某一高级管理人员(内选或外聘,竞争上岗),由该名高管实现对分公司的全面管理,该名高管对分公司的经营业绩享受一定比例的提成。当然该模式也可以通过对管理人员实施股权激励的方式转化为股权合作的模式。股权合作模式即:即将战略布点处的公司由惠尔物流、资源方与相应的管理团队(或个人)实现合资成立,三方各占一定比例的股权,前期由惠尔物流绝对控股,公司未来使用惠尔品牌运作,异地拓展业务。此模式下也可以前期由惠尔物流100%控股,未来经营期间以经营业绩考核对管理团队实施股权激励,从而实现子公司股权合理化。

(四)信息保障

现代物流业是以信息化为支撑的新兴产业,物流信息系统建设是当前民营企业竞争的焦点。惠尔物流实施本战略当建设合适的信息系统,以物流运作系统、服务支持系统、外部供应链对接系统(对外端口及系统)为主要方面,内含包括仓库管理系统、运输系统、ERP系统(含财务)等,形成以信息系统为核心支持,整合市场客户信息、营销信息、物流运作全程跟踪信息、财务信息、人力资源信息为一体的系统支持。

（五）品牌保障

惠尔物流的整体品牌形象事关公司未来的长远发展，可以从以下几个方面开展：

（1）整体品牌形象打造：确定品牌诉求点——“精致到家的物流”。重新设计 Logo 打造全新的品牌形象（全套宣传材料、宣传方案），可以保留原来 Logo 作为公司的标志。

（2）线上、线下形象打造：完成网站优化、纸质宣传材料改版。

（3）在全国主要省会城市注册当地惠尔物流公司。

（4）访谈了解其他已经被抢注或成立的惠尔公司，看是否有可能整合进入惠尔物流体系，加速惠尔物流的发展，让“惠尔物流”成为中国名牌。

作者系上海惠尔物流有限公司董事、总裁、
上海卓越管理中心第 35 期高级职业经理人班学员

上海华谊新能源化工销售有限公司发展战略研究

黄 浩

上海华谊新能源化工销售公司由上海焦化有限公司（现为上海华谊能源化工有限公司）、上海华谊（集团）公司于 2012 年 6 月 28 日共同出资筹建。公司位于上海吴泾工业区，依托上海华谊集团吴泾生产基地及安徽生产基地，全权负责销售上海焦化、吴泾以及安徽华谊两地三厂生产的化工产品。

一、企业成立背景及筹建过程

（一）成立背景

上海华谊新能源化工销售有限公司是建立在集团一体化的战略理念基础上，运用传统国有企业的现有资源，专业化、集约化开展业务拆分及资源再整合，并致力于打造专业、高效的销售平台，建立客户至上的服务体系，加快集团煤化工业务的全国布局、甚至建立走向国际化的营销网络。

（二）企业筹建过程及整合举措

销售公司团队来源于原上海吴泾和焦化营销团队，通过参照业内先进化工销售企业的配置以及先进的人力资源管理理念，实施原有人员重新竞聘上岗。首先，对原有营销团队每一位员工数据进行了详细的收集分析，详细评估新公司所需要的职位和人员数量以及需要的相关技能，制定员工筛选方案；其次，组织成立员工上岗评估小组，确定标准，通过访谈了解员工需求并根据标准实施上岗评估，最终确定整合后的团队名单。整个竞聘过程做到公开（有关资格、薪酬、数量流程全部公开）；竞争（通过考试、资格评定、答辩等手段以成绩考量）；全面（对知识、能力、业绩、品德等全面考核）；择优（深入了解、认真比较、谨慎筛选、择优录取）。

营销队伍在整合过程中，结合了产品及市场特点，分别通过对业务流程、营销管理现状、管控模式、组织架构、岗位职能等方面的分析与全面设计，规划了具体的整合实施方案。整合后的煤化工板块拥有上海和安徽两大生产基地，使得煤制甲醇以及羰基醋酸产业得以规模化生产，下游产品形成整体性的产业链纵深发展，集团煤化工整合战略形成协同效应和规模效应。而产品链的整合同时也整合了产品链的营销管理，通过不同产品的市场资源配置，减少因市场重大变故而造成的风险，加强风险管理。营销产品链的拉长有利于促进企业提高产品品质，研发新产品，从而开拓新市场，提高企业竞争力。进一步完善销售职能，通过建立明细的战略、完善的职能、营销能力的提升和管理决策的支持，逐步从以产品为导向的销售模式转型为以客户和服务为导向。

（三）企业发展战略研究的目的和意义

销售公司发展的战略研究是为了提升核心竞争力，打造专业化服务队伍，充分发挥煤化工整合战略带来的运作协同效应，实现业务扩张及效率提升；促进并试点煤化工板块整体合并运营，同时也支撑业务的长期发展，推动煤化工生产的战略产业升级。通过战略研究，着重结合煤化工板块整合后的发展方向，理顺两地三厂管控范式从而夯实企业发展基础，同时形成统一的营销流程，做到规范可控。

二、企业战略环境分析

（一）企业外部环境分析

随着国际国内经济面临严峻的形势，我国经济结构面临失衡风险，在各行业普遍存在过剩现象。2011 年后工业增加值持续处于下滑趋势，化工产业增长相应回落，产能过剩问题凸显，化工企业利润持续下滑。2013 年经济体制随着金融体制、投融资体制等一系列改革措施的出台，以及党的十八大召开后“城镇化”建设的推进，将有效推进基础建设。政策层面更侧重通过加快改革促平衡，而不再是简单加大刺激力度，这种短期的阵痛更有利于长期的增长，更注重发展实际的需求，重在提高质量以及提高集聚效应和生产率。而未来进一步提高城镇化质量则要求工业化和城镇化协调发展，增加城市群产业发展和基础设施建设相辅相成，煤化工产品作为重要的基础化工原料，已广泛应用于生产、生活的各个领域。

（二）企业内部环境分析

销售公司现有员工 46 人。大学本科学历 22 人、大中专学历 19 人、中专以下学历 5 人；具有中级以上职称 19 人，初级职称 5 人；中层以上管理人员 6 人，其中男性 4 人、女性 2 人。中高层管理人员具备一定的专业知识和管理经历、经验。为提升营销水平，营销团队专业水平及整体素质仍需要进一步加强。

公司组建三个业务部门，分别负责甲醇、醋酸以醋酸酯产品、醋酐苯酐以及管网小产品三个部门，并设立市场部、综合办公室、财务部(焦化公司托管)。全面开展两地三厂营销业务。按照产品划分销售职能，并根据业务特点按产品、区域或客户进行二级划分；整合原有的国贸部和综合科；将市场科从综合计划部归口设立市场部；逐步完善技术服务职能，在综合科销售支持职能基础上增加客户服务，并由市场部牵头建立跨部门的大客户管理团队。整合后的营销队伍在业务管理职能上得到进一步的完善。

三、基于 SWOT 模型的战略环境分析

（一）优势分析

首先，市场需求扩大。近几年来我国石油进口依赖程度不断扩大，各地大力加快石油替代制品的研发生产促进了煤化工产业的发展。华谊煤化工板块目前拥有上海吴泾以及安徽无为两大煤基多联产化工生产基地。公司拥有自主知识产权及品牌优势，生产能力和生产消耗达到了国内先进水平，成本控制及质量管理业内领先，同时两地生产对销售客户提供保供优势。产品多元化使公司在生产上具有较高的灵活性，根据市场情况调整产品产出，从而增强了企业抗风险的能力，有效实现了公司价值最大化。

其次，拥有区位优势。上海吴泾基地处于黄浦江黄金水道重要位置，销售可辐射华东江浙以及沿海大部分区域；安徽无为地处安徽芜湖地区，为长江航道必经要道，产品可沿长江航道直指湖南、四川、重庆等西部地区，同时可沿江而下辐射江苏以及华北等区域。两地均处于相对有利的地理位置。

第三，物流设施条件优越。上海基地拥有一个 5 000 吨级煤码头专用作业码头，两个 5 000 吨级液体散化作业码头以及一个 3 000 吨级油品码头；区域内有 11 股铁路专用线，便于原料产品销售到内地铁路沿线区域；拥有 20 多万立方化学品储罐，便于原料成品储存以及建仓贸易。安徽无为基地拥有万吨级原料煤专用码头、5 000 吨级液体化学品码头、千吨级内港码头以及近 10 万立方

化学品储罐。自由的物流仓储设施以及得天独厚的物流条件使得产品在销售中拥有物流成本控制优势。

第四，具有品牌影响力。华谊煤化工多年来在市场实践中积累的无形资产以及一定的品牌知名度，在国内有相当的影响力，也积累了相当一部分忠诚的客户资源。

（二）劣势分析

首先，缺少统一规划。特别是近几年，将煤化工“打造”成支柱产业的省份就达20多个，各地煤化工项目拟建和规划缺少统一布局。从我公司来看，尽管主要产品甲醇和醋酸产能产量跃居行业领先，但和国外掌握核心技术的跨国公司相比，产品成本仍然不占优势，技术先进性、市场占有率以及产品在行业内的话语权还有待进一步提高。

其次，环保压力仍然较大。煤化工原料主要集中在生态相对脆弱的区域，破坏客观存在；同时公司两地三厂地处上海黄浦江上游和安徽芜湖长江主要航道，地理位置相对敏感；此外，作为重要的基础化工原材料工业，也是传统的耗能耗水行业，面对区域的环保综合治理和应对碳排放的压力，企业的治理成本将继续增加。

第三，国有企业历史包袱较重。尽管近几年来焦化吴泾两厂通过政策调整压缩，但富余人员仍然较多，减员分流压力较大。

（三）机遇分析

首先，一体化整合资源。集团一体化的发展理念能集中优势资源发挥合力，加强规模效益，增强煤工化工板块优势发展。

其次，产品下游更加精细化。新兴下游产品的技术和产业化突破，使得下游应用开拓新的领域，提高主要产品需求量。甲醇制烯烃技术的突破以及甲醇汽油、二甲醚燃料的推广使得甲醇需求持续上升；而我国PTA产业快速扩张将进一步消化醋酸产量，特别是塞拉尼斯醋酸加氢制乙醇技术的产业化将彻底改变我国长期以来以来粮食制乙醇的现状，这是一个革命性的变化。

第三，市场需求旺盛。中国经济长期向好以及十八大提出的城镇化建设使得煤化工下游产品保持旺盛需求，新能源、新材料、生物化工、高端制造、环保等产业得以战略性发展。

（四）威胁分析

首先，企业内部循环经济的产业链深度尚待进一步延伸。随着国内煤化工装置不断崛起和壮大，特别是西部掌控煤炭资源的化工装置企业的不断扩大扩张，公司必须进一步考虑产业链纵深发展，以延续产品生命力。

其次，公司地理位置均属于资源缺乏地区，对煤炭资源的掌控能力需进一步强化。上海和安徽化工基地的煤炭原料需求均需要外购，在资源日益缺乏和价格急剧上升的背景下缺乏有效的控制力，未来公司的采购成本控制具有不确定性。公司在考虑延伸产业链、发展煤化工的同时，圈占煤炭资源成为当务之急。

第三，煤化工发展依然面临环保的压力。上海化工基地地处黄浦江上游，从长远看，终究面临环保综合治理的问题。而无为基地随着长江沿江整治和安徽无为区域发展，也面临同样的问题。环保依然是悬挂在化工企业头上的利剑。

（五）SWOT 分析总结

根据煤炭资源、水资源掌控、生态环境、物流便利以及区域经济发展，公司在制定发展战略时必须要考虑以下几点：一是加强资源型产品的掌控力度；二是积极推进煤工化工基地的一体化，通过产业链深化、延伸，形成煤化工产品链的完整性，以此来确保市场纵深的占有率；三是进一步建立煤化工技术支撑体系，依托公司现有的技术力量和集团研发部门的研发力量，建立以企业为主体，产学研相结合的研发体系；四是大力发展循环经济，实现节能减排，必须按照循环经济、建立和谐社会的要求，制定和实施煤化工废弃物减量化、资源化、无害化的规范和排放标准；五是要结合区域下游企业实际，通过区域销售合理布局，结合下游产品盈利情况以及直销率等综合数据，合理调整销售结构，确保企业效益最大化。

四、企业发展战略定位和目标

（一）战略定位及发展宗旨

进一步增加行业话语权，积极成为行业的领导者和组织者；在国际市场有较强竞争力；并致力于成为国内专业的煤化工产品生产销售服务商。

（二）发展战略目标的确定

以煤化工公司"上焦"及"吴泾"两大支柱产品品牌的市场影响力以及煤化工产品链甲醇、醋酸及下游衍生物主营业务为依托，利用完善的销售网络、渠道等资源优势,探索开展与之相关的增值服务贸易活动等,不断提升煤化工公司品牌形象及行业地位。

五、发展战略实施的具体措施

(一)企业人力资源管理战略

从传统的企业销售变身为专业化的销售企业,进一步加强构建强有力的营销团队是关键。

首先是要稳定现有的营销团队。甄选原有销售队伍的骨干和精英,加强培训开发,帮助其快速成长。这对目前以及相当一段时期内销售工作的稳定推进将起到至关重要的作用。

其次在于对营销人员结构再调整。通过社会化引进专业人员以及招聘专业对口有潜力的大学生来提升现有销售队伍的综合素质。通过合理的岗位调整、人员内部流动来给予员工发展目标,激发工作积极性,形成人才的综合开发利用。同时要注重理顺激励机制,通过有效尝试多种薪酬激励模式以及职位调整变迁、专项技能培训激励等手段来进一步调整和调动员工的工作积极性。

(二)企业经营管理战略

首先在于以市场为导向,主营产品布局优化做实。根据分析历年来销售模式和销售定量分析,结合前期开展的安徽无为化工基地产品销售预市场工作,从各销售区域投放量、产品下游生产种类、终端生产企业和贸易商间直销比例分配以及下游新市场嵌入等多方面考虑,实行差异化的销售策略。上海基地产品主要辐射华东特别是江浙区域,北上华北大连等生产企业,南下福建、海南等直供企业;而安徽基地产品除主要销售安徽当地、南京周边等江苏区域以外,还可着眼长江船运到上游成都、重庆等地区,也可适时补充上海货源不足时沿海企业之用。把握下游客户产品市场情况,重点做好主要下游企业的生产供应有效处理好和同行的竞争与合作关系,做好资源掌控和渠道控制,进一步扩大市场占有率。

其次要加强产贸结合,积极开展建仓贸易。通过以甲醇、醋酸产品为核心,积极打造行业组织者;和同行企业联动,进一步掌控供应渠道,签订贸易长约,建立长期稳定的贸易渠道,利用物流渠道优势,拓展增值空间;与集团华贸香港公司合作,实施内外贸联动。通过贸易组织货源和自产相结合方式,进一步维护好原有客户渠道,积极开发优质客户。并积极开拓思路,争取商洽价优合约,采用贸易长约和现货贸易穿插模式灵活调配。市场部门加强市场调研，把控市场机遇，寻找合适的采购时机，降低采购成本。

最后要合理利用产能、区位优势，向物流成本控制要效益。两地产能产量的提升对销售团队来说是巨大的挑战，但同时必须看到产品物流外运的需求增大对我们和承运商的洽谈带来了契机。要在根据不同销售半径、兼顾两地发货物流成本的同时进一步加强和承运商的沟通，采取包船等形式降低物流成本。其次通过与贸易商合作，采用贸易买断异地交货等形式，进一步通过物流成本控制来增加企业效益。

（三）企业财务管理及风险管理战略

依托现有的财务管理队伍及时把握财政以及金融机构相关政策，合理使用银行和各类金融机构的各种信贷资金，以及集团财务公司、华贸香港资金优势，加强资金管理意识，有效控制企业财务费用。通过稳健经营和加强销售货款的及时回笼管理，保持企业良好的自我积累能力。

根据公司经营实际，合理制定公司各项开支预算，减少非经营性支出。按照“以旬保月、以月保季、以季保年”的工作要求，重视预算动态管理，建立相应的信息平台并严格监督执行，以有效降低成本，规避企业风险。

随着国内化工行业迅速发展，化工资源短缺成为制约化工行业发展的重要因素。大力发展循环经济将推动化工行业内在运行质量的进一步提高，同时化学品市场持续增长，市场将进一步朝专业化、精细化、高附加值化方向发展，化学工业集聚发展成为必然趋势。新型煤化工以生产清洁能源和替代石油化工产品为主，与能源、化工技术结合，形成煤炭—能源化工一体化的新兴产业。煤炭能源化工产业将在中国能源可持续利用中扮演重要角色。这对于我国减轻燃煤造成的污染，降低对进口石油依赖有着重大意义。煤化工行业在中国迎来新的市场需求和发展机遇。

作者系上海华谊新能源化工销售有限公司副总经理、
上海卓越管理中心第 29 期高级职业经理人班学员

上海景通实业发展有限公司的发展战略研究

朱坤省

上海景通实业发展有限公司之所以在激烈的市场竞争中处于领先地位，得益于其有利的物流条件和良好的市场声誉，而运营成本不断增加以及流动资金短缺却成为公司发展的短板。在公司面对挑战的同时，也迎来了发展机遇。本文通过对公司优势、劣势、挑战和机遇的环境分析，提出了实行“一条龙”服务的战略构想，把公司采购、物流储运、销售等相关经营环节有机地联为一体，壮大企业运营实力，提升企业的核心竞争力。

一、公司概况

上海景通实业发展有限公司成立于2006年，主要从事建设工程用矿渣微粉的市场开发及经营销售工作。公司主要服务对象是上海及周边从事工程项目建设及施工的单位，公司年营业收入从刚成立第一年的100余万元，发展到2012年的5 500余万元。为了保障及时供应和服务质量，公司自备物流设施，包括水路运输船舶、仓储设备、短驳运输车辆等。公司经营做到了采购、运输仓储、销售一条龙服务。

二、公司经营环境分析

（一）优势

1. 有利的物流条件

公司目前拥有运输船舶13艘，总运输量10 000余吨，为工程项目施工集中供应材料提供了充足运力；其次，公司拥有5个粉状材料中转站，为该区域的市场客户销售产品提供了必要的储备；另外，公司还拥有罐装产品运输车25辆，主要负责把产品从中转库运送到终端客户。由于公司具有良好的物流优势，总能在市场竞争中赢得先机。

2. 良好的市场声誉

公司通过近几年的发展努力，逐步在市场客户中形成了较好的市场声誉。在保障供应方面，公司做到保质、保量、及时，处处为客户的利益着想，得到了用户的一致好评。良好的声誉，使公司在拓展市场时具有一定的优势。

（二）劣势

1. 运营成本不断增加，降低盈利能力

目前，由于一些施工单位的工程款延期支付，增加了资金占压期，提高了资金占用成本。同时，由于燃油价格不断攀升，造成运输的成本大幅提升。运营成本的不断增加，将直接减少公司的经营收益，降低公司的盈利能力。

2. 流动资金缺乏，不利扩张

随着公司经营规模不断扩大，流动资金占压量也相应增加，这就需要通过融资解决，但是，融资对中小企业来说比较困难。

（三）挑战

1. 趋紧的楼市宏观调控政策，减少市场需求

国家对房地产开发的调控政策自 2012 年以来一直没有放松，而且有逐渐趋紧的态势。这样就直接减少了市场房地产项目的开工量，对我公司的经营工作产生较大影响。

2. 劣质产品进入市场，扰乱市场秩序

近几年，随着矿渣微粉在商用混凝土生产中被广泛应用，市场销量逐年递增，一些规模较小的矿渣微粉厂开始建立起来，所生产的矿渣微粉根本不符合国家质量标准。不合格的产品进入市场后，形成“劣币驱逐良币”的现象，扰乱了市场，直接影响了公司的一些现有客户的稳定性，对公司的长远发展是个严峻的挑战。

（四）机遇

1. “十二五”布局新城镇建设

国家在“十二五”规划中将在全国大力布局推广新城镇化建设，上海也不例外，这是公司扩大经营规模，壮大发展的良好机遇。上海新城镇建设项目的启动将拉动市场对矿渣微粉的大量需求，公司可以依靠自身优势，采取 SO 战略，扩大经营规模。

2. 政府重视环境保护，加大节能减排力度

政府将出台更加严厉的措施加大节能减排力度，全行业性的钢铁企业的限

产、减产，将导致生产矿渣微粉的原材料一炼钢水渣紧缺，市场矿渣微粉的产量也同样减少，从而导致矿渣微粉市场销售价格大幅上涨，矿渣微粉就会供不应求。公司可以充分利用这个市场机遇，积极开发新的货源市场，增加产品供应量，一方面能够满足现有市场客户的需求；另一方面，在买方市场转换为卖方市场后，通过把握货源的控制权，力争在市场竞争中处于主导地位。

三、公司发展战略的设想与部署

（一）公司宗旨、使命、目标

公司的发展宗旨就是使公司的价值最大化。为了更有利于公司生存和发展，公司明确制定了以下几方面的发展目标：

1. 市场占有率

公司要想发展必须拥有相当数量的市场客户资源。从目前公司经营的产品矿渣微粉的市场情况看：上海地区市场每年的总需求量为600余万吨，而公司目前年销售量仅为20余万吨，仅占市场总量的3%左右。从行业同类企业生存情况来看，如要在该行业保持一定的市场竞争力，产品市场占有率应不低于5%，即要保持30万吨的年销售量。

2. 营业收入及利润

依据公司制定的市场占有率目标，营业收入指标确定如下：在两年内即至2014年底，矿渣微粉年销售收入预计达到或超过8 000万元，营业利润600万元，净利润350万元；在3年内即至2015年底，矿渣微粉年销售收入达到或超过1亿元，营业利润800万元，净利润500万元；在五年内即至2017年底，矿渣微粉年销售收入达到或超过1.5亿元，营业利润1 000万元，净利润800万元。企业经营效益指标的实现与否直接反映出企业的经营能力和可持续发展能力。

（二）公司“一条龙”服务的框架

1. 组织机构设置

公司运营层设置以下部门：总经理办公室、人力资源部、财务部、采购部、物流保障部、销售部、总调度室。

2. “一条龙”服务的运作体系

公司设置的采购部、物流保障部、销售部和总调度室已经形成了矿渣微粉销售的“一条龙”服务的运作体系。

在原材料采购方面，为了保证公司正常的销售量，公司确定了从几个不同区域的生产厂家采购矿渣微粉，来满足市场销售需求。为了保证货源的长期稳定供应，公司要求采购部人员经常跟生产厂家保持沟通联系，主动帮助他们解决一些实际问题。

在物流保障方面，首先要做到货物装船时验收工作到位，注意数量是否缺少、质量是否合格。仓储管理应认真仔细，每月清库盘点一次，发现亏吨，及时分析原因并上报公司处理。在给客户送货时，车辆驾驶员应注意行车安全减少事故发生率，同时，送货要及时，随叫随到。

在市场销售方面，公司要求销售人员经常去客户单位与材料分管人员沟通交流，及时反馈客户对产品的使用意见，了解市场信息。深入进行市场调研开发新客户，做好对新客户的资信评估，形成报告报送公司分管领导审阅批准。

为了便于公司业务顺利开展，公司设置总调度室，协调各部门间的工作关系。客户有送货需求，销售部把发货信息通知调度室，调度室马上通知物流保障部发货；矿渣微粉的库存达到最低保有量时，由物流保障部通知总调度室，总调度室通知采购部进行采购；采购完成后，由采购部把提货信息通知总调度室，调度室再通知物流保障部安排矿渣微粉的装船事宜。

四、公司发展战略的保障措施

为了保障公司战略的顺利实施，公司在材料采购、物流供应、内部管理、企业文化等方面加强了保障措施：

（一）加强企业内部管理

1. 加强原材料采购管理

公司对采购人员有严格的要求，在与生产厂家签订采购合同前需要预先按规定进行充分考察。首先，必须货比三家，在同等质量标准下，比较各厂的价格水平；其次，了解是否充分享受到报价最低厂家的最优销售折扣政策；此外，还需考察生产厂家的生产能力，在市场销售旺季时是否能够保障供应等。

2. 强化物流管理，打造供应链核心竞争力

(1) 供应链管理。贸易企业可以作为供应链中的核心企业，把产品生产企业作为自己的产品供应商，然后通过物流环节将产品销售到客户。强化供应链各个环节的管理对企业提升竞争力能够起到关键性的作用。在工作实践中，公司通过改进矿渣微粉的卸运技术，提高了公司供应链的核心竞争力，达到了企业扩大市场规模的目的。

(2) 重视市场客户的反馈意见。客户是供应链中的最重要的一环，也是企

业价值实现的最终环节，因此，重视客户对产品使用的反馈意见是企业最终价值实现的保障。

3. 建立健全企业内部管理制度

公司成立初期，由于业务量不大，人员较少，内部管理制度不够完善。但随着公司业务不断增加，经营规模不断扩大，迫切需要有一套完善健全的内部管理制度。于是公司从 2008 年年初开始历经两个月的时间，完成了包括经营运作、财务会计、人力资源等方面的各项管理规章与准则。通过制定完善公司内部各项管理制度，规范了职工的工作行为，使公司内部各项活动行之有效地进行，从而提高了公司的运营效率，企业的管理状况与管理水平也随之大幅度地提高。

（二）建立激励机制

公司实行全员绩效考核制，每个人根据岗位不同制定不同的指标进行考核。为了保证考核效果，公司做了如下工作：①明确绩效考核目的，包括：改进员工工作绩效、作为员工升迁的依据、奖优罚懒、发现不足及时培训提高；②考核内容在科学论证、有效沟通的基础上制定；③针对不同的岗位，采取相应的考核方法；④考核定期化、制度化；⑤注重考核的反馈。

（三）塑造企业文化

景通公司由于是一家营销公司，无论是社会资源条件，还是在控制服务产品的成本上都不能与那些规模较大、技术实力较强的企业相提并论。因此，公司更需要加强企业自身文化建设，提高企业软实力，树立起良好的企业形象，并通过优质的整体服务占领、控制区域市场，在竞争激烈的市场中博得一席生存之地。景通公司的文化建设重点从以下几方面展开：

1. 以人为本

企业在市场上竞争归根到底是人才的竞争，公司一方面不断完善和保障员工的工作条件、工资薪酬和福利待遇；另一方面，为员工做好职业生涯规划。

2. 诚实守信

诚信是做人的准则，同时也是公司发展壮大的根本。把诚实守信作为公司的信条，通过诚信做事，提高供应商与市场客户对公司的信赖度和对产品、服务的满意度，这样不但能够巩固公司产品的市场地位，而且树立了良好的企业形象。

3. 开拓创新

市场瞬息万变，只有创新企业才能生存和发展。无论从经营管理的实践方面、管理理论方面，还是文化理念方面，公司正在着手培育和建立企业综合创新体系，将创新思维贯穿于整个经营管理活动过程中。

战略保障措施在公司推行后，成效非常显著。在企业内部管理方面，由于加强了管理力度，矿渣微粉的采购成本环比降低了近 3 个百分点；物流技术的差异化策略的实施，再加上对供应链中的重要环节一终端客户的重视，迅速提升了公司的市场竞争能力，一方面大大降低了物流总成本，另一方面新的市场客户明显增加；通过建立健全公司各项制度，使公司员工都在有序地工作，提高了公司整体运行效率；激励机制的推行，激发了员工的工作积极性，为完成绩效目标而努力；企业文化的塑造，增强了公司的凝聚力，使全体员工感到公司就是自己的家，"公司为我着想，我为公司奋斗"成了全公司员工的共识。随着公司战略措施的逐步推进，在不久的将来，公司将会全面实现战略目标，在激烈的市场竞争中，博得自己的一席之地。

作者系上海景通实业发展有限公司董事长兼总经理、
上海卓越管理中心第 26 期高级职业经理人班学员

突破管理

只有突破才能求生　唯有创新方能发展

施宏帆

上海南洋一藤仓电缆有限公司(以下简称 NFC)成立于 1995 年,是一家中外合资公司。公司成立后又经历了两次重组,现在是一家五方投资参股的企业,其中外资日本国藤仓株式会社(以下简称日本藤仓)占股 25%,还有国有、集体、民营资本参股,是一家典型的混合所有制企业。从合资公司成立开始,我就一直担任公司的常务副总经理和总经理,是公司的主要经营者。回顾 20 年来的实践,有以下两点体会以飨读者。

一、坚持不断突破创新,是企业求生存谋发展的永恒之道

中外合资企业是中国改革开放的产物。通过与国外著名跨国公司合资,能使中国企业学习掌握世界领先的生产制造技术,同时借鉴外方先进的经营理念和管理经验,帮助中方管理人员尽快提高经营管理水平,这无疑是一条捷径。然而,中外合资企业并不具备生来就能赢得成功的先天优势,有不少中外合资企业因不谙中国国情、导致水土不服无法生存。NFC 在成立的初创期就曾陷入困境之中。

NFC 于 1996 年元月正式对外营业,新生企业初涉市场,各种危机和挑战便接踵而来,近忧远虑如影相随。当时遇到的问题:一是产品单一,订单不足;二是财务亏损,资金紧缺。笔者作为合资公司的中方经营者感受到巨大的压力,经过理性思考,使笔者认识到,企业危难之际,正确的抉择是:只有突破才能求生,唯有创新方能发展。企业经营者必须勇于面对现实,通过深入分析各种危机的成因,找对找准突破创新的目标和方向,制定出符合企业实际又切实可行的经营战略,集结和凝聚企业从上到下的全部力量和智慧,义无反顾、众志成城地去努力实施,方能使企业突破困境、浴火重生。

针对 NFC 在初创时存在的生产规模小、产品单一品种少,尤其是缺少能赢得市场一定份额、足以支撑起企业生产经营全局的产品这一最大缺陷,企业经营者果断决策实施产品创新和市场拓展战略。20 世纪末国内房地产建筑业开

始蓬勃发展，大量高层建筑如雨后春笋般涌现，高层建筑都需要大楼垂直配电系统。NFC 紧紧抓住这一市场契机，通过从日本藤仓引进技术，率先在中国国内开发出第一根用于高层建筑垂直配电系统用的预制分支电缆。同时企业的市场突破行动也随之紧锣密鼓地开展：一是在全国一、二线城市大范围地举办新产品的市场推广活动；二是招募有实力的经销商、代理商加盟，建立完善的销售渠道；三是在各类建筑杂志上刊登广告，大力介绍宣传新产品。NFC 在产品创新、市场突破方面牢牢地地把握住了机会的触发，使突破创新取得明显效果。预制分支电缆这一新产品推出的第二年即 2000 年，该产品的销售额就达到 2 500万元；2001 年企业全年实现利润总额 1 100 万元。企业扭转危局，走出困境，开始进入快速成长的生命周期。

企业通过突破创新摆脱了危机，但绝不意味着从此就可以高枕无忧了。在市场经济条件下，企业经营犹如逆水行舟，不进则退。2005 年初，经过企业上下的多轮讨论和研究，对经营战略作出了重大调整。调整后的企业经营战略继续围绕创新发展这一主题展开。当时，企业内外部环境发生了巨大变化：市场竞争日趋激烈，竞争对手实力增强，劳动力成本不断上升，原材料价格出现暴涨。面对这些现实的威胁，NFC 没有怨天尤人，而是迅速反应，采取技术创新、产品创新、营销创新、管理创新、生产创新等措施，有效应对来自企业内、外部的各种挑战。

NFC 重点在技术和产品创新上下功夫，成立了产品研发中心，并投资 600 万元新建了行业内堪称一流的中心试验室。企业自主研发的模拟电梯运行状态下 300 万次弯曲寿命试验装置、−60℃～40℃超大容量变温室等一批专有的试验设备获得了国家知识产权局颁发的多项创新发明和实用新型专利。先进高效的研发试验装备和全面完善的检验检测设施，使企业产品开发、工艺改进的技术创新能力得到极大的增强和提升。公司在产品创新方面更是不遗余力，产品销售和技术研发两个部门密切配合，通过及时捕捉市场信息和用户需求反馈，重点开发有市场需求、有发展潜力的新产品。NFC 自主研发的复合同轴电缆、复合 TPS 线对、大曲率弯曲半径等十几种更新换代的电梯电缆新产品，目前已占到公司电梯电缆产品销售额的 50% 以上。NFC 独家拥有的清洁电梯电缆、复合光缆电梯电缆成为公司经营战略在产品营销上重点依托的高端产品。公司还在目标细分市场机械装备领域中瞄准先进制造业对特种控制电缆产品的需求，充分利用公司技术创新能力，成功研制开发柔性、超柔性、耐油、耐寒、耐辐射、清洁、防鼠、防白蚁等一大批特种控制电缆。NFC 在技术和产品创新上的突破，极大地增强了企业的市场竞争能力。

NFC 在新一轮经营战略实施中，通过主动突破，持续创新，战胜各种新的挑战，促使企业持续健康发展。2007 年主营业务收入达到 30 828 万元，提前 3

年实现企业经营战略设定的第一阶段目标。

NFC 通过突破创新走出困境，再经过创新发展渐入佳境。此时经营者如果忘乎所以，沉湎其中，不思进取，那企业将肯定没有未来。在企业欣欣向荣、蒸蒸日上之际，NFC 毅然开展了第三次突破，努力培育企业核心竞争力。

2010 年初，NFC 为进一步拓展电梯电缆市场，决定对电梯电缆产品进行深加工。在征得用户同意后，对公司大量生产的电梯随行电缆按每台电梯用量定长分切后在两端进行接插件加工，由此开始了实施前向一体化的战略行动。在近 2 年的时间里，NFC 克服和战胜了各种难以想象的困难，使企业实现了从电梯随行电缆端末加工到电梯井道线束加工，再到电梯所用全部电缆线束系统集成加工的三级跳。

NFC 全力实施前向一体化的战略行动，使企业完成了从一般电梯电缆供应商到电梯电缆系统集成战略供应商的身份转变。成为用户系统集成战略供应商后，企业电梯电缆订单量比以前激增 40%以上。通过持续不断的突破创新，不仅使企业把握住了今天的市场机会，更为明天的发展保持长久的竞争优势。

NFC 在生产经营持续增长的形势下，从未停止或减缓产品创新研发的脚步。早在 2008 年公司就以面向未来的眼光，瞄准电梯电缆皇冠上的明珠——超高层、超高速电梯用（提升高度 200 米以上，运行速度 6 米/秒以上）超多芯（100 芯以上）扁型电梯随行电缆这一高技术含量的产品，全力以赴开展创新研发。经过两年的不懈努力，在 2010 年研发试制成功首批产品，为上海三菱电梯（中方控股合资企业）研发的具有完全自主知识产权的超高速电梯（6 米/秒）配套，并实现了商业化运行。NFC 在最高端电梯电缆产品上突破创新首战告捷，极大地震动了日本藤仓。迫使其原来开出天价也不愿意转让该产品制造技术，最终以不到原天价 10%的价格转让给 NFC。

NFC 通过吸收消化引进技术，并根据国内用户要求，对产品制造技术不断改进和完善，在 2012 年研发制造出可以提升高度 400 米，运行速度达到 12.5 米/秒的超高层超高速电梯配套的超多芯（150 芯、116 芯）扁型电梯随行电缆。目前此两种规格的产品已经大批量提供用户使用。其使用效果和运行质量可以与日本藤仓同类产品媲美。

NFC 超多芯扁型电梯随行电缆的研发成功不仅填补了国内空白，还在电梯电缆制造领域一举赶上和达到世界先进水平。NFC 已向国家知识产权局申报了该产品制造过程 7 项创新发明专利和 6 项实用新型专利。国家知识产权局全部受理，现已进入技术公示阶段。据国家住建部公布的信息显示，在中国大陆已建成的超过 200 米高度的摩天大楼有 470 栋，在建未竣工的有 332 栋，规划报批的有 516 栋。这些数据充分显示了 NFC 在中国国内独家拥有的这个高技术含量产品，无论是今天还是在未来均有巨大的市场需求。

为使企业能在未来具备更为广阔的生存发展空间，NFC 高度关注国家对新能源产业发展的政策导向，将目光聚焦风能发电——风车制造业，寻找新的商机。目前国内制造的大量风车所采用的均是橡皮绝缘和护套的传统风能电缆。NFC 根据企业自身设备的特点，另辟蹊径，研制开发成功具备完全自主知识产权的全系列新型风能电缆，该系列产品包括风车用电力电缆、控制电缆、数据电缆和光缆复合电缆。NFC 研发的新型风能电缆已全部通过国家电线电缆质量监督检测中心的全性能型式试验，同时还获得了两项国家专利。目前该系列产品已批量提供宁夏银星风电、美国 GE 风电等企业。

NFC 在长达二十年的发展道路上，共开展了三次卓有成效的突破创新活动。2000 年通过被动型"战略后应式"的突破变革，引领企业走出困境；2005 年实施竞争型"战略因应式"的创新发展，促使企业走上健康稳定发展的坦途；2010 年开始进行领导型"战略先应式"的突破创新，使企业着眼于未来，构建明天的竞争优势，努力培育企业核心竞争力。伴随着每一次突破创新的成功实施，企业的面貌都发生巨大变化，经营业绩不断取得明显提升。NFC2012 年全年实现主营业务收入 50 016 万元，再次提前三年实现企业第二阶段经营战略目标。2014 年公司实现主营业务收入 57 445 万元。公司全年实现主营业务收入和利润总额都创造了公司成立以来新的历史纪录。

NFC 从 2010 年起连续两轮（3 年一轮）被评定为上海市高新技术企业，并获得"国家级合同信用企业"称号。在 2014 年公司注册商标"南洋藤仓"牌被评定为上海市著名商标。

随着企业经济效益的提高，公司员工的收入也水涨船高，截至 2014 年底，员工年平均收入 75 865 元，比 2001 年年均收入 30 346 元增长 2.5 倍。

二十年的实践证明，坚持不断突破创新是企业求生存谋发展的永恒之道。

二、瞄准世界一流企业实现赶超，是职业经理人的中国梦

NFC 有幸诞生在中国改革开放 30 年这一波澜壮阔的伟大时代，通过不断突破创新，使企业抓住机会，赢得挑战，取得了阶段性的成果。NFC 下一步应该如何发展呢？

笔者因工作关系曾多次前往日本，目睹了世界一流电缆企业的现状。日本藤仓下属一个专门生产低压电力电缆的工厂，员工不足 70 名，生产规模却达到年用铜量 30 000 吨。工厂内设备的高度自动化、员工忘我工作的敬业精神和那种令人瞠目的生产效率给人留下的印象用"震撼"一词来描述一点也不为过。

同世界一流电缆工厂相比，NFC 目前取得的成果不足挂齿，甚至还存在着巨大的差距。

对标世界一流电缆企业，全力以赴争取实现赶超，最起码通过不懈努力去缩小差距，这是 NFC 面向未来的新的经营战略目标。为了实现这一战略目标，企业将继续全力推行“战略先应式”的突破创新，去努力做好以下三方面工作。

（一）全面实施制造工厂新规划布局，为企业未来发展夯实基础

瞄准先进制造业对各种特种电缆的需求，拟规划建设新的厂房，添置高度自动化的先进设备为企业未来发展奠定坚实基础。

NFC 主导产品电梯电缆目前的产能已处于满负荷状态，必须尽快实行外延扩大再生产来增加产能，而这恰恰也是企业实现赶超目标的一个最好突破契机。NFC 已开始着手规划并付诸实施：利用工厂目前的场地新建一个约 2 000m^2 的厂房，将全部电梯电缆生产线集中安置在这一新厂房内；再新增两条自动化程度高的生产线，同时对现有两条生产线进行全面改造，提高自动化程度；然后将这四条生产线共八台设备集中放置，以实现群控生产。对员工则要通过加强培训并辅之以较高的激励措施，促使一线生产员工能从目前同工种技能多样化尽快向跨工种技能多样化发展。企业最终要实现人、机共同进化，每班（8 小时）由一个员工小组（2～3 人）去操作整个设备群（四条生产线八台设备），使产能增加 1 倍，而使生产效率增长 2.6～4 倍。这样的制造模式和生产效率将达到和赶上日本藤仓的水平。

为保证企业今后能持续不断地得到发展，经营者还要努力说服各方股东适当减少每年的利润分配，集中充沛的现金流去添置一流的生产制造设备——全退扭高速成缆机、自动收放线高速挤塑机等，为公司大量新产品的研发试制创造必要条件、提供有力手段。

（二）坚持不懈开展产品创新研发，为市场开拓提供源源不断的动力

面对当前中国各行各业产能大量过剩，市场竞争极度惨烈这一经济新常态，NFC 必须要有新的企业经营战略定位：即要通过坚持不懈地产品创新研发，争取在不同的产品细分市场上努力找到属于企业自身的蓝海。

在电梯制造业、房地产建筑业这两个细分市场方面，NFC 一定要将其主导产品电梯电缆、预制分支电缆做精做强。以市场为导向持续不断开发能满足不同用户需求的新产品，如电梯电缆要研制开发低成本的超高层、超高速电梯用电梯电缆，以适应欧美系电梯制造商和民营电梯制造商的需求。预制分支电缆则要根据国家有关部门提出的努力实现四网合一（电力、电信、有线电视、互联

网)进入千家万户百姓家的创新构想,准备着手研发将电力电缆、同轴电缆、光缆三缆合并在一个分支部连接体内的全新预制分支电缆,以此颠覆性的新产品寻找新的效益增长点。

电梯电缆、预制分支电缆产品的市场竞争战略定义为最优成本供应商战略。在同等价格下,为用户提供更多的价值,综合低成本和歧义化特质,力争体现市场竞争的最高境界。

在机械装备制造业这一细分市场,NFC 要充分发挥企业的最大优势——在高端移动电缆方面的技术创新能力,全力以赴研发制造如下三大类产品:

(1) 港口装卸机械用特种电缆:拖链电缆、拖令电缆、卷筒(盘)电缆、吊具电缆;

(2) 海工装备用特殊电缆:顶驱电缆、防泥浆电缆;

(3) 机器人产业用电缆:超强、超柔性电线和控制电缆。

上述三大类产品是上海 NFC 未来十年必须要倾其全力创新研发的主攻方向和目标,也是企业突出重围,寻找新的市场蓝海的最佳选择。

上述产品的市场竞争战略则定义为歧义集聚战略,努力向创新要效益。

(三) 持之以恒地不断突破创新,培育形成 NFC 独具的企业文化

上海 NFC 未来 10 年的发展方向是要根据不同时期企业内、外部环境发生的深刻变化,全面应用和践行突破管理的思维和方法,持之以恒地不断突破创新,使企业能永远保持强大的环境适应能力。为此,在企业经营管理上要全面推进实施信息化管理,绩效管理争取再上台阶,人力资源管理要努力培养造就一批对企业忠诚度高的优秀员工。通过管理水平的不断提高,使突破创新成为企业内生动力,生生不息,并使之逐步变成价值观,深深根植于组织的每一个成员,从而凝聚起全体员工与企业同甘苦、共患难的强大向心力,最终形成 NFC 独具的企业文化。

努力缩小与世界一流电缆企业的差距,争取赶上和达到世界先进的电线电缆制造水平,是 NFC 未来发展战略制定的远大目标,也是公司全体员工的共同愿景。

作为经营者——职业经理人要永远保持突破创新的动力,永不停留在已有的成绩簿上。一定要有放眼世界的远大目光,团结带领公司全体员工脚踏实地一步一个脚印地去拼搏奋斗,争取使上海 NFC 能早日跻身世界一流企业行列。这是笔者——一个中国职业经理人孜孜以求的“中国梦”。

作者系上海南洋—藤仓电缆有限公司总经理、
上海卓越管理中心第 30 期高级职业经理人班学员

上海刀片厂在转型经营中践行突破发展

黄永申

具有70年历史的上海刀片厂有限公司，是国内最资深的、唯一具有国有性质的剃须产品制造企业。“飞鹰牌”剃须刀是国内知名产品，是元老级上海市著名商标和名牌，曾经荣获北京国际博览会金奖和中国质量银质奖，国内市场占有率曾高达70%。通过多年的“创新、调整、转型、突破”改革发展，仅有90名员工的小微企业年均净利润超过12 000万元，人均创造净利润130余万元，被誉为轻工行业经济小巨人和转型发展的排头兵，公司连续16年被评为上海市文明企业、上海市劳动关系和谐企业。

一、转型突破的内外动因

作为长期以来“朝南坐”的国内剃须产品业界的龙头企业，小富即安的意识不断滋生。为此，上级轻工集团公司明确提出两条企业经营目标，一是销售利润人均不满20万元予以关闭。二是根据EVA绩效指标，净资产利润率必须实现银行贷款率的两倍，力争三年实现转型经营的轻工小巨人，否则将予列入调整出局的名单。

至20世纪80年代末，中国剃须产品企业由不足30家发展至90年代初的100余家。民营企业和个体企业如雨后春笋般涌现，竞争的无序，给企业带来前所未有的生存压力。政策不配套、质量无标准、经营无诚信、法规不齐全、经营理念陈旧、制度模式落后等因素，迫使企业进入“结构调整，转型经营”的阶段。居安思危，转型发展，才能实现突破发展。

二、突破发展的转型举措

“飞鹰牌”剃须刀品牌卓越、品质上乘、工艺精良，作为国内业界的龙头企业，要高瞻远瞩，巩固企业在市场竞争中的地位，努力做大做优做强企业，不断在创新中寻求新的发展契机。

（一）突破传统经营方式，将生产型转变为投资型

当企业以产品优势拓展国际市场，恰遇国际剃须刀片大鳄——世界500强美国吉列刀片公司筹划进军中国市场。美国吉列公司有意取代“飞鹰牌”剃须刀在中国市场上的龙头地位，但心有余而力不足，最终，双方选择联手共同拓展国内外市场。根据产品生命周期和突破管理理论，选择在企业生命周期完结前果断转型，经营方式由原本的生产经营型转向投资经营型，全力着手资本扩张，实现转型突破的跨越式增长。

自成功实施对美国吉列企业投资经营以来，公司先后与中美、中德、中日七家外资企业开展联合投资经营。

1992年10月，上海刀片厂以30%股权投资1 950万美元，与美国吉列有限公司组建成立第一家合资企业——上海吉列有限公司。投资企业产品，市场占有率始终保持在60%以上，占据行业主导领先地位。平均年销售额超过6亿元，年平均利润超过1.5亿元。

1995年12月，上海刀片厂以30%股权投资290万美元，合资组建上海双立人亨克斯有限公司。公司每年以不低于20%的速度持续增长，年销售额平均4.5亿元以上，年利润平均1.5亿元以上。

2000年6月，上海刀片厂投资73万美元，与日本能率电器株式会社合资组建上海能率有限公司。能率牌热水器技术先进、品质优良，在中国市场迅速崛起。

2000年10月，投资100万美元，组建合资企业上海吉列产品销售服务公司。公司在中国市场销售美国吉列公司旗下所有产品，包括博朗电器系列、金霸王电池系列、Oral-B口腔护理系列等，年平均销售额12亿元以上。

2001年4月，上海刀片厂与美国派克笔公司投资930万美元合资组建上海派克笔有限公司。至此，美国派克笔公司在中国拥有第一家高档文具用品合资公司，年平均销售额超1亿元以上，年平均利润均在350万元以上。

2001年7月，上海刀片厂以30%股权投资273万美元，与德国双立人公司再次组建了一家合资公司——上海双立人亨克斯厨具有限公司。产品一经上市就革命性颠覆国内传统厨房锅具的制作生产理念，享誉大江南北。公司以每年不低于30%速度持续增长，真正实现投资少、见效快、收益多。年平均销售额超过2亿元，年利润5 000万元以上。

2004年11月，上海刀片厂与德国卫航集团合资成立上海斯图尔特有限公司，中方以25%股权投资250万美元，主要生产研发高级工业润滑油脂，结束国内钢铁业、汽车业等领域长期依赖进口的局面。

（二）突破原有管理体制，将投资型转变为服务型

受到邓小平南巡讲话的鼓舞，企业在转型经营过程中，不断快速实施资本扩张。1992年至2012年，坚定投资理念，服务合资促双赢，在保证资本集聚到投资领域的基础上，实现高增长。增强投资经营保障服务功能，真正做到合资经营互利双赢。

1. 体制配套服务

以资本化运作为投资经营主体，在原有销售部和市场部的基础上，组建投资发展部，为经营政策和产业动态提供及时的信息服务和法律支持。

2. 人才配套服务

为保证中方资本的安全性，协助外方克服海外管理的“水土不服”，企业派驻中方代表任职外方董事会和高级管理层，如中方代表担任德国双立人亨克斯有限公司的外方总经理职务。

3. 后勤保障服务

合资企业外方人员因工作、生活环境变化而不适应，例如：食品卫生及防疫、交通、消防、安全、治安、劳动用工、政治党务、工会及民主管理等。不一致的认同度容易产生误解或失当，中方将派遣专员，协助外方与相关事物部门协调，确保外方高层专注合资企业经营发展。

4. 市场运营服务

主动介入合资企业运作管理，如向双立人公司提供国产化率、降低成本、拓展厨房系列产品以及市场打假等服务，受到外方高度赞扬。

5. 财务资金服务

随着合资企业的经营发展，资金调度或追加投资的情况时而发生，尽最大努力协助外方解决资金缺口问题，提供发展投资追加，确保合资企业运营健康、有序。同时，保证我方资金安全，严格财务审计，确保资本运作符合政策法规，防止中外双方资本遭受不必要的损失。

以投资发展为导向，在努力适应与加强上述五项服务功能的同时，要进一步在管理体制上实现全面突破，确保全面实施服务型功能，促进新业务又好又快可持续健康发展。

（三）突破被动依赖经营，将服务型转变为营销型

企业突破转型的第一阶段是在企业生命周期顶峰时，果断突破原有传统业务，转变为资本投资型经营；第二阶段是将经营方式转变为全面服务型管理，保障资本投资的安全性。在完成前两阶段的转型战略实施后，发现企业仍依赖被

动经营状态。通过业务的再转型再发展再突破，主动改善依赖被动经营的现状，将服务型经营转变为营销型经营，努力实现经济的再次腾飞。第三阶段的突破转型，主要取得以下成效：

2006 年 7 月上海刀片厂有限公司对投资 6 年的中日合资上海能率电器有限公司实施资本市场公开挂牌交易，最终以溢价 80 万美元成功交割，完成公司在资本市场的第一笔大宗交易，不仅锻炼公司在资本市场的营销能力，而且也从资本市场交易中获得良好收益。

2006 年 4 月，上海刀片厂有限公司对投资 3 年的中德合资上海斯图尔特有限公司进行资本市场产权交易，公开挂牌出让 25%股权，在收回投资成本的基础上获得盈利约 1 550 多万元。

2008 年 7 月，上海刀片厂有限公司第三次对投资企业股权进行营销买卖交易，即对投资 7 年的中美合资上海派克笔有限公司的 10%股权进行交易市场挂牌出让，净赚 1 000 多万元利润。

2014 年 12 月，上海刀片厂有限公司第四次进行股权营销交易，以 18 亿元挂牌出让美国吉列刀片有限公司 30%股权，以 10 倍溢价获得净利润 16 亿元收益。

至此，上海刀片厂有限公司历经生产型突破为投资型经营，从投资型突破转为合资服务型经营，从被动依赖经营突破转型为股权资本上市挂牌营销，增强公司自主经营内生活力。

三、转型经营的突破成果

上海刀片厂有限公司 20 多年经营轨迹表明：没有突破就没有新的转型发展。企业舍弃已占据行业领先优势的主营业务品牌“飞鹰”，大胆尝试、主动探索实施资本扩张转型发展新业务，在争创经济小巨人的道路上，努力走出一条符合自身特色、集聚自身优势的发展之路，并取得明显成效。

1992 年，上海刀片厂有限公司的资产总计不超过 400 万元，年利润不过 60 万元，人年平均利润不过千元。自突破转型为资本经营型企业，资本运作始终保持稳步增长。例如：

上海吉列有限公司 2003 年销售产值 4.1 亿元，2014 年销售产值达 11.5 亿元；

上海双立人亨克斯有限公司 2003 年销售产值 1.03 亿元，2014 年销售产值达 13.5 亿元；

上海双立人亨克斯厨具有限公司 2004 年销售产值不满 2 000 万元。2014

年销售产值 3.4 亿元。

上述充分表明投资公司经营状况运行良好。

经历 20 多年的突破转型发展，主营业务已从生产销售逐步转变为投资经营，实现经济规模的跨越式增长。主要经济数据显示如下：

资产规模从转型前 1992 年的 400 万元增长至 2014 年的 6 亿 5 000 万元，增长幅度超过 160 倍。

销售产值在突破转型前的 1992 年为 1 100 万元，2014 年销售总额已达28.9 亿元，增长幅度超过 260 倍。

实现利润总额在突破转型前 1992 年的不过 60 万元，到如今 2014 年审计利润总额的 12 167 万元，利润增长幅度超过 200 倍。其中人平均年利润超过 135 万元，相当于每个在岗员工的年人均利润是突破转型前整个企业利润的 2.25倍。

四、若干思考和谋略

虽然企业在转型经营中取得了资本运作的突破发展，但仍有若干困惑值得关注和思考：

困惑之一：如何保证企业家及经营团队能不断突破发展？

困惑之二：如何有效规避决策失误和行为失当？

困惑之三：如何应对国际经济格局态势的负面影响？

面对诸多困惑，唯有积极应对，才能实现更高层次的发展突破。

谋略之一：炼铸团队。打造一支经验丰富、管理精细、技术全面的经营团队及优秀企业家队伍。

谋略之二："智取市场"。在超越产品、企业、行业的万千需求的精湛研发中，再度智取市场。

谋略之三："再造主业"。放大资本经营能量，引领市场特色需求，借助大众创新的强劲东风，10 年再造一只至尊"飞鹰"。

作者系上海刀片厂有限公司董事、常务副总经理、
上海卓越管理中心第 26 期高级职业经理人班学员

百联物业公司突破管理应用研究

陈宇伟

上海百联物业管理有限公司(以下简称"百联物业")是百联集团旗下的全资国有企业,承担集团商业物业运行保障的职能。在十年发展历程中,先后经历了资源整合、快速成长和调整转型三阶段,实现由"住宅、商业并重"向"商业为主,其他为辅"的重大转型,成长为以大型商业物业管理为特色、具备国家一级物业管理资质、管理面积近 400 万 m^2、从业人员超过 4 000 人的全国物业服务综合实力百强企业。2013 年物业服务总收入 25 997 万元,利润总额 589 万元。

随着政策与经济环境的变化,市场竞争日益激烈,用工成本快速攀升,物业管理行业生存和发展尤为艰难。传统物业服务向现代物业服务转型的大趋势已经形成,上海推进新一轮国资国企改革的序幕也已拉开。今天,百联物业面临第四阶段(2014—2018)的改革发展,如何走、怎么走,值得深入研究和分析。

一、公司战略环境分析

运用 SWOT 分析法,结合突破管理理论和企业战略管理理论,全面分析研究百联物业当前所面临的内、外部经营环境,发现影响公司发展的三大瓶颈和三大利好:

瓶颈之一:市场扩张力不强,限制公司发展规模。选取 10 家上海物业行业前 20 位企业发展情况看,2012 年物业管理面积比 2010 年增长 15 %,物业收入增长了 36 %,抢占市场的扩张能力远远超过百联物业。

瓶颈之二:成本控制力不够,阻碍公司盈利能力提升。物业行业是劳动密集型行业,一般而言,人工成本占总成本 80%左右。公司承担了重组整合所产生的大量历史冗员,成为发展道路上巨大负担;内部管理机制薄弱,成本缺乏有效控制和反应;物业人工成本对政策变化的敏感度高,难以迅速形成有效控制。

瓶颈之三:人才资源力不足,制约公司中长期战略实施。员工队伍平均年龄 47 岁,50 岁以上占 52%,30 岁以下占 11 %,年龄结构不合理;5 年内项目经理到龄退休率达40%，设备管理技术人员到龄退休率达 40%，物业管理师及中、高级专业技术人才储备不足。若不能尽快改变现状，公司将在未来 5 年内被竞争对手拉开更大的差距。

利好之一：市场需求向好，发展存在契机。全国城镇化建设、上海区域化规划热点、百联集团发展方向比较明确，商业购物中心、城市综合体等大体量商业物业形态需求较旺，专家预计 2025 年购物中心将由现在的 3 000 多家增加到 7 000家左右。

利好之二：百联品牌优势，商业物业特色。百联集团是全国国有商业流通行业的领军企业，拥有上海、长三角乃至全国丰富的门店资源，商业物业是百联物业的核心业务，尤其是大型商业建筑物业业务比重超过 50%，因此，公司借助集团品牌的先天优势，推广百联物业专注于商业物业细分市场的品牌形象，比较容易被市场接受。

利好之三：国企改革新政策，助力创新突破。上海推出国资国企改革 20 条，将提升国有企业改革创新的动力。国有体制民营机制、混合所有制改革、股权激励等措施，促进国有企业在体制机制上寻求新突破。

根据上述分析，通过 IFE 和 EFE 数学量化模型计算（略），结合 SWOT 矩阵，可全面展现影响公司内、外部经营环境的各因素重要程度。企业优势是百联品牌、主业特色、高层团队、财务状况、商业资源和队伍稳定；劣势为历史包袱、人力储备、市场拓展、质量控制、内部管理、盈利模式和企业文化；机会指经济稳定拉动长期需求、上海区域规划带动需求、百联集团的全国发展、上海国资国企改革重大机遇和业主服务需求的多样化；威胁即社会人工成本快速增长、政府政策支持不够、市场竞争混乱无序、社会及业主对物业工作的不理解和电子商务冲击商业零售。经 SWOT 分析，SO 战略包括立足百联，拓展全国市场；开发新服务产品，增强商业物业优势。WO 战略是指实施企业转型和调整。ST 战略涵盖巩固细分市场，优先发展商业物业；进入中高端住宅物业市场。WT 战略涉及实施人才培养战略；建立服务质量控制体系；组成信息化管理网络。通过战略匹配，结合公司实际，以 SO 战略为改革发展主要抓手，予以重点保障；实施 WO、WT 战略，深化改革和提升综合竞争力；执行 ST 战略，实现差异化竞争。分步实施，逐一落实。

二、公司的战略目标与定位

（一）五年战略思考

2014—2018年，公司应围绕战略目标，致力于开发新市场，扩大公司品牌知名度，提高资源综合利用效率，实现价值最大化目标。选准市场、管理、资本、人才和服务五个方向突破，实现“量”与“质”的飞跃。

战略目标：专注于建设成为全国一流、专业管理、服务领先的商业物业服务集成商。在全国商业物业领域占据规模和效益重要位置。

阶段目标：2014—2016年，抓住上海国资国企改革的机遇，努力实现公司市场化运作机制的内部改造，完成企业调整和转型，初具企业核心竞争优势；至2018年，营业收入达到3.5亿元，比2013年增长35%；利润总额超过1 100万元，比2013年增长1倍。

（二）公司的定位

功能性定位：立足于成为百联集团商业核心主业的后勤保障服务商，向内发挥功能类服务作用。

竞争性定位：立足于成为社会中高端物业服务品牌企业，向外发挥主动竞争作用。

根据上述定位，双轮驱动发展，形成以长三角为中心、辐射全国市场的扩张型公司，从局限于上海地区型物业企业转型为全国龙头型物业企业。

公司发展紧紧依靠“市场”和“集团”双轮驱动，在竞争中不断扩大市场份额，提升核心竞争优势。做强集团内项目，建立商业项目优势，强势向外扩大市场；赢得市场项目，利于反哺集团，降低主业运营成本。

三、公司实施战略的“4MS”措施

（一）市场拓展突破（Market）

建立和完善符合市场化发展需要的竞争机制，弥补市场拓展能力的不足，取得公司发展上的有效突破。

1. 强化组织结构

建立分公司制，拓展全国市场。依靠百联集团全国商业项目的发展布点，在项目所在区域成立分公司，先巩固集团项目阵地，树立百联服务品牌，再以此为中心向周边区域开拓新市场。

建立区域管理制，拓展上海市场。建立四个发展中心区域，即以张江中科院为中心的中高端写字楼区域市场；以青浦工业园为中心的中高端园区物业区域市场；以百联中环为中心的商业物业区域市场；以百联又一城为中心的五角场商业物业区域市场，实现人、财、物集约化管理。

2. 发展物业咨询服务

注重百联品牌效应的传播，通过品牌维护和经营，不断开发高附加值服务产品，发展新客户群。充分运用在商业物业管理上的丰富现场管理经验，开拓物业输出管理，开展物业顾问与咨询业务，开发全程咨询、单项咨询或专项咨询服务模式，形成能满足多样化需求、个性化定制、菜单化服务的产品系列。

3. 实施“物业＋招商”新模式

根据业主和客户需求，充分利用集团商业资源，在承接新物业项目时，按市场化方式提供专业招商、布局或中介服务，以外资五大行为标杆，逐步培育中端社区商业配套“招商＋物业”新模式，逐步打通集团内部各招商环节，形成“招商、物业”联动发展、相互促进的协同机制。

4. 挖掘潜在客户资源价值

考虑引入百联商业资源与物业客户资源对接的模式，最大化物业服务价值，例如：引进百联电子商务线上服务、在写字楼和社区设立百联 OK 卡代销点、提供百联各商业品牌进社区的专项服务、代办百联 VIP 会员卡、滚动播报商业营销活动信息等，深度挖掘潜在客户资源价值。

（二）管理模式突破（Mechanism）

近年来，费用成本上涨幅度大于营业收入上涨幅度，公司利润率难以提高，新项目的部分利润被抵扣。唯有在管理模式上寻求突破，才能提升内部效率，创造最大效益。

1. 内部管控机制转变

建立信息化管理平台（ERP），优化业务流程，实现规范、透明、科学的信息化管理模式。通过 ERP 系统，形成企业信息流和业务流的高效集成，在总部与项目间架起实时沟通的桥梁，实现以下三大功能：

管控成本。通过“指纹化考勤联网＋薪酬管理”的动态即时管理，牢牢控制主要成本——劳动力成本，减少业务外包后缺岗少人的漏洞。

远程管理。总部管理层制定服务标准、设计流程规则、设置人员权限，增强项目自主管理权力。通过远程监控和预警，大幅提升管理能级和效率。

精简高效。远程管理有利于提升管理效率,有利于管理岗位的控制或精简。

2. 用工方式转变

劳务外包。为应对劳务派遣政策变化的巨大影响,力争在 2015 年完成对 1 000名左右的保安、保洁劳务派遣制员工的转型,由专业外包公司承接业务,预计能以较小代价化解巨大的用工赔付风险。

政策活用。随着公司主动退出保安、保洁业务,预计超过 100 名的合同制老职工需要转型,公司需要积极争取集团政策扶持,用活账面“呆、滞、死”资金,解决员工补偿成本的资金来源问题,比如自愿协商解除劳动合同的、实施内部退养的。

优化配置。按市场化竞争的要求,推行项目定岗定编,转型培训冗余人员;拓展新项目,分流冗员,降低用工成本;严格考核,提高效率,淘汰一批不符合工作要求的员工。

3. 业务运作方式转变

实施“管、作”分离方式,做好服务集成商。建立各类专业化供应商队伍,形成规范化管理机制,严格把控供应商的选择、管理、检查、评价、退出各环节。从“管理与作业一体化”转向“管理与作业相分相离”,退出作业层面,着重监管与考核;从“管人管事”转向“管事”,腾出精力,专注于服务标准的执行和质量的提升;在作业层面,推动劳动密集型作业方式向智能化、机械化转变,扩大作业辐射面,提高作业效率,降低劳动力成本。

4. 预算管理方式转变

预算管理由粗放式转向精细化。加强精细化项目管理,实施单项目盈亏核算模式,按照近 3 年项目运行规律,合理细分、核定项目各类收入和费用,在预算范围内充分授权运营与包干,并通过信息化系统实时控制预算执行进度,超预算范围须报审批。项目经理可以自主调整扩收、降本和增效,并较为准确地计算自己的年度绩效收入。

(三) 资本运营突破 (Money)

公司现金流量充沛,可以通过资本运作,引入战略合作者;也可以向附属产业链渗透,增强综合竞争力。

1. 探索体制机制改革,提高效率

根据上海国资国企改革 20 条的精神,物业公司符合市场化竞争型企业的要求,实施体制机制改革试点具备可行性,目前,有三种探索模式:

坚持国有体制不变。通过上级主管的简政放权和企业制度创新和设计,实施管理层股权期权激励，实现内部经营机制的民营化转变。这种方式属于国有体制民营机制，是对公司现有模式改革的持续深化，但还是难以从根本上改变国有体制活力不足的弊端，改革触碰体制，企业将面临较大内部冲突。

完全转制为民营企业。由于物业行业的轻资产运营、市场化竞争的特点，物业行业内企业民营化趋势明显，机制灵活，市场决策效率高，企业效益好。但该模式不适合百联物业，公司历史包袱重和困难多，若没有重大政策扶持，改革成功率低。

采取混合所有制，股权多元化，引入外部资本（包括民营资本），从产业链纵向互补的角度予以业务合作，或者打开市场的横向角度引入战略合作者，带动公司管理机制转变。这种模式充分调动社会资源，增强活力，可以尝试。

2. 调整资本投资方向，做强商业

从融入集团商业服务产业链的战略层面，谋求集团内部优质商业物业资源的深度整合与股权收购，消除内部同业竞争，巩固与扩大商业物业的市场优势。例如：通过企业并购，将并购企业资源纳入集团南京东路和曲阳地区商业资源。

从开发新市场、提升竞争力的战略层面，横向资本运作，引入优势战略合作者，实施混合所有制改革，资源互补，成果共享。

从实施物业产业链建设的战略层面，资本运作，产业链纵向一体化，跨界经营，优势互补。如向物业服务的上游——招商、咨询、中介领域渗透，提高开拓物业市场的综合竞争力，增加服务新产品，扩大收入来源；如向下游——设备安装、维保、装潢等供应商领域渗透，控制成本费用支出，增加利润。

（四）人才资源突破（Man）

围绕公司战略目标，制定《企业人才培养三年计划》，坚持两个培养原则：一是“内部培养、市场引进”并重的原则，二是“项目管理成才、专业技术成才”并重的原则，重点培育项目经理和技术人员两支专业队伍。

1. 建立市场化的项目经理人才队伍

5 年内，要培养超过 30 名高专业素质的青年项目经理人，中级管理人员执证上岗率 95%以上，拥有物业管理师资格人员不少于 50 人；推行契约制，项目经理竞聘上岗，设定契约目标，实行契约考核，要破解国企干部“能上不能下”的难题；试点员工竞争上岗，由项目经理负责录用，要破解国企员工“能进不能出”的难题；公平考核，用好正负激励，以评价现场服务质量为主的基础考核决定项目经理基本收入，以超预算指标提成奖励为主的绩效考核决定项目经理年终收入。因此，绩效激励概括为“质量＋超产”，鼓励追求经济效益最大化，但不以降低服务质量为代价。

2. 建立专业化的设备管理人才队伍

大型商业物业设施设备管理专业性强，专业化技术人才紧缺，企业应当注重技术人才队伍的建设和长期管理。

建立“首席技师工作室”——技术平台，集聚各项目专业技术尖子，组建技术革新、节能降耗、新技术应用和标准管理的专家后援团。重点培养，提高薪酬，充分发挥工作激情。

提高中、高级技术人才比例，着重培养技术精、管理能力强的关键岗位——设备经理 30 名，着重培养高级技师、技师、弱电工程师、专业空调工等重要工种。

加强对 500 多名设备设施维护操作人员的专业管理，提高技术专业能力，部分项目在条件允许的情况下，建立急报修平台，实施工程设备人员区域集约化管理。

（五）服务质量突破（Service）

高度重视品牌建设，将服务渗透物业工作各环节，重视客户感受和体验。

1. 制定商业物业服务企业标准

公司主编的上海商业物业行业标准执行情况不理想，缺乏统一、科学的项目服务品质评价。2015 年，公司编制并完成了《百联物业商业物业服务企业标准》，在此基础上运用 PDCA 质量管理工具，不断改进，循环提升。

2. 建立服务质量控制与评价体系

建立公司服务质量控制与评价体系，考评项目执行服务标准过程和结果，该体系包括五方面：执行 ISO9001、ISO14001 和 OHSAS 三体系认证；第三方满意度测评覆盖全部项目，平均满意度达到 85 以上；建立内部服务督导机制，保持现场检查常态化；规范各类供应商的激励与约束机制；形成创建全国、上海物业示范项目、现场管理星级评价长效机制。

改革之路并非一帆风顺，不可避免将触及体制机制的灰色地带，引发各类深层次问题和矛盾，这将是公司面临的最大风险。本文研究的五个突破，期望形成新的商业模式：充满活力的体制机制、迅速发展的全国市场、信息化支撑的管理平台、以“人才资源、服务品质、专业技术”为主的核心竞争力、凝聚人心的企业文化，真正成长为中国商业物业的品牌企业。

作者系上海百联物业管理有限公司总经理、
上海卓越管理中心第 35 期高级职业经理人班学员

上海市漕河泾开发区产业土地二次开发的实践与思考

董申鹰

上海漕河泾新兴技术开发区是经国务院批准设立的国家级经济技术开发区、高新技术产业开发区和出口加工区。开发区自 1984 年创建以来，认真贯彻落实国家制定出台的各项土地政策和规定，注重集约经营和合理开发利用土地等资源，坚持节约集约化开发建设理念，在科学规划、集约开发、发展高新技术产业、提高经济与社会效益等方面取得了较好业绩。经过 30 年发展，漕河泾开发区在狭小的区域内，突破产业用地局限，通过二次开发，走出了“创新驱动，转型发展”的新路子。本文将根据漕河泾开发区多年来产业用地二次开发的实践经验，归纳提出切实可行的二次开发类型和建议，希望对上海开发区二次开发工作起到抛砖引玉的作用。

近年，有关上海开发区土地二次开发的研究很多，多是从级差地租理论、区位理论和土地报酬递减理论等经济地理学理论入手研究。本文选择企业管理方面的突破理论作为开发区土地二次开发新的理论视角，从突破管理理论视角出发，力求对工业区土地二次开发做出阐释。

一、漕河泾开发区二次开发的背景

首先，土地二次开发是开发区开发主体非常典型的自我突破行为。任何一个开发区开发主体本质上也是一个产业土地开发企业，与任何企业一样，产业土地开发企业都会有一个生命周期。当企业进入平稳发展期或者衰退期，就要尽早突破，努力蜕变，演进出新一轮的生命周期。

其次，开发区土地二次开发是对企业核心竞争力的突破，是开发主体的必然选择。突破管理的实质就是以变应变，外在社会经济条件和市场环境发生变化，必然要求开发主体采取相应的措施进行突破，使企业的经营业绩呈现稳步发展。开发区的核心产品是产业地产，土地是开发主体的核心载体，因此土地二次开发是开发主体为获得核心竞争优势的必然选择。

第三，漕河泾开发区进行二次开发属于战略先应式选择。漕河泾开发区新一代领导已经预见到开发区即将面临的发展瓶颈，进行突破的意愿强大，另外漕河泾开发区经过30年发展积累了较强的资金和人才资源，有着强大的突破能力。在此基础上，漕河泾开发区主动选择了二次开发，希望能够以此获得先发优势，成为开发区行业内的主导者和现行者。

根据经信委产业用地调查显示，截至2012年，上海漕河泾新兴技术开发区（本部）已建成产业用地面积274.10公顷，产业用地建成率为91.35%，剩余可开发产业用地面积只有117.33公顷，一方面说明上海漕河泾新兴技术开发区的土地利用程度很高，另一方面说明土地增量已经不多，二次开发迫在眉睫。

开发区领导意识到这一困境，在近年来的工作中，一方面对增量土地利用加强用地管理，另一方面推进土地二次开发，进一步盘活存量，在长期工作中取得了很多经验。例如，严格按需征用土地、科学规划产业用地，坚持产业定位导向、保证高新技术产业项目用地，拓展用地方式思路、用活土地资源，设定用地条件、严格土地供应，推行标准厂房建设，盘活闲置土地和厂房资源，严格控制地价和厂房租售价格，建立土地利用基础数据库等一系列方式方法，也取得了较大成绩。

二、漕河泾开发区二次开发的实践探索

根据多年漕河泾产业用地二次开发的实践，归纳出以下五种类型的二次开发方法，分别是产权合作型、资本合作型、回购产权型、房产置换型和自主改造型，下文将对这五种方法进行详细分析。

（一）产权合作型

产权合作型主要针对开发区内有厂房基础、有二次开发意愿，但缺资金、缺技术的企业，开发主体与其企业展开谈判，企业以土地、厂房作为资本投资入股，利用开发主体的资金共同投资进行二次开发。

这种方法的要点在于企业不愿意出让土地使用权，或者要价太高，但又有强烈的二次开发意愿，在不放弃土地使用权的基础上，以土地厂房入股，双方合作进行二次开发。

案例：上海亿威实业有限公司是上海漕河泾新兴技术开发区的全资公司。1994年同仪电控股合资开发了外高桥保税区22街坊5丘，占地10 007m²。在20年的经营中又形成了4家小业主，目前占45%。随着上海自贸区的发展，外高桥保税区内地块价值上升。开发区已建立工作小组，以产权合作的方式进行

二次开发，地块内原有的其他各业主以工地厂房入股，多方合作进行二次开发。

（二）资本合作型

开发区内有的企业效益很差，甚至已经停产，需要进行二次开发，资本合作型的开发主体出面以低于市场价格收购其土地使用权，然后双方共同出资组建新企业对该地块进行二次开发。

这种方法的要点在于企业除二次开发以外没有其他出路，但企业不愿放弃土地增值收益，同时又需要资金，开发主体和企业协商以较低价格收购土地使用权，开发主体以较低成本获得了土地，企业获得了资金，双方取得共赢局面。

案例：星联实业原有旧厂房占地 36 亩，与我开发区 45 亩地相邻。为了充分发挥各自的优势，提高土地利用率，开发区出面收购了星联实业的土地使用权，星联实业以资金入股，双方合资组建了上海光启企业发展有限公司，确保了开发区规划完整性，带动和推动了地方经济发展，统一规划、统一建设、统一招商、统一管理服务。同时兼顾了双方利益，实现了双赢。目前基地规划总面积 13 万 m^2，其中 8.8 万 m^2 已竣工完成，预计可实现近亿元收益。

（三）回购产权型

对企业依法取得国有土地使用权后，因项目、资金、预期效益等原因，无法按照土地出让合同和投资约定开发的工业用地，或虽然企业已经投产但产出水平偏低的土地，回购产权型开发主体采取协商方式有偿回购土地使用权。

这种方法的要点在于找到一个双方都能满意的利益平衡点，漕河泾总公司付出的补偿在能够接受的范围以内，回购方得到的补偿能够满足其发展、安置和债务需要。

案例：新芝地块位于漕河泾开发区中部，工业用地利用价值较高，项目占地面积 32 904m^2，建筑面积 19 865.45m^2，是开发区唯一竖立烟囱的企业。新芝公司属高能耗、高污染企业，其各项污染排放量在漕河泾开发区内均位居前列，也是开发区内燃油燃烧大户，公司烟尘排放量占开发区排放量的15.5%，SO_2 占开发区排放总量的 48.8%，HC_1 排放量占开发区内总排放量的 30.39%，废水综合污染负荷占开发区内的 16.7%。经协商，新芝公司将新芝地块交还漕河泾总公司，漕河泾总公司参考新芝地块上的房产评估结果，综合考虑新芝公司的停产、搬迁、人员安置、地上建筑物拆除以及剩余 10 年的土地使用权价值等综合因素给予新芝公司经济补偿，该地块的二次开发，既偿还新芝公司所欠债务、盘活存量资产、创造盈利增长点，又彻底解决开发区污染问题，取得了互利双赢的局面。

（四）房产置换型

开发区内有的工业地块，需要整体进行二次开发，但其中某一部分已经出售给第三方，房产置换型开发主体出面为第三方在开发区内寻找其他合适的地块或建筑安置第三方，从而获得整个地块的二次开发机会。

这种方法的要点在于开发主体能够为第三方企业找到合适的地块和建筑，从而实现整合土地、进行二次开发目的。

案例：开发区内桂中园，建筑面积 72 585m²，1989 年竣工，占地面积 53 649m²，容积率 1.35，90%面积已出售，形成了 39 家业主。为了统一开发，开发区采取了房产置换的方法，为 39 户业主分别提供合适他们企业发展的办公厂房，将他们原有厂房置换出来，形成了一整块产业土地，实现了整合土地进行二次开发的目的。

（五）自主改造型

自主改造型开发主体对自己现有的地块开展自主改造，通过实施拆建、改扩建、建筑密度与平面布置调整、压缩超标的绿地面积和辅助设施用地、利用地下空间等途径提高土地投资强度和容积率。

这种方法的要点在于地块有二次开发的需要，也有较好的开发前景，在此基础上能够调整现有地块的规划参数，实现建筑容积率的提升和土地利用效率的提高。

案例：虹梅路 1698 号原开发区保税仓库，占地面积 15 120m²，建筑面积 9 630m²，1993 年竣工，周边地价上升幅度巨大，但此地块建筑系数和容积率极低，不利于土地的集约利用。为提高此地块的土地利用效率，开发区对该地块进行了规划参数调整，于 2013 年规划为新洲大楼，总建筑面积 31 859m²，计划于 2017 年竣工，该项目竣工以后可较原地块土地利用效率提高 231%，充分利用了宝贵的土地资源。

三、对漕河泾以及全市开发区徒第二次开发的建议

在开发区土地二次开发工作中，漕河泾开发区遇到的困难和问题相信其他开发区也会遇到，因为这些问题基本上都是共性的。因此讨论漕河泾开发区土地二次开发的对策和建议需要站在全市开发区层面，当宏观层面的问题得到了解决，漕河泾开发区土地二次开发遇到的困难自然也就迎刃而解。

（一）编制全市工业用地二次开发专项规划

制定工业土地二次开发战略规划，目的是解决工业土地二次开发的目标和导向问题。目前上海仍缺乏如《深圳市开发区升级改造总体规划纲要（2007—2020）》等指导二次开发的纲领性文件，二次开发的目标、导向、路径还不太清晰，亟需一份体现上海特点的具有长期指导意义的战略规划。建议将产城融合、以人为本等科学理念融入纲要中，并根据不同模式的二次开发实施分类指导。

（二）出台低效用地有关标准

基于《上海市工业用地指南》，适时出台《上海市低效工业用地标准》。按照不同产业类型，确定容积率、固定资产投资强度、土地产出率等指标的调整值、控制值和推荐值，明确企业准入和退出标准，为开发区腾笼盘活存量低效用地提供定量操作依据，引导和支持老开发区盘活存量低效用地。各开发区根据自身经济发展实际情况、产业结构调整规划，按照《上海市低效工业用地标准》，设置本区单位土地产出率、单位土地利税率、容积率等控制标准并定期更新，为企业提高土地节约集约利用水平提供标尺，为土地二次开发、盘活存量资源提供操作依据。

（三）发布鼓励工业用地二次开发指导意见

适时发布《鼓励工业用地二次开发指导意见》，该意见中应主要包括以下内容：

1. 编好开发区控详规划

按照开发区二次开发的功能和产业定位编制好开发区的控详规划。在实施开发区二次开发时，首先应明确开发区二次开发的功能和产业定位，然后根据定位编制好开发区的控详规划，以指导开发区二次开发。

2. 支持开发区开发机构主导开发区二次开发

明确开发区开发机构作为园区二次开发主体的责权利。赋予工业用地二次开发的相应职权，支持经市政府认定为工业用地前期开发主体的开发公司，采取由土地储备机构委托或授权的方式收储老工业企业的存量低效工业用地，收储土地的相关税费参照土地储备机构执行，并协调相关银行机构支持此种方式收储的土地可用于再融资。

3. 完善工业用地供应制度

根据产业发展规律研究产业自身生命周期，推行出让区别年期制或标准厂房租赁制，对不同年期的出让价格按照相应年限通过评估确定，若出让年限届满经判定可以协议方式续期；完善相配套的土地租赁权权益及土地租赁相关制度，包括租赁规则、租赁方式、租赁价格等，以保障租赁双方合法权益，去除租赁土地融资障碍；加强对工业企业闲置土地和厂房的短期利用和临时租赁管理，制定优先使用存量土地的鼓励政策，提高工业企业中闲置地、闲置厂房等的使用率；对一些在初创时期、有强烈的标准厂房分层、分套、分幢转让等市场需求、但受资金、经营风险等的限制的中小企业，可在现有政策基础上，进一步细化操作办法，建立相关信息发布制度和交易平台，促进此类转让行为发生。

4. 加大土地二次开发资金支持

一是设立二次开发专项资金。建议统筹本市战略性新兴产业扶持资金、技术改造资金和产业结构调整专项资金，设立本市开发区二次开发专项资金。

二是加强金融服务支持。通过注入资本金、资产注入等方式，增强二次开发主体的融资能力。在地方债发行募集中，争取专项安排二次开发重点建设项目。

三是创新政府投资项目融资模式。支持开发区内新建污水处理设施、区域内管网等基础设施项目，探索实施特许经营或直接授权专营管理模式，提高公共服务水平和服务效率。

5. 健全评估考核激励机制

各开发区要建立相应的开发区工业用地二次开发推进机制，促进开发区工业用地二次开发，优化产业空间布局，落实产业发展责任，开展园区评估考核，提高工业集中度、产业集聚度和土地集约利用水平。要健全区县和开发区绩效考核体系，将工业用地二次开发纳入区县和开发区领导绩效考核体系中去，切实提高地方政府和开发区进行工业用地二次开发的积极和主动性。

作者系上海市漕河泾新兴技术开发区总公司土地管理部经理、
上海卓越管理中心第32期高级职业经理人班学员

“阿拉环保”再生资源公共服务平台的创新突破发展

冯琍萍

再生资源回收，是将生产和消费过程中产生的废弃物进行回收利用，是建设资源节约型和环境友好型社会的重要抓手。但由于目前行业缺乏规范，发展缓慢无序。“阿拉环保”再生资源服务平台开发了高效、快捷的物联网＋互联网＋回收的新模式，推动回收从粗放式向精细化发展，开创了回收行业的先河。

一、“阿拉环保”再生资源服务平台概况

“阿拉环保”再生资源公共服务平台的载体公司是上海金桥再生资源市场经营管理有限公司，成立于 2008 年，以促进资源再生合理利用为目标，主营业务是电子废弃物的物联网回收服务及相关环境服务。公司搭建了全国第一个“再生资源公共服务平台”，是国家推动低碳建设和循环经济的重要载体单位，得到了社会高度关注，曾被列入“浦东新区人大一号议案”。

公司 2011 年成为上海市高新技术企业，2014 年获批国家环境保护部废弃电器电子产品回收信息化与处置工程技术中心的示范项目，是全国中小学环境教育基地。2014 年，平台电子废弃物回收网络建设被列为政府实事工程，具备社会广泛的推广复制效应。需要特别指出的是，公司“阿拉环保卡”和“积分制”等示范工程在 2015 年被列入《上海市 2015—2017 年环境保护和建设三年行动计划》。

二、企业发展环境

（一）政策背景

再生资源的回收利用产业是推进城市低碳建设的重要产业。近年来，政府通过建立一系列法律法规，鼓励再生资源产业的发展，如 2011 年国务院颁布的

第551号令《废弃电器电子产品回收处理管理条例》规定国家将规范废弃电子产品回收和处置渠道，并将设立专项基金用于回收费用的补贴；《关于加快推进再生资源回收体系建设的通知》（商贸发〔2009〕142号）中在促进服务业发展专项基金中将对再生资源回收体系建设给予支持。

（二）行业背景

据测算，每回收利用1吨废旧物资，平均可以节约自然资源4.12吨，节约能源1.4吨标准煤，减少6～10吨垃圾处理量。加快再生资源回收体系建设，是一项利在当代、功在千秋的朝阳产业。

再生资源市场是环保产业链的下游产业，是环保产业链的薄弱环节。再生资源回收的网络体系、运行机制、政策保障等许多问题亟待破解，如再生资源交易缺乏透明度和规范性，各地再生资源交易市场没有与市场形成有效信息对接，导致再生资源交易在定价、交割、监管等过程中的高风险和低效率。

三、平台的战略目标与实施管理

（一）指导思想

以科学发展观为指导，以资源循环再生利用为目的，以公共服务平台建设为基础，以物联网信息化构建再生资源回收网络与服务平台。

（二）战略目标

力争把平台建设成为上海市乃至全国再生资源公共服务平台构建的示范企业、再生资源回收网络建设的样板企业、再生资源产业现代信息技术的引领企业，并以电子废弃物回收为功能切入点，实现社会效益与经济效益双丰收。

（三）实施内容

构建以“一个账户、两层网络”为特征的再生资源新型回收系统。

1. 一个账户——以阿拉环保卡为载体的环保银行账户

构建以“阳光阿拉环保卡”智能信息卡为载体环保银行账户，通过激励机制来鼓励居民规范交投。

2. 两层网络——以物联网为载体的两层回收网络

“两层网络”，分别指：①回收网络。构建以社区回收点、区域回收站和地区回收中心为基础的再生资源综合回收网络。②金融服务网络。整合金融服务平台，挖掘金融服务市场，打造金融与环保服务相结合的虚拟网络。

（四）实施重点

根据战略发展目标，主要从以下几个方面实施重点：一是突破传统回收体系，不断提升信息技术核心竞争力；二是构建完善物联网回收网络体系，深入挖掘渠道价值；三是深化拓展环境功能服务能力。

四、平台实施突破管理的实践

平台以突破管理和创新思路为实践基础，从功能、模式、技术三方面进行了全面的突破管理实践，不仅抢占了政策的机遇，开拓了回收新模式，还带来了行业的全面示范引领效应。

（一）功能突破——抢占政策新机遇

2008 年平台成立之初，主要功能是进行再生资源交易的市场管理，建立了金桥再生资源公共服务平台，发布再生资源交易的信息。运营一段时间后，发现国内该类网站已经形成完整管理体系，客户源稳定。平台重复该类业务，客源仅限于金桥地区，交易额度有限。

在这样的环境下，运用 SWOT 分析方法，开拓新的五大功能建设，发挥了平台重要功能载体作用。

1. 交易功能

为产生固废、电子废弃物、危险生活垃圾（节能灯、废电池）的企业和个人搭建了新的交易平台。创立阿拉环保网，利用行业及会员资源，构建符合中国国情、激励居民规范交投的再生资源循环交易体系。

2. 信息功能

重视信息的数据发掘和信息价值，及时搜集与企业相关的各类政策法规。持续提升和完善信息服务功能，通过溯源等功能，建立电子废弃物数据库，为政府采购项目提供了条件支持。及时抓住了政策的变化和国家行业的发展趋势，有利于企业战略的及时调整。

3. 展示功能

为了提高平台的影响力，争取获得社会各界的支持，在展示厅内以新颖有趣的模式展示电子废弃物实物、处置流水线实物模型展示、环保宣传、生态建设内容等。接待了国家商务部、环保部、人大常委、展望学院学员以及来自各地的行业专家、学生、居民超过 5 000 余人次，获多次好评，并参加中国工博会、环博会展览。

4. 培训功能

深入社区、企业、学校、政府机关等地，持续进行电子废弃物回收处置业务的培训、回收网点项目管理人员流程培训、环保志愿者宣传培训等。成为国务院展望学院的优秀培育基地，是国家优秀环保教育实践基地。

5. 管理功能

积极参与行业建设，通过信息化手段建立电子废弃物回收处置数据库，为政府出台相应政策建立了数据基础。承担了一系列的政府功能服务项目，如垃圾分类、生态信息服务平台、环境监测平台、生态可持续评比、环境检测平台和金桥生态信息平台等。

通过五大功能的建设，平台完成了第一阶段的突破：由单一的交易服务开拓到信息主体、培训管理服务、综合性平台服务等；业务对象进行了扩展，由初期的企业为主扩展到了政府、社区居民、社会团体等。

第一次突破合理减少了创业初期单项业务运营的风险，将公司单一服务向多元化功能服务发展，并获取了政府采购环境服务项目，为公司发展奠定了经济基础。

（二）模式突破——打造回收新模式

目前废旧物资的回收以“摇铃大军”为主体。为了提高居民环保意识，改变行业印象，平台以电子废弃物回收为业务突破口，采取“战略先应式”突破管理，具体的回收模式是：消费者在电子废弃物上贴上条形码，投入回收箱中，相应的积分通过条形码识别打入交投者账户。卡内积分可转化为金融消费，在各银联机构变现，或者在“阿拉环保网”换取精美小礼品，使用方便快捷。

平台对线上、线下所有业务进行了全面思考，打造了“平台业务生态图”，通过模式创新、载体创新、渠道创新、体系创新、服务创新等，建设一个资源循环利用的创新模式生态圈（见图 1）。平台的商业模式在于打造一个完整的、具有共同成长潜能的强大生态图。将增值服务贯穿“宣传、回收、支付”三大环节，建立突破传统回收行业的多边服务模式。

模式突破，是获得市场先机、得到社会支持的重要“战略先应式”突破管理的大胆探索，符合循环经济、生态文明的大势，社会效益明显，获得社会大力支持。

（三）技术突破——挑战行业新高度

平台物联网模式需要技术进行支持，物联网模式由雏形到智能化，在技术

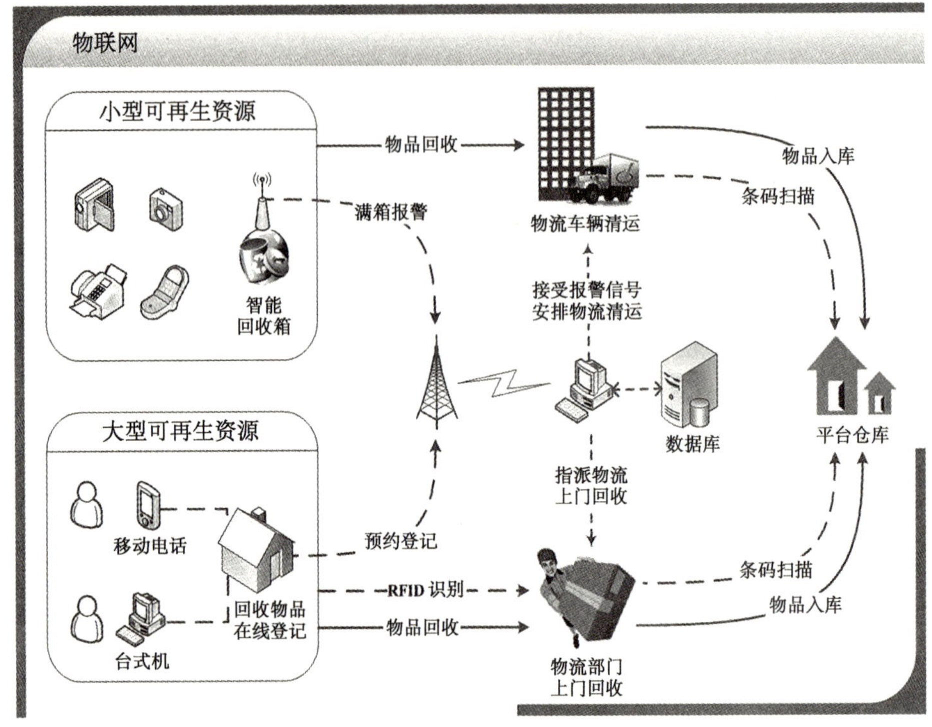

图1　金桥再生资源平台的物联网模式

上经历了数次创新和变革。

1. 结算载体——阿拉环保卡的三次突破

阿拉环保卡是消费者交投获得积分的记录载体，是平台与消费者进行交投结算，奖励交投行为的积分卡。经历三次重要突破后，使用越来越便捷：第一代阿拉环保卡的积分只能在“阿拉环保网”上兑换礼品。第二代消费卡，积分可在2 000多家百货商场使用。第三代阳光阿拉环保金融卡使环保积分具有金融借记功能，可在银行卡中存储、借记、消费，还实现了在POS机上直接刷积分消费的功能。

2. 回收载体——智能回收箱的发展

2011年展开物联网智能回收箱研发，实现了智能交投功能，是智能回收箱的雏形。2013年研发的第四代智能回收箱实现市场投放，除大件回收预约、小件交投功能外，还有网点查询、天气预报、水电煤缴费、电话充值等便民功能，使智能回收箱真正变成生活的重要载体，为智慧城市生活增添乐趣。2013年，还研发了手机APP、微信等移动互联网回收平台，实现更便捷的再生资源回收。

平台智能回收体系获得国家3项实用新型专利，20项软件著作权，一项发明专利受理。成为上海市再生资源回收行业中唯一一家高新技术企业。

技术突破，是模式突破的重要支撑，是核心竞争力的实践与深化，符合互联网经济的大市场环境，是引领行业发展并进行推广的核心技术建设成果，将为企业带来预期的经济效益和社会影响力。

五、平台的创新成果与发展思考

（一）平台的成果

平台发展至今，取得良好发展业绩。根据战略评价理论，对近几年的发展成果进行评价，具体如下：

1. 经济效益

整合各类再生资源链产生经济效益，成为培育新型经济增长点的示范基地。物联网技术使回收体系的物流成本大大下降，回收量逐年增加。营业收入从2008年的几十万发展到2013年的4 000多万，实现经济快速增长。

新模式获取了市场先机，得到了政府的大力支持。成为浦东新区电子废弃物"三步走一接轨"的社区网络建设特许经营商；承担了浦东新区垃圾分类项目的承办。网络回收渠道具有市场增值效应。多家企业纷纷要求加入平台会员，开拓了新的经济效益。

2. 社会效益

平台开展了一系列"走进机关，走进企业，走进学校，走进社区"环保活动。目前已累计开展活动达6 000多场，吸引了社会各界人士的关注，取得了较好的社会效应。阿拉环保志愿队的社会品牌逐渐形成，获得了浦东新区"十佳志愿服务项目""上海市志愿服务先进集体""上海市志愿服务品牌项目"等荣誉称号。

2013年，平台被环保部评为国家环保教育基地，成为国家电子电器信息化回收和规范处置工程技术中心，国家商务部、环保部给予平台高度评价。媒体也陆续对平台进行了报道，并被列为中组部领导培训的案例之一。

2014年，平台电子废弃物回收网络建设被列为政府实事工程，具备了社会广泛的推广复制效应。

3. 环境效益

电子废弃物随意丢弃会对环境产生长久的危害。平台有效的回收和处置监控管理，将回收后的电子废弃物进入流水线进行拆解、分类后，将可再次利用的塑料、金属等进行资源化利用，避免违规处置给环境带来的再次污染，减少有毒有害物质对人类的健康和生存带来的威胁，减少环保治理资金投入和浪费。

（二）总结与思考

平台历经5年的创业发展，在环保领域的影响力与日俱增，环境服务逐步完善，逐步成为新兴环境服务业的代表，体现出可复制推广的示范引领作用。

1. 持续创新是平台突破发展的核心

平台的创新体现在创新功能、创新模式，创新技术、创新渠道等各个方面。正是因为平台从成立之初就创新经营，才有了社会关注、物联网示范引领、环保教育基地、政府实事工程等一系列成绩，所以，创新是平台发展的核心。平台今后要继续发挥“战略先应式”突破管理方法，持续进行技术理念更新，使回收方式更加便捷，保持示范引领作用。

2. 战略管理是平台突破发展的路标

平台是创新行业，只有具有战略眼光，才能在困难和逆境中寻得正确的发展方向。在短短几年，获得社会认可，说明平台战略管理的正确性，每一次新的业务开辟，新的思路碰撞，新的政策支持，都是平台战略规划、寻求突破、向前发展的基础。

3. 审时度势是平台突破发展的基础

环保与再生资源行业具有一定特殊性，政策对于盈利和发展方向非常重要。平台在建设前期，发展影响力不够，资金缺乏，需要社会各界支持，包括对环保回收方式的认可、参与、对网络建设的支持、获得国家相关资金的建设等。前几年平台抓住了浦东文明城区创建、金桥生态工业园创建及家电“以旧换新”政策的机遇，顺势而为，得以顺利发展。

未来“互联网＋”行动计划已上升为国家战略，将成为新的经济增长引擎，目前也深刻影响传统产业。平台将计划重点建设“互联网＋再生资源”新发展，通过创新技术，开发互联网物联网等现代信息技术应用、自动化智能化设施设备等应用，掀起变革业务模式和商业模式的新常态。

作者系上海金桥再生资源市场经营管理有限公司总经理、
上海卓越管理中心第38期高级职业经理人班学员

申伦出租汽车公司突破瓶颈转型发展的探索与研究

沈思民

申伦出租汽车公司在推进企业转型发展突破管理中，努力打造现代汽车服务业，以突破管理的战略提升公司核心竞争力的过程，本文以如何切合实际实施企业多次转型突破发展进行一些探索和小结，为背景相似的小型出租汽车公司提供参考和借鉴。

一、行业背景

目前上海市出租汽车行业模式以公司化经营为主，出租公司从政府无偿或从市场有偿收购获得出租车经营权，提供车辆由驾驶员承包经营。截至 2012 年 10 月，上海市共有出租车经营企业 115 家，出租汽车 49 000 多辆，个体工商户 3 079 户(3 160 辆车)，公司化经营的出租车占 73%以上；个体出租车占 7%左右，其中中小企业约占 23%的市场份额。驾驶员近 11 万人，单位日均行驶里程约 357 公里，里程利用率 63%，日均服务 33.1 车次，日均客运 296 万人次，占城市公共交通客运总量近 16.9%，驾驶员人均月收入约 5 500 元。

在上海的城市发展中，出租车行业既是一个窗口，又是一面镜子，不仅反映了城市的发展面貌，也体现了城市的文化精神。尽管上海出租车行业到目前为止，没有出现类似其他城市那样集体罢运的问题，但是在实际运营方面也存在不少问题，比如像“黑车”、“克隆车”泛滥；个别驾驶员上访，驾驶员短缺情况日趋严重；驾驶员的收入相对本市平均工资的倍率在不断下降，出租车公司经营成本不断上升；特别突出的是驾驶员社保成本以每年 10%以上幅度刚性增长，出租车公司经营积极性受到影响，一些确保服务质量的成本被压缩，最终将导致服务水平下降。这些方面直接影响到了上海出租车行业的稳定。

二、企业概况

上海申伦出租汽车有限公司成立于 1993 年，是开伦集团旗下发展现代汽车服务业的主导平台，主要自营及通过其下属两家子公司(汽车租赁公司、汽车维修公司)开展经营活动。经营范围：出租汽车、租赁汽车、汽车修理以及其他相关服务。申伦出租汽车公司系上海出租汽车协会、上海市法兰红出租汽车促进会理事单位，上海市出租汽车管理处二级资质企业。公司目前出租营运车辆 50 辆，租赁车 80 辆，从业人员 200 余人(包括汽车维修公司)。公司服务对象为：一是社会大众人群，二是世界知名外资企业及国有大中型企业。公司以“乘客满意为目的，努力超越乘客的期望”为公司永恒的追求。历年来曾多次获得市级行业部门授予的各类荣誉称号，连续荣获区“文明单位”称号。

三、突破管理

企业在发展过程中，将面临其自身和所处的内外部环境等各种因素的变化，如果企业系统内各个要素之间以及内外部环境之间的协调关系发生障碍，从而导致企业系统对环境的适应能力和自身获利能力减弱或丧失，企业将面临较大的经营风险、财务风险甚至产生衰亡。因此，企业必须对各种影响因素进行有效的协调和控制，即进行有效管理。处于生命周期不同阶段的企业，面临不同的环境和条件，要求实施与企业成长特征相适应的不同管理行为，这样才能确保管理的有效性。如果企业管理者忽视这些变化，不能及时调整管理理念、管理重点和管理方法，就会大大降低企业管理的有效性，甚至会产生管理的“负效应”，导致企业的“生存危机”。延长企业生命的途径主要有两条：一是延长企业生命状态上升阶段的时间，让企业时常处于盛年期，使企业持续成长，推迟进入老化阶段；二是通过突破或者变更来引导企业实现持续成长。也就是说，当企业开始进入老化阶段，就要尽早尽快进行突破，使之成功蜕变，出现新一轮的生命周期。

突破管理的实质是“以变应变”，从更深层次来讲，突破是一种企业精神，应当贯穿企业发展的始终。企业要想保持持久活力，不会也不可能因为实现了一次突破就一劳永逸，必须应对环境变化，不断地适时进行突破，实现周而复始的循环上升发展。

四、创新驱动,转型发展

(一)"创新驱动,转型发展"理念

"创新驱动,转型发展"理念是上海"十二五"规划提出来的。"十二五"期间,不管是从时代背景还是历史方位来看,上海都处在一个发展的关键时期。"创新驱动、转型发展"成为上海抓住战略机遇期推进"四个率先"、建设"四个中心"的迫切要求,是在更高起点上推动科学发展的必由之路。

特别是创新驱动,市场经济以后我们社会很多方面都是利益驱动,创新驱动和利益驱动是相悖的,利益驱动是人的天性,而创新驱动并不是人的天性。这就一定要建立一个创新和利益结合起来的机制。转型发展是对传统发展模式进行全面转换,实现非线性的发展跨越,因此必须紧紧把握依靠创新驱动这根主线,把"创新驱动、转型发展"贯穿落实到经济社会发展的各方面、各环节,力争取得新突破和实质性进展。

(二)与时俱进,企业要学会创新中求发展

对于我们小型出租车经营企业而言,尤其需要突出高质、高效的企业发展方向,固本强基,以经营管理模式创新,推进企业发展。提升企业自主创新能力,切实解决企业经营发展中的问题。与此同时,打造完整的创新体系也非常重要,包括组织、设施,还包括制度、机制的设计,只有将这些相关要素有机结合起来,才能使之成为一个完整的体系,真正形成企业的自主创新能力。

五、企业第三次转型突破

(一)申伦出租汽车公司第三次突破的构思

根据申伦出租汽车公司20年来发展经历和企业的相关经营数据揭示,近年来出租车行业尤其是我们这样的小企业在经营方面确实遇到了前所未有的困难,主要被以下几个问题所困扰:

(1)企业营业收入不断减少,经营成本不断上升。

(2)驾驶员的绝对收入近年来不断上升,但相对本市平均工资的倍数却在不断下降。

(3)"黑车""克隆车"泛滥,导致经营环境恶化。

(4) 沪籍驾驶员短缺情况日趋严重,影响了企业正常运营。

鉴于上述情况,出租车行业小企业面临何去何从的局面,同样迫使我们申伦公司经营者必须构思企业再次转型突破。一般来说,除了非经济因素影响外,出租车行业存在问题的源头是经济因素,如何协调驾驶员、出租车公司、公众和政府几者之间的利益分配是至关重要的。其中,尤其是协调驾驶员和出租车公司之间的利益关系,是解决企业乃至行业发展的主要因素。对于我们申伦公司来讲,更要考虑小企业固有的特点,探索不同于现有的经营管理模式,尝试切实可行的经营方式方法。

首先,企业在继续坚持公司化经营模式的前提下探索尝试转换出租车业务的经营方式,促承包制经营转为租赁化经营管理。据行业内统计,目前全国范围内的出租车企业经营大多是买断、半买断方式,然而我们上海地区出于行业监管、稳定和服务质量等方面的考虑,主要还是采用承包经营方式。但是,我们认为租赁(即以往的买断或投资形式)出租车经营模式能更为有效调动各方积极性,符合风险共担和收益分享的方式,也是大势所趋的行业经营模式,因为种种因素已表明,以承包指标为主要特征的承包经营方式似乎已经走到尽头。

其次,我们认为租赁经营模式在落实了公司管理责任的同时,也进一步划清了企业和驾驶员权益的界限,特别是能满足驾驶员自我管理的强烈意愿。

(二) 第三次突破的具体实施方案

为适应社会主义市场经济发展的需要,积极探索调动各方积极因素的经营机制,上海申伦出租汽车有限公司尝试转换出租车业务的经营方式,促承包制经营转为租赁化经营管理模式,转型发展出租汽车业务。具体方案如下:

1. 租赁经营形式

公司作为从事出租车客运单位,具有上海市出租汽车经营资格。与依法取得驾驶机动车辆和具有上海市出租汽车运营资格的自然人(以下简称租赁者),建立出租车辆租赁经营关系。租赁者向公司全额出资租赁经营营运车辆,并按时缴纳营运车辆管理费。公司办妥相关营运证件,向租赁者提供符合营运标准、设施齐全的客运出租车辆。

车辆运营牌照经营权、车辆所有权均属于公司。租赁者支付租赁费后,取得车辆的经营使用权。公司将出租车及出租车经营权租赁给租赁者,并根据合同约定提供相关有偿或无偿的服务及设施。

2. 租赁标的

(1) 符合出租车运营标准的全新(桑塔纳)小客车一辆,车辆租赁期限为58个月,符合相关合同规定的,可延长2个月,最长租赁期限为60个月。

(2) 租赁费及管理费(如下表)。

项目	金额	缴纳方式
租赁费	11 万元	一次性
管理费	3 000 元	月度

(3) 租赁者承担车辆保险费用[包括但不限于:交强险、车辆盗抢险、车损险、第三者责任险(100 万)、不计免赔险等]、车船税,由公司统一代办。

(4) 租赁者承担车辆燃油费、GPS 通讯费、车辆二级清洗费、个调税、计价器日常维修检测及年检费、顶灯维修费用、车辆年检费等营运成本和代收代缴的费用。

(5) 租赁经营取得营业收入,扣除支付租赁管理费及其他运营成本和代收代缴的费用后,所有收益归租赁者所有。

(6) 公司承担应缴纳的国家各类税费、管理人工成本、市出租协会及法兰红会费、乘客意外伤害险、运营发票(10 卷/月/车)、色带(1 根/月/车)、驾驶员服饰费等办公管理成本和相关运营费用。

(7) 租赁期满后,车辆由公司递交有资质的评估机构进行评估后出售,扣除车辆交易的有关税费、评估费及代办费等费用后,剩余出售款归租赁者所有。

(8) 车辆维修保养分为两种方式(如下表)。

方式	包工时包配件	包工时不包配件
费用	1 000 元/月	400 元/月

租赁者须与公司指定的维修机构签订修理包干协议。

3. 承租人与公司关系

租赁者与公司签订租赁经营合同的前提,为该承租人必须已经交纳国家规定的社会保险,并向公司递交相关缴纳社保金证明。签订租赁经营合同后,双方建立出租车辆租赁经营关系,租赁者与公司之间为租赁经营关系和管理关系,双方不存在法律或事实上的劳动关系。租赁者明确自己的个人身份,公司对其身份进行确认。

六、第三次突破促进企业形成新的核心竞争力

在市场经济下,竞争是企业生存和发展的前提与动力。在激烈的竞争中,

企业获胜的关键是抓住机遇、战胜挑战。抓住机遇，要求企业必须具备自己的核心竞争能力，这是企业持续发展的关键因素。

所有的竞争优势资源并非都是企业核心能力，只有把这些优势由人的管理技能，以有效的方式组织起来，比竞争对手更充分发挥时，才会对企业的成功起关键性作用，才能形成核心竞争力。一般来说，核心竞争力具有这样几方面特点：一是支撑企业长期竞争优势；二是有助于企业开拓未来商机；三是经过较长时期形成；四是具有延展性。

对于申伦公司来说，第三次突破正是因为准确把握住定位企业的突破口，始终坚持“以人为本、诚信立业”的企业宗旨，抱着一种与时俱进、不断自我超越的精神，本着务实高效原则进行创新和定位，并将最终形成以经济价值规律为刚性平台，以有理服从原则为柔性理念，将严密性和开放性有机统一，并强调效率为中心的管理特色。这是一种企业精神，也是一种企业文化。从另一个角度来讲，企业文化理念的探索与形成，进一步促进了企业发展中的核心竞争力确立。

突破是一种企业精神，企业要想保持持久发展，不可能因为实现了一两次突破就一劳永逸，必须应对内部和外部环境变化，不断进行突破，企业才能得到发展和壮大。申伦出租公司在 11 年的时间内完成两次转型突破，企业效益明显增长，每年纯利润增长 10%～15%，这充分说明企业惟有不断突破，不断打破旧的经营模式，积极转变经营思路，在创新中求发展，创造价值最大化，价值无极限。

作者系上海申伦出租汽车有限公司董事、支部书记、
上海卓越管理中心第 26 期高级职业经理人班学员

开伦集团在逆境中腾飞的探索与思考

李维明

上海开伦造纸印刷集团有限公司历经10年艰苦磨炼，始终坚持以创新转型为引领，以突破求变为主线，“变”中谋生存，“破”中求发展，凤凰涅槃、浴火重生，把一个濒临绝境的老国有企业，打造成充满生机活力、充分映射出城市和时代特征的现代服务业新兴企业。

一、开伦集团概况

（一）“开伦”的历史沿革

上海开伦造纸印刷集团有限公司（以下简称“开伦集团”）前身为上海造纸公司，原隶属于上海市轻工业局（以下简称“上海轻工”），现为奉贤区国有企业集团。20世纪80年代末，上海造纸公司下辖30多个造纸（制浆）厂、造纸研究所等机构，年产纸及纸浆40余万吨，年利税2亿余元，拥有国内先进品牌及技术专利数百项，职工近两万人，集团曾排列上海轻工产值利税首位及上海工业企业第42强，被评为国家大型骨干企业。1995年，上海轻工从上海造纸公司划出7家下属企业组建成开伦集团，后又将造纸公司及其下属企业划归开伦集团管理，构成开伦集团的企业建制及资产规模。

（二）“开伦”曾经面对的逆境

20世纪90年代，上海市委、市政府明确提出并实施加强环境治理，对严重污染环境的“三废”（废气、废水、废渣）企业实施“拔点”的战略举措。至2004年，开伦集团所辖31家造纸（制浆）企业，除一家地处奉贤远郊未被关闭外，其余全部停产。1万多名职工下岗回家，各下属企业靠变卖造纸机械设备和出租房屋土地收入维持生计。集团背负10多亿元金融历史债务，净资产为负2亿元，企业的生命走向尽头。

（三）今天的"开伦"

2005年，面对一片整肃凋零，开伦集团痛定思痛，以变应变，实施大突破，推进大颠覆，以创新转型为突破口，实现绝地大反击。10年突破，十年磨一剑。今天的开伦集团，已成为净资产逾12亿元、连续多年主营业务收益过亿，蜕变为以楼宇经济为核心产业、具有强大发展后劲的新兴企业。

二、第一次突破：抢抓政策机遇，实现产业转型

（一）困境中的曙光——工业地产在上海服务经济发展中的历史性机遇

1. 困境——企业内外部环境分析

开伦集团所辖生产性企业已全面停产且无法在上海易地生产；政府严格控制企业土地房屋变性使用（如将工业用途转为商业或商务用途）；债权人将开伦集团系统绝大多数土地房屋予以查封，企业无法正常经营和置换；约5 000名员工需保障安置；年纪较轻学历较高或有专长特长的员工大多已自觅门路走向社会，专业人才几近枯竭；老国企机制犹存，员工职业价值观陈旧；企业核心竞争力融化，经营业务缺失，几无任何竞争力可言。

2. 机遇——"2.5产业政策"带来突破机遇

2005年，上海市委市政府确立服务经济为上海的主导经济，并推出一系列改革措施和政策。其中包括：允许和鼓励国有工业企业在所持有或使用的土地房屋"两个不变"（房地产权利人不变、土地性质不变）的前提下，可以对房屋进行改造并改建为创意产业园区；可以作为商务（并含部分商业）物业进行经营，这就是"2.5产业政策"。"2.5产业政策"是对市区工业用地的大释放，对工业资源的大开放，对老工业企业的大解放，为国有老工业企业创造了历史性的突破机遇。

3. 抢抓政策机遇，果断决策转型

开伦集团做出战略环境分析：集团下属企业土地房屋虽被查封但物业实体还在；各地块体量较小但大都处于环线以内，紧挨黄浦江或苏州河，区域位置优越；工业厂房虽然陈旧，但建筑结构齐全；人才流失严重但职工的基本队伍还在；上海现代服务业发展突飞猛进，市区商务楼宇紧缺；以服务外包、创意设计、时尚文化等为主要形态的中小型园区需求旺盛。集团做出战略决策：抓住机遇，立即实施集团产业转型；凝聚集团人力财力物力，全力打造以楼宇经济为主

导经济、园区产业为核心产业的集团发展战略新格局。

（二）转型中的阵痛和博弈——迎难而上，战略实施

1. 坚守强烈的变革意念，迎难而上

开伦集团创新转型面临严峻挑战和风险，遭遇到重重阻力。首先是原有组织架构被彻底颠覆，企业不再拥有和支配独立的地块房产，必须按照集团整体规划开发经营；其次是利益的重新整合，“关一批、清一批、收一批”，人员重新分流安置，岗位重新安排；再次是要真正告别“造纸”，近万名老“造纸”心绪纠结。关键时刻，经营团队不动摇，不放弃，顶住压力把企业转型一步步推向前进。

2. 战略实施

(1) 深入调研，掌握信息，做好战略规划。先后制定《园区建设五年战略规划》《楼宇经济三年行动纲要》等战略规划，保证战略实施扎实有序推进。

(2) 加强与政府沟通。做到政策效应最大化和企业收益最大化的有机统一，用好用足各项政策。

(3) 扎实推进每一个建设项目。精心组织项目施工，紧紧抓住策划、产出、质量、工期等重点环节，求精求快，项目落地，收益落袋。

(4) 培育和打造楼宇经济产业链。以产业链为纽带做大做强企业集群，实行市场化运作。

3. 转型“突破”迎来新生——朝阳产业初见雏形

开伦集团先后完成武定路、武夷路、峨山路、光复西路等多个地块的商务(商业)楼宇园区建设。楼宇经济收益大幅提升，占集团总收益的70%以上，楼宇经济产业资产占集团总资产的70%以上，楼宇经济产业成为集团的核心主导产业。

三、第二次突破：坚持人才兴企，提升核心竞争力

（一）“人才兴企”是企业突破的核心

1. 问题的提出——企业面临新拐点

2009年，一个尖锐的问题摆到了开伦集团面前：随着“2.5产业政策”落实推进，工业企业纷纷启动楼宇园区开发，大小园区如雨后春笋，园区经营在短短几年间便进入“诸侯”争雄的白热化竞争；对手间的“压价”“挖角”成为普遍经营手段；集团系统内已开发的园区，立意不高、能级偏低；招商团队总体素质和经营理念与市场脱节，集团在园区经营中屡屡处于下风。

2. 聚焦“人才”，抓住企业突破的核心

楼宇经济及园区开发经营专业性极强，需要专业人才来经营运行推进发展。现有经营团队及管理人才与现代房地产服务业不相适应，因此，要抓住人才这一核心因素，以人才的突破来实现产业的突破。

（二）制定和落实“引得准、用得好、留得住”人才工作方针

(1) 转变观念，树立“发展第一、人才至上”的人才价值观。开伦集团在全系统开展人才价值观大讨论，树立“发展第一，人才至上”的新型人才价值观，为启动和推进人才兴企的战略实施奠定基础。

(2) 以全面落实人才工作方针为抓手，聚焦人才兴企。集团人才工作战略规划确定：引进专业人才 100 名，其中领军人才 10 名。集团制定了“引得准、用得好、留得住”的人才工作方针，以全面实施“九字”方针来保证和推进人才兴企的战略实施。①引得准。引进人才首先要看准人才。保证人才信息丰富畅通，人力资源部几年来年均阅看人才信息、简历 1 万份以上，同时做好相关信息登录建档；制定人才引入标准(包括第一学历院校范围)；管理岗位要求 5 年以上本专业岗位经历和硕士学位；工程技术类岗位要求具有相应专业技术职称等；深入做好背景调查；引入情景模拟等形式，加深对应聘者的综合了解。②用得好。岗适其才，对人才有重点地安排有相当深度和难度工作项目；使人才岗位具有上升空间；组织各类培训、挂职、轮岗；做好引领和考核，在集团设立人才“导师制”。③留得住。薪酬待遇留人，“一人一薪、完全市场化”；事业留人，给人才以足够的空间和舞台，足够的信任与尊重；情感留人，注重与人才的交流、沟通、关心、体贴、爱护、宽容。开伦集团先后引进各类专业人才约 100 名，其中博士、硕士 30 余名，人才留存率从初期的不足 30%提高到 70%以上；引进人才中有 10 多人先后走上了集团中层领导岗位或二级企业领导岗位。

（三）人才兴企，提升企业核心竞争力

开伦集团在完成自有存量资产项目开发的同时，依托人才资源，面向社会，走向市场，打出品牌，积极承接和参与社会及企业集团的楼宇经济开发项目，建成或即将开工的楼宇房产超过 10 万 m^2；曹杨路文化商业中心等得到政府的高度认同和好评；武定路商务区全部由境外设计创意公司入驻。人才兴企工作的突破，构建了开伦集团楼宇经济产业的核心竞争力，使开伦集团又一次迈过了生命周期的拐点，上升到新一轮的发展之中。

四、第三次突破:以开放促改革,以开放求发展

(一) 以全开放的机制迎接社会资本和社会资源

1. 难得一遇的市场环境和发展机遇

(1) 市场环境:各级政府对工业地块的开发利用更为紧迫,扶持力度不断加大;中心城区楼宇商务成本的日益上升带动了中端物业资源重新整合和“洗牌”,市区工业物业在上海服务经济跨越式发展浪潮中迎来新的春天。

(2) 发展机遇:一些大型企业集团对与开伦集团合作开发经营工业地块具有信心。这些集团有着良好的地块存量、资金实力和政府资源,项目的可行性和成功率普遍较高。

2. 开伦集团的选择——突破体制机制,实施开放重组

开伦集团提出资产开放、资源开放、人才开放、股权开放、经营模式开放、经营管理机制开放。只要有利于国资做大做强,有利于集团可持续发展,一切都可开放,所有资产都可重组。集团制定《项目合作经营开发模式方案》《下属企业产权多元化实施方案》《产权制度改革方案》等,全面推进国资国企的市场化开放重组。

(二) 以国资、民资、金融资本为突破发展的主动力

开伦集团与国有大企业集团合作,双方以资源资金为资本组建新公司,共同开发优质地产;开伦集团通过股权转让、增资扩股、组建合资公司等路径,集聚民营资本资源,与民营企业集团共同实施楼宇(园区)项目;开伦集团与金融机构紧密合作,以项目为基础,以资源为保障,集聚金融资金,加速楼宇开发。目前,国资、民资、金融资本成为集团发展主动力的构架已经形成。

五、突破管理是市场经济环境下企业制胜的法宝

开伦集团在变革历程中,遇到了几乎国有老企业都曾负载过的种种困难、缺陷、致命伤:机制极度滞后、债务和冗员压身、人才匮缺、资金链断裂、员工观念陈旧、企业核心竞争力灭失,可以说,它在某种意义和程度上代表或涵盖了阻碍乃至扼杀同类企业及企业群体的所有弊端,基本囊括了其普遍性和特殊性。从这一点来说,“开伦现象”值得研究。

开伦集团面对三个企业生存发展的极点(拐点),实施三次突破:产业转型,

企业注入新的生命；聚焦人才，提升核心竞争力；开放重组，集聚社会资源把产业做大做强。开伦集团的10年变革，清晰地显示出企业面对一次次环境变化，实施一次次突破及突破后企业进入更高层级发展阶段的盘旋上升的鲜明轨迹。

开伦集团“三次突破”的实践历程，从突破管理成为企业管理的主线、突破管理的战略模式、突破管理的基本要素和步骤、突破管理的核心路径，以不同的层面、不同的角度乃至整个变革的全过程，深刻地印证了突破管理理论的科学性、实践性和前瞻性。实践再一次证明：在市场经济高度发达、信息社会高度开放、科学技术高度发展的当今市场经济环境中，企业坚持以“变”应“变”，抢抓机遇，勇于和善于突破管理，就能应对各种环境变化，化危为机，提升企业内涵要素和核心竞争力，使企业立于不败之地。

突破管理是市场经济环境下企业制胜的法宝。

作者系上海开伦造纸印刷集团有限公司党委书记、副总经理、
上海卓越管理中心第26期高级职业经理人班学员

诺基亚西门子通信(上海)有限公司突破管理的实践与探索

蔡志平

在移动通信产品竞争日益加剧之时,在技术上有所创新和突破的企业将处于市场有利地位。诺基亚西门子通信(上海)有限公司在企业面临多次生存危机时,没有选择退缩,而是迎难而上。首先在诺基亚西门子网络集团合并时,充分利用浦东作为改革开放的前沿和"先行先试"的政策优势,将开展入境维修项目作为切入点,进行差异化竞争,最终成为上海第一家在保税区外可以开展"入境维修业务"的试点单位,主动破解了集团在全球入境维修上的难题,形成了第一次业务突破。同时公司在面临业务重组、原有产品被淘汰时,紧跟全球移动通信发展潮流,确 4G 基站产品为公司产业转型方向,通过一系列创新手段,消化吸收国际先进技术,实现了产业升级,推动了企业向更高一级的生命的转型,为未来打造出一片新的蓝天。

一、通信设备制造业高速发展后带来的隐忧

诺基亚西门子通信(上海)有限公司是国内第一家从事 GSM 移动通信系统的开发、制造、销售和售后服务的合资企业。公司成立于 1993 年 5 月 11 日,由诺基亚西门子(中国)有限公司、上海仪电信息(集团)有限公司、中国移动通信集团上海有限公司、电信科学技术第一研究所等四家单位共同合资建立,注册资金 1 亿欧元,厂房面积 50 000m^2,员工 900 多人。专业生产和销售无线基站设备、移动通信系统设备、数字网络设备及相关工程设计、施工、安装、开通和维护业务。

公司成立之初,恰是移动通信技术推广的起步阶段,德国西门子公司率先与中方成立合资企业,合资期 50 年,引进设备并制造移动手机、移动交换机、移动基站等设备。在 1995 年至 2004 的 10 年间,全球移动手机、移动通信终端产品增长迅猛,当时上海公司制造的西门子品牌手机和基站产销两旺,连续多年进入上海外商投资企业进出口额前十位,其中 2004 年创造出年销售额 150 亿

人民币的成绩。

随着手机市场日益饱和，竞争日趋白热化，西门子手机款式落后、功能差、成本高的弊病凸显，手机销量急剧下滑，并频现亏损。2005 年 10 月 1 日西门子集团公司作出重大战略调整，将旗下的移动手机事业部以 6 亿欧元全部出售给台湾明基公司。翌年，西门子集团公司又将下属的移动网络事业部与芬兰诺基亚的移动网络事业部合资，成立“诺基亚西门子集团公司”（简称诺西集团），指挥协调全球下属的各制造工厂。

集团公司合资后，德国西门子有意退出移动通信市场，同意合资后的产品以“诺基亚”基站为制造重点，不再开发西门子基站，就此上海公司逐渐被边缘化，失去核心制造工厂地位。

二、开展入境维修试点，尝试第一次突破

（一）比较自身优势

在诺西集团业务大整合的背景下，出现一个很大的机遇。总部决定将全球西门子基站维修工厂转移到中国，首选地点是原诺基亚苏州工厂。公司管理层当机立断，认为必须利用现有富裕的人力资源，力争把西门子基站维修业务引入上海，并对自身的优劣势情况作清晰的判断：

（1）上海公司位于浦东，离码头、机场近，享有得天独厚的地理条件和改革开放、先行先试的政策优势。

（2）拥有 1 000m^2 的维修生产线，维修工程师经验丰富。

（3）缺乏更多的专用测试夹具和配套仪器，不具备全盘接受维修的能力。

（4）上海的维修成本要略高于苏州。

（二）抓住政策机遇，开展单品牌的基站维修

2006－2008 年间，国务院先后出台了多项鼓励政策，明确浦东作为全国“综合配套改革的示范区”，进行“先行先试”，提出创建维修中心监管新模式，提升浦东地区现代服务业的产业升级。值此契机，公司管理层先后向浦东新区政府、海关、检验检疫局作了专门汇报，希望得到政策支持，同意上海公司采用保税模式来开展“入境维修”试点，缓解企业在转型过程中所遇到的困难。

由于海关总署、国家出入境检验检疫局明文规定，禁止任何旧机电产品在保税区外维修，而上海公司在保税区外，在实际操作上存在相当大的难度。经过近半年多的努力、协调，一方面，海关和检验检疫局进行充分调研，细分管理

制度。另一方面，公司也做了充分准备：①落实了岗位责任制，建立新的作业指导书；②开发了国内和国外两个维修管理平台；③划定区域，有序堆放；④设立围网式的料件仓库；⑤在"金桥公用保税仓库"租用了 $200m^2$ 的仓库。最终，在浦东新区政府的担保下，同意上海公司作为上海第一家可以在保税区之外，开展"入境维修"的试点企业。

（三）引进先进技术，保障维修能力

为了更好地适应新技术、新产品，公司又在技术装备上做进一步提升，从国外引进了先进的测试设备、测试软件。其间维修部与国内外的研发团队保持密切沟通，通过视频定期给维修人员进行技术方面的培训，提高维修能力。维修能力的提高给公司带来良好的效益，具体表现在：①劳动利用率从 60%提高到 95%；②入境维修品种大大增加。

（四）全面开展多品牌基站的入境维修

入境维修试点的成功运作，引起诺西集团高层极大轰动，实现了他们过去想做但从没成功的事。2011 年诺西集团在成功收购摩托罗拉网络后，全面突破多品牌基站的入境维修成为上海公司重要的目标。而公司也面临着新的机遇，一方面，上海政府倡导的"转型驱动、创新发展"的实践活动，为上海公司开展多品牌模块的入境维修创造了条件。另一方面，海关和检验检疫局经过几年的实践，也在思考如何将"入境维修监管"模式向纵深推进。2011 年 9 月 28 日，上海公司被海关及检验检疫局授牌，正式被确定为可以开展"全球产品入境维修"的首批试点企业。自此，维修业务上了一个新台阶，公司也因此获得了持续性的业务增长，重新稳定了上海公司的核心地位。

三、通过技术创新再次突破，实现产品升级换代

（一）移动通信设备制造陷入危机

随着数码科技和移动互联网技术飞速发展，电子产品更新越来越快。2008 年又受金融危机的影响，全球通信行业投资萎缩，需求放缓。自从诺西集团在确立诺基亚基站后，上海公司的西门子基站产量日渐萎缩，各地电信运营商的西门子基站设备被其他公司的产品替代。导致的后果是上海公司的产品滞销，年销售额逐年下滑，从 2006 年 36 亿的销售额下降到 2009 年的 16 亿，累计下降了 55%。

（二）确立目标，引进技术

在危机来临时，公司决定进行产业转型，调整产品结构，把攻克4G技术作为公司首要任务。投入1.3亿人民币，引进国际最新设备和先进制造工艺，开始设计、开发4G核心模块并制定了产业化目标。4G基站采用全球最高端的第四代移动通信技术，具有高速率、高容量、高带宽等特点，尤其能满足多媒体技术对图像、音乐、视频、电话会议、电子商务等信息的快速处理。

（三）建立运行保障机制和创新机制

为了筹措资金，公司决定开源节流，说服股东支持企业投入资金向4G技术的转型。在此基础上，通过冻结2年股东分红和出售原手机部制造大楼这两个渠道，实现了资金上的突破。

在技术创新过程中，充分尊重人才的核心地位，为此公司特别强调“人尽其才”原则，注重：①专业对口，有5年以上的工作经验。②个人技术上和管理能力上有扩展的空间。③有团队精神，曾经参与有较难项目的技术攻关。④分阶段参加3个月的国外技术培训。⑤将项目执行与KPI考核作为个人年末调整工资和级别提升的一项重要指标。由于公司拥有大量的人才资源，通过任命项目负责人，既锻炼了才干，也为公司攻克4G生产工艺和技术难关上发挥了积极作用。

在实践过程中，公司又创建了以下几方面的运行机制：

(1) 组织制度创新：采用新的“扁平化结构”进行项目管理，实行跨职能部门合作，打破了西门子的“塔式”管理架构，提高了效率和快速反应能力。

(2) 管理机制创新：建立岗位负责人制，实行KPI指标考核；强调团队合作，推行精益化生产，降低生产成本；倡导3i长效管理，开展群众性创新活动，从而提高岗位工作质量和工作效率。

(3) 生产方式机制创新：测试平台的软、硬件标准化，避免多规格、多品种所造成的软硬件指标混乱情况；用模块式搭建流水线，方便调节，增加灵活性；广泛运用工业机器人，彻底摆脱了传统的手控作业的低精度、低效率、低稳定度；采用信息化管理，实时对产线的效率、质量进行分析与反馈，实现自动纠错。

（四）淘汰落后，实现产品升级换代

在确定将4G技术作为企业生命的突破口时，公司管理层及时地对现有产品重新定位，逐步转移微利的、成熟度高的产品，并做出以下调整：

(1) 转移光通信传输设备、微波通信产品、以太网交换机产品等。

(2) 提前参与研发中心的项目试制，成为集团公司新品试制基地。

(3) 顺利导入移动宽带新品制造，形成批量生产。

通过一系列的技术改造和创新，目前元器件贴装能力从原先的0402尺寸升级到0201尺寸，贴片数量从每周2 500万片提升到4 000万片。从年产8通道射频模块7 000个到目前年产46 000个，满足了日益增长的4G基站的产量需求。

公司还利用已掌握的4G生产技术，配合诺西集团下属的中国区研发中心在移动宽带系列产品的制造、原型生产、批量生产提供服务，积极导入新品，全面实现了产品结构调整和升级换代。

四、技术上的领先取得显著效益

上海公司将4G基站和移动宽带技术作为企业生命的突破口，由此产生了良好的效益。公司销售额自2009年以后，每年都保持递增，特别在2012年对4G基站生产线技术改造后，销售额连续几年保持快速增长。其中2013年达到24.03亿元人民币，同比增长38%，出口额完成1.38亿美元，同比增长60%；2014年销售额达到27.39亿元人民币，同比增长14%，出口额完成1.8亿美元，同比增长30%。自此企业顺利度过危机，再次创造了可持续发展的空间。

上海公司要获得未来的产业增长，必须迎合诺西集团的远期战略目标。因此在诺西集团扩大中国区研发中心规模时，上海公司凭借设备先进性优势，通过积极争取获得了中国区唯一的“中试基地”和新品导入工厂的地位。配合中国区研发中心推出的新产品，进行批量生产和过程评估。尽管研发新品的中试过程非常繁琐，占用人力物力，成本高。但是也创造了有利条件，一是掌握了新产品生产的主动权，二是培养了队伍，为未来产品升级换代做了技术准备。

五、企业未来的发展方向和展望

人类已进入第三次工业革命的时代，信息技术和移动互联网将引领通信产业向更高级转化，以4G为代表的无线移动宽带通信技术，把移动互联网的应用和服务体验带入到新阶段，影响着人类的社会活动。

目前，中国移动、中国联通、中国电信等电信运营商已纷纷投入巨资进行4G商用网建设，诺西集图的战略将把重点放在创新产品以及向电信运营商提供不断增长的无线数据流量所需的管理服务上，同时上海公司正在加大研发投入，未雨绸缪，推动4G向5G通信的深度发展，以适应互联网＋时代对移动智能和大数据处理的要求，为本公司的产业升级和未来的市场带来巨大的发展空间。

作者系诺基亚西门子通信(上海)有限公司进出口部经理、
上海卓越管理中心第29期高级职业经理人班学员

抓机遇　抢市场
——企业突破管理焕发生机

高和霞

监理行业是一个特殊的新兴工程建设咨询服务行业，属于现代服务业，具有人才密集型和技术密集型的特点，也是我国推行工程建设监理制度后兴起的一种新型企业，迄今为止发展已有20余年。

一、公司成立背景

上海市工程设备监理公司经历20年的发展，目前具有工程设备监理甲级资质和房屋建筑工程监理甲级资质，同时具有机电安装工程监理乙级资质、市政公用工程监理乙级资质和人民防空工程监理丙级资质，并通过ISO9 000质量体系认证。公司业务主要涵盖土建和设备工程的监理、咨询和项目管理三大板块。

本文首先探讨了突破管理的实质。根据企业发展过程中所面临的监理资质低、业务单一狭窄的困境，结合企业实际状况，运用突破管理理论于本企业的管理实践。通过对内、外部影响因素的战略分析，逐步变被动突破为主动突破，有机结合系统理论分析与感性管理实践，实现企业管理突破创新发展，促进企业良性循环及和谐发展。

二、突破管理在监理公司发展的应用

（一）制约企业发展的主要因素分析

企业要在市场经济条件下生存，就必须快速适应环境的变化，踏准时代发展的节拍，才能立于不败之地。

1. 外部环境复杂

监理参与工程建设涉及项目准备、设计、施工和竣工验收整个全过程的三控二管一协调 ＋ 安全管理，但目前受我国行政管理体制、投资体制等影响，监理企业只局限于对施工过程进行质量和安全管理。

建设市场条块分割，保护主义倾向严重。招投标行为不规范，走形式。收费低、人均产值低。责任大、风险大，安全管理加到监理身上，造成责、权、利不对等。

随着改革开放，经济建设和发展的突飞猛进，工程建设领域的蓬勃发展，上海监理行业的发展势头迅猛，企业也如雨后春笋般涌现。

虽然国家有明确的监理行业服务计费规定，但市场竞争环境日益激烈，企业始终处于劣势。除资质等级原因外，低价竞争也制约企业的更好更快发展。

2. 人才技术匮乏

人才是监理企业发展的基石和核心，监理工程师是企业赖以生存的重要资源。

10 多年来，公司拥有国家注册监理工程师仅 10 余名，严重阻碍公司发展进程。企业从业人员大多专业单一，知识面窄，服务意识淡薄，综合素质有待加强。此外，公司业绩一直止步不前，营业额从未超过五、六百万，而起步较晚的同行这些年来都取得长足的发展。逆水行舟，不进则退，企业效益不佳，人才流失严重。

3. 注册资金不足

由于公司多年来的发展一直止步不前，资金积累严重不足，无法满足甲级资质注册资金要求，制约企业发展。因此，寻求资金注入是解决资质问题的关键。

4. 机制陈旧

公司在机制上尚未达到现代企业所要求的管理机制，诸如企业管理制度、经营制度与市场不相适应，各种激励机制不健全，企业内部各层次存在错位，各层次之间、各岗位之间职能相互混淆等问题。对企业的发展有一定影响，但尚未构成影响企业发展的决定性因素。

5. 经营者不稳定

企业领导的频繁更换，对企业的发展也有着直接影响，但不是影响企业发展的关键因素。

（二）制定战略目标

企业高层领导详细分析影响企业经营发展的内、外部环境，明确阻碍公司发展的决定性因素：一是制约公司发展的瓶颈是监理资质问题；二是工程监理业务范围窄，单纯的工程监理业务已无法满足公司日益增长的发展需求。

1. 打破瓶颈，提升企业资质，寻求突破

工程建设监理市场竞争日益激烈，公司发展受资质等级限制难以有进一步的提升。在监理资质的制约上寻求突破，增强企业市场竞争力，营造良好的发展空间，是公司突破战略的重要决策之一。

2. 打破僵局，突破业务框架，拓展轨道交通综合联调咨询领域

城市轨道交通“十一五”期间开始爆发式增长。成都地铁集团对整个工程进度计划和复杂的机电系统联调立项招咨询标。该联调咨询项目的获得，有利于公司新业务的拓展，为公司突破发展带来希望。因此，承揽成都轨道交通综合联调咨询项目成为公司突破战略的重要决策之二。

（三）制定实现战略目标的对策

1. 整合资源，群策群力，实现企业资质提升战略

企业资质升级需要资金、国家注册监理工程师等必要条件。为确保目标实现，公司成立了资质升级小组，领导专职负责，各部门共同参与，并抽调专门人员分工专职办理。

1）争取上级单位支持，解决注册资金

监理企业房屋建筑甲级资质需注册资金 300 万元，国家设备监理甲级资质需注册资金 500 万元。实际需要注册资金 500 万元。由于公司自有资金不足，向上级集团公司提交关于企业资质提升突破发展的战略决策，得到集团公司的肯定和支持，并获得相应的注资资金，满足企业资质升级注册必要条件。

2）多管齐下，培养与引进相结合，完成注册人力资源贮备

建立人才培养和激励机制：注重人才的发掘和培养，鼓励符合条件的员工考取注册资质，并就考证培训资金和取证后的薪资待遇等方面采取激励制度，以此增加注册资质人员数。

建立科学、公平、公正的人力资源机制：引进符合企业发展要求的注册监理工程师人才，实施员工推荐激励、招聘激励措施，采取网上发布和现场招聘相结合的人才引进方式，为公司资质的升级贮备必要的人力资源。

经过 5 年的战略实施，企业成功取得房屋建筑甲级资质和国家级设备监理甲级资质。

2. 把握机遇，拓展轨道交通综合联调咨询业务

国内缺少能够胜任各专业联合调试、拥有成熟技术的地铁咨询公司。上海市工程设备监理有限公司自建立以来，所承接的项目一直局限于工程施工监理。成都轨道交通综合联调咨询项目的承接对公司来说，既是机遇也是挑战。

1）以市场为导向，摆脱生存危机

当国内众多城市因交通发展需要，纷纷建设地铁时，寻找的合作伙伴必定是有成功咨询、监理、项目管理经验的单位。公司必须迈出关键一步，抓住机遇，抢占轨交咨询业务先机，为公司突破发展赢得新的业务领域。

2）引进合作，培育市场

由于公司尚无全线路联调工作的成熟经验。为此，与上海申通集团合作，成立地铁建设咨询联合体，形成强强联合的工作团队，促成成都地铁咨询项目合同签订。在服务过程中，联合体所提供的咨询服务成果及水平得到客户方的赞赏和感谢。此外，通过项目的实施，大大提高工程设备监理公司在工程设备监理行业的知名度和可信度，加强公司在业务领域的业绩表现、技术背景和市场竞争力，为企业今后武汉、宁波等地区的业务承接奠定扎实基础。

3）技术积累，勇于挑战

咨询项目对企业的服务能级提出更高层次的要求。咨询单位既是客户的顾问、参谋，又是教科书、字典。要求企业在人员资质、知识面、经验、技术水平等拥有较高的综合素质。如何提供高质量的轨道交通机电联调咨询业务，是公司在前进道路上的一个难点和挑战，也是一个技术积累的良机。

一套完整的项目管理资料对监理咨询项目管理工作至关重要。在成都项目的实施过程中，公司收集大量轨道交通机电联调咨询管理资料，为业务发展积累丰富的实战经验，为企业发展增加技术储备和业绩，实现从监理到咨询、项目管理的质的飞跃。

三、突破管理为公司带来的发展机遇和业绩提升

（一）突破企业资质瓶颈，监理业务规模扩大

2010 年公司取得建设部房屋建筑甲级资质后，打破原先制约承接项目的种种约束。工程承包规模从二级工程的承揽提高到一级工程，服务面涵盖所有公共建筑、厂房以及住宅工程。近 3 年完成的项目种类主要有：医药厂房、大跨度的重型钢结构厂房等。2011 年，工民建项目的监理费收入首次突破千万元大关。

（二）突破传统业务范围，开拓新型市场

成都地铁 1 号线咨询项目一炮打响后，公司在全国大中型城市轨道交通综合联调项目中已占有一席之地。借助上海申通地铁的技术平台，为咨询项目提供强大的专业技术支持。近两年陆续承接昆明地铁 1 号线、宁波地铁 1 号线和郑州地铁 1 号线的综合联调咨询业务。咨询业务不断扩张，品牌形象不断提升，培养一支高水平、专业化队伍，并在业界获得很高的荣誉和评价。

（三）突破原有管理模式，经济效益提高

突破传统国有企业管理模式，以制度化管理为基础，融入温情化管理，实施现代企业管理模式。坚持以人为本，打造和谐学习型企业，充分调动职工的内在积极性，保持队伍稳定，促进企业发展良性循环。企业要不断获取新知识，以新知识推动行为优化，以行为优化获得最优绩效。努力找到最合适自己企业实际的管理模式后，充分调动广大员工的积极性和创造性，促进企业利润最大化实现，推动企业持续健康和谐发展。

四、启示和展望

20年的发展历程为监理公司奠定良好的基础，公司资质等级不断地突破，实现业务领域从项目的专项监理向项目管理和工程技术咨询成功转型突破。但公司必须清醒地认识到企业必须抓住机遇、继往开来、迎接挑战，在外部条件具备时，利用先进的管理理念实现更大的价值。

（一）坚持以人为本，打造领军人物

项目总监就是监理项目的领军人物。企业项目总监人才储备的情况决定企业在行业中的发展和市场竞争中的地位。针对企业特性，结合实际情况，采用"快慢结合"的人才引进培养模式。"快"是根据企业发展需要，社会招聘专业化人才，但以这种方式招聘进企业的人才通常具有报酬高、周期短、不稳定等特点。"慢"是企业自行培养青年员工，通过制定适合的职业规划，阶梯式培养青年员工成长、发展，真正做到"适才就位，储才待位"，确保人才队伍的稳定。

（二）坚持与时俱进，不断寻求新的突破点

当今我国经济飞速发展。"以变应变"是企业在发展中求生存、在发展中求突破永恒不变的主题。当企业业务中的重要因素产生10X急剧变化时，企业需要实施突破管理。突破管理就是要寻找适合企业发展的新市场，培育新的热点和增长点。同时积极塑造企业精神，保持企业持久活力，寻求量变到质变的突破，推动企业获得长足的发展。

作者系上海市工程设备监理有限公司市场部经理、
上海卓越管理中心第32期高级职业经理人班学员

创新发展

创新发展的中国(上海)自由贸易试验区

谭京华

经过30多年的改革开放，中国已经进入对内改革和对外开放的深水区。2013年，中央政府决定设立中国(上海)自由贸易试验区(以下简称“上海自贸试验区”)，以扩大对外开放为手段，注重制度创新，进一步实现对内的深化改革。通过试验，为中国未来的发展，提供可复制、可推广的新途径、新经验。

本文根据上海自贸试验区的总体规划及前期的运作实践，分析上海自贸试验区的创新发展之路，总结阶段性成功策略和实现路径，提出进一步发展的建议。

一、中国(上海)自由贸易试验区创新发展历程

2013年9月29日，中国(上海)自由贸易试验区正式挂牌成立。当时的上海自贸试验区总面积28.78平方公里，范围涵盖上海外高桥保税区、外高桥保税物流园区、洋山保税港区和上海浦东机场综合保税区等4个海关特殊监管区域。

建立上海自贸试验区，是新一届中央政府的重大决策，是中国顺应全球经贸发展新趋势，实施更加积极主动对外开放战略的一项重大举措。上海自贸试验区承担了为全面深化改革和扩大开放探索新途径、积累新经验的历史使命。

上海自贸试验区总体目标，是经过2至3年的改革试验，加快转变政府职能，积极推进服务业扩大开放和外商投资管理体制改革，大力发展总部经济和新型贸易业态，加快探索资本项目可兑换和金融服务业全面开放，探索建立货物状态分类监管模式，努力形成促进投资和创新的政策支持体系，着力培育国际化和法治化的营商环境，力争建设成为具有国际水准的投资贸易便利、货币兑换自由、监管高效便捷、法制环境规范的自由贸易试验区，为我国扩大开放和深化改革探索新思路和新途径，更好地为全国服务。

在管理体制上，上海自贸试验区主要分三级管理。

国务院统筹领导中国(上海)自由贸易试验区建设。

上海市成立中国(上海)自由贸易试验区推进工作领导小组。领导小组下设办公室。上海自贸试验区推进工作领导小组及办公室负责组织实施,完善工作机制,落实工作责任,形成可操作的具体计划,推进实施,在推进过程中认真研究新情况、解决新问题,重大问题及时向国务院请示报告。

中国(上海)自由贸易试验区管理委员会作为上海市人民政府派出机构,负责上海自贸试验区范围内相关改革试点任务和行政事务。

经过近两年的运作,上海自贸试验区取得了重要阶段性成果。在政府职能转变方面,上海自贸试验区以政府监管信息共享和诚信体系建设为抓手,建设公平、透明、协作、高效的市场监管环境,并率先推出了政府管理的数据清单和行为清单。2015 年 4 月 8 日,国务院批准《进一步深化中国(上海)自由贸易试验区改革开放方案》,扩展了上海自贸试验区的实施范围,扩区后的面积为120.72平方公里,涵盖上海外高桥保税区、上海外高桥保税物流园区、洋山保税港区、上海浦东机场综合保税区 4 个海关特殊监管区域(28.78 平方公里)以及陆家嘴金融片区(34.26 平方公里)、金桥开发片区(20.48 平方公里)、张江高科技片区(37.2 平方公里)。

国务院要求上海自贸试验区继续当好改革开放排头兵、创新发展先行者,继续以制度创新为核心,贯彻长江经济带发展等国家战略,在构建开放型经济新体制、探索区域经济合作新模式、建设法治化营商环境等方面,率先挖掘改革潜力,破解改革难题。

扩区后,上海自贸试验区完成了管委会的体制调整。除原来市级层面的上海自贸试验区推进工作领导小组及其办公室职能保持不变外,在浦东新区层面,上海自贸试验区管委会与浦东新区政府合署办公,管委会内设 3 个职能局,其他有关行政职能由浦东新区政府相关部门对应承接;同时设置了 5 个区域管理局。在新扩区域全面推行负面清单管理模式,落实扩大开放领域措施。继续推进贸易管理制度改革、金融开放创新和政府职能转变等。

二、中国(上海)自由贸易试验区发展战略

自 20 世纪 90 年代的浦东开发开放开始,上海就一直被国家看成是改革开放的成功典范,赋予了改革开放排头兵和先行者的角色。这是上海的光荣和骄傲,也是上海的幸运,能够始终走在改革开放的最前沿,承担国家战略和历史责任。上海积累了丰富的改革开放的经验、勇气和智慧,同时培养、锻炼和吸引了一大批成功人士,为上海进一步成长与发展奠定了人才基础。

在国际和国内经济形势发生重大变化的时候,根据上海自贸试验区的目标

和任务，本文归纳提出五个上海自贸试验区发展战略。

（一）创新战略

中国（上海）自由贸易试验区建设努力聚焦制度创新，瞄准重点领域和关键环节，实施重点突破。善于应用已有的法律优势、区位优势和政策优势，积极开展改革创新活动。自我革命，率先创新。制度创新主要体现在政府机构设置、投资管理、贸易监管、金融创新以及事中和事后监管等方面。

《中国（上海）自由贸易试验区条例》明确规定：充分激发市场主体活力，法律、法规、规章未禁止的事项，鼓励公民、法人和其他组织在自贸试验区积极开展改革创新活动。

上海自贸试验区管理委员会从机构设立之初，政府就带头机构改革创新。创新设立了综合监管和执法局、财政和金融服务局，瞄准政府职能的高效、透明、服务，注重协同、协作、协调和落实试验区制度创新。

（二）循序渐进战略

改革开放是一个渐进探索和逐步完善的过程，许多先行先试的管理模式必须依照循序渐进的战略，在实践中不断调整和完善。例如，负面清单实行动态管理模式，随着改革的深入，不断调整和完善。2013 年，上海市政府首次推出市场准入负面清单管理模式，引起高度关注。2014 年 6 月，上海更新发布了 2014 年负面清单。2015 年 4 月 20 日，国务院印发了新版负面清单。

（三）突破战略

上海自贸试验区以制度创新为核心，不断突破外部极限和内部极限。上海自贸试验区从起步之初，就高度重视法制建设，注重依法行政，许多先行先试的管理模式，特别是对外商投资管理方式的根本转变，甚至突破了我国外资管理法律、行政法规和国务院文件的有关规定。2013 年国家层面已暂时调整了 3 部法律、15 部行政法规、3 部国务院文件等的有关规定，为自贸试验区建设提供了有力的法制保障。

（四）可复制、可推广战略

上海自贸试验区肩负为中国扩大开放和深化改革探索新思路和新途径，更好地为全国服务的历史使命。在探索和突破的过程中，始终牢记国家战略，努力实现可复制、可推广。积极推动上海自贸试验区法制化和国际化建设，并在面向全球经济一体化和参与国际竞争合作等方面加强探索。2014 年 12 月 21

日,国发〔2014〕65 号文《国务院关于推广中国(上海)自由贸易试验区可复制改革试点经验的通知》指出,上海自贸试验区成立一年多来,形成了一批可复制、可推广的改革创新成果。经党中央、国务院批准,上海自贸试验区的可复制改革试点经验将在全国范围内推广。

(五) 集中优势战略

上海自贸试验区在建设过程中,充分发挥上海的优势,“海纳百川、追求卓越、开明睿智、大气谦和”。上海市委、市政府在设立上海自贸试验区推进领导小组及办公室和上海自贸试验区管理委员会,安排各区县对接上海自贸试验区等各项工作中,充分发挥了政府集中优势力量办大事的战略,调动各类人才,全力推进国际化、法制化、市场化建设,保证上海自贸试验区人才需要。

三、中国(上海)自由贸易试验区战略路径

中国(上海)自由贸易试验区战略路径十分明晰。

(一) 顶层设计,自上而下

20 世纪 80 年代,改革开放的总设计师邓小平在“南海边画了一个圈”,圈出了深圳特区,奠定了中国改革开放的基础。2013 年习近平总书记、李克强总理在“东海边画了一个圈”,圈出了中国(上海)自由贸易试验区,开垦了一块全面深化改革的试验田。

(二) 由下而上,打出王牌

上海积极、主动承担国家战略。上海市政府自浦东开发开放以来,始终是中国改革开放的排头兵。用勇气和智慧,主动承担多项国家重点项目和国家战略。早在 2011 年,上海市政府就曾向国家有关部门提出了在上海综合保税区设立自由贸易园区的申请。2013 年 1 月,上海市政府在《上海市推进国际贸易中心建设条例》中,明确提出要在上海“探索建立符合国际惯例的自由贸易园区”。上海抓住了建设中国大陆第一个自由贸易试验区的机会,实现了上有所呼,下有所应,勇挑重担,继续当好全国改革开放排头兵和科学发展先行者,在新一届政府元年就启动了上海自贸试验区建设。

(三) 制度创新,于法有据,依法办事

中央政府从自身做起,率先垂范。国务院提请全国人大常委会审议关于授

权国务院在中国(上海)自由贸易试验区等国务院决定的试验区域内暂停实施外资、中外合资、中外合作企业设立及变更审批等有关法律规定。提请人大常委会授权在特定区域暂停部分法律,这是创新之举。全国人大常委会很快审议并通过了相关的授权,足见顶层设计的决心之大。

上海市人大常委会通过《中国(上海)自由贸易试验区条例》,从法律层面上大力支持和保障自由贸易试验区建设。

(四)扩大开放,重在改革

以开放促改革,开放是手段,改革是目的,重点是促进政府调整管理机构、转变管理模式和改进管理流程,实现"精兵简政"。在现代市场经济环境下,建立和谐、高效、公开、公正、透明的政府和市场,让政府有形之手和市场无形之手,有机、高效、和谐地发挥作用,两手都要硬。

四、中国(上海)自由贸易试验区发展建议

(一)创新机构设置

上海自贸试验区是中国第一个自贸试验区,无先例可循,无经验可借鉴。打破常规,创新设立符合上海自贸试验区发展的机构,突破人员、编制、级别的限制,采取灵活的用人制度,至关重要。

(二)差异化竞争

上海自贸试验区试验成功的创新成果大部分是可复制、可推广的,实现了国家战略。在试验过程中,还需要在重视发挥上海已有优势的同时,研究如何建立上海的差异化本地竞争优势。

(三)风险意识

上海自贸试验区制度创新,难度大、涉及面广、影响深刻,改革开放力度、广度、深度都前所未有。深层次改革开放的过程中,充满各种风险。因此,加快建设上海自贸试验区综合监管系统,落实风险防范机制,协调各相关部门的数据与资料的共享,实现科学、高效、便捷和全面的事中、事后监管,刻不容缓。这也是上海自贸试验区改革成败的重要试金石。要在综合监管模式、反垄断审查、安全审查、知识产权保护、诚信体系建设、社会力量参与和综合执法等方面,努力打造能适应国家开放型经济发展需要的,符合法治化、国际化和市场化要求

的一整套管理制度和体系，及时风险预警，防范和避免系统性、区域性的风险。

（四）领先意识

上海自贸试验区的长远目标，是努力参与国际市场新规则的制定，而不仅仅是与国际规则接轨。上海自贸区必须保持高度敏感，及时应对有策，在全球贸易格局和规则的演变过程中，始终立于主动领先地位。

（五）国际竞争和合作

上海自贸试验区从成立之初，就面临国内和国外两个方面的竞争。必须适应竞争环境，既要具备独特的国际竞争力，也要具备中国特色的竞争优势。

国内方面，与中国（天津）自由贸易试验区、中国（福建）自由贸易试验区和中国（广东）自由贸易试验区形成引领国际经济合作和竞争的开放区域，培育带动区域发展的开放高地。引进来和走出去更好结合，促进国际国内要素有序自由流动、资源高效配置、市场深度融合，加快培育参与和引领国际经济合作竞争新优势，以开放促改革。

国际上，与国外自由贸易区竞争。探索形成具有国际竞争力的发展制度和运作模式。打造与上海四个中心建设的联动机制。推进上海成为世界级的经济、金融、贸易、航运中心，具备国际竞争力。

（六）文化中心和人才中心

上海不可替代的、领先战略就是抓紧文化中心和人才中心建设。在继续推进四个中心建设基础上，积极着手培育、聚焦文化中心和人才中心建设。文化中心、人才中心建设是上海服务业对外扩大开放，对内引领未来的重要方面，也是未来上海服务业的一个重要抓手，宜尽早布局。

（七）人才培训平台

探索建立上海自贸试验区中外合作人才培训平台建设，建立由政府主导，企业、高校、科研、中外机构等参与的职业人才培训基地和平台，为全国深化改革、扩大开放，培养合格的人才。重点培养既有国际视野，又了解中国国情，同时有现代理念，有实际操作能力，能够适合在国际化、法制化、市场化的营商环境下工作、创新的人才。

作为深化改革和扩大开放的排头兵和先行者，经过 2 年的建设，上海自贸试验区实现了预期的阶段性目标，取得了举世瞩目的成绩，得到了习近平总书记、李克强总理的充分肯定。

深化改革和扩大开放是一项系统性工程。上海必须具有进一步破解难题的胆量和心理准备。抓紧布局研究，为上海自贸试验区储备必要的政策、空间、人才。为稳增长、促改革、调结构、惠民生，为深化改革、加大对外开放、政府职能转变、经济转型发展，赢得必要的时间和空间。

作者系中国(上海)自由贸易试验区管理委员会
保税区管理局综合监管和执法处处长、
上海卓越管理中心第35期高级职业经理人班学员

关于国际邮轮经营模式的创新实践与探索

彭海斌

以中国上海作为母港的国际邮轮业务从 2008 年运营至 2013 年，航次和接待人数以每年两位数增长。上海具有发展和销售邮轮产品的独特优势，当前上海市政府正在大力推进邮轮经济的发展，为上海国际邮轮旅游的快速发展提供良好的提供条件和机遇。

2009 年公司陆续尝试与上海最早一批开展邮轮业务的公司进行邮轮产品分销合作。2012 年开始涉足包船业务和大切舱的销售，积极推动公司可持续协调发展，努力成为邮轮产品优秀供应商，思考及探索公司国际邮轮经营模式的营销创新和转型突破。

一、研究背景和市场分析

（一）研究背景

邮轮业是一个庞大、具有潜力的行业。据 CLIA 报告，2010 年北美国际邮轮游客达到 1 110 万，占总人口 3%；欧盟国际邮轮游客 390 万，占总人口 1%；从 1980—2010 年平均乘客增长率达到 7.5%。上海邮轮转型始于 2008—2009 年。2008 年前，上海接待诸多国外邮轮的访问停靠，苏州号、鉴真号作为客货两用邮轮往返于中国和日本。2008 年起，丽星、哥诗达等邮轮公司陆续进入上海，揭开国际邮轮正式进入中国市场的大幕。据悉，2012 年吴淞口国际邮轮港接靠邮轮 60 艘次，接待游客 28.4 万人次；2013 年全年接靠邮轮 127 艘次，接待游客 62 万人次，接待出入境游客已占上海的 80%以上，占全国的 50%；2014 年全年将接靠邮轮将达 217 艘次，预计接待游客约 110 万人次，超过新加坡成为亚洲最大的邮轮母港。

（二）市场分析

近几年，国际邮轮在中国大陆的航次和接待人数始终保持两位数增长。

2013年，中国母港航线的运力增长率超过100%。为加快推动我国邮轮产业发展，交通运输部于2014年3月发布《关于促进我国邮轮运输业持续健康发展的指导意见》。业内人士认为，这将对我国邮轮产业的发展产生积极的作用。2014—2015年，皇家、歌诗达、公主、天海和海航5家邮轮公司的6艘邮轮在上海运营母港航线，共计220艘次。交通运输部预计，2020年中国邮轮旅客数量将达450万人次，成为亚太地区最大、最具有活力的邮轮市场。皇家加勒比公司宣布年内将在中国市场配置3艘大吨位邮轮，最新豪华邮轮"海洋量子号"将于2015年夏季在上海开设全年亚洲航线。目前，歌诗达公司在原有维多利亚号的基础上新增大西洋号，并于2015在中国市场启用旗舰塞琳娜号。2014年公主邮轮和天海邮轮声势浩大地进入中国市场，瞄准日益形成的中国高端邮轮市场需求。

以上海为母港的各邮轮公司的艘次和出港人次数据喜人，船公司开始盈利，旅行社也纷纷依托邮轮销售而赚钱，各地政府也加大对邮轮产业的投入，这的确是母港邮轮起步7年多来市场培育的结果。虽然市场火爆，但大部分参与者对这个产业的理解程度还不够。为此，本人想结合公司实际情况，进一步分析和探索公司在邮轮业发展中的产品设计和销售。

二、公司国际邮轮经营的情况

（一）公司国际邮轮经营的成果和业绩

经过8年左右的发展，公司的邮轮销售体系已基本形成以旅行社包船为主，船公司散卖为辅的模式。在中国特殊的市场和政策环境下，旅行社包船在很大程度上促进市场的活跃度，也推动船公司加快部署中国母港的步伐。2012年公司实现大型邮轮包船的航线和操作的零突破，并基本掌握分销系统和操作系统。当年企业邮轮载客数就突破9 000人次，为公司2013年的包船业务打下坚实基础。2013年，企业邮轮销售达到12 000多人次，进一步完善邮轮产品项目的开发和收售操作。先后与哥诗达邮轮、丽星邮轮积极开展合作，顺利完成维多利亚号、双子星号的包船工作。对皇家加勒比旗下的哥诗达系列邮轮进行大切舱销售。连续两年被韩国观光公社评为韩国邮轮优秀组团社，并且获得2012年韩国丽水世博会和2013年韩国丽水花博会组团第一名的荣誉称号。

（二）公司国际邮轮在经营中的主要问题及分析

2014年1～6月，邮轮市场的销售情况扑朔迷离，以往的畅销产品销售量逐步萎缩。各包船旅行社纷纷通过跳水降价的手段开展产品促销活动。此外,邮轮的价格也一落千丈,企业甚至亏本销售。公司分析其中的部分原因,主要有以下几点:

2012 年前各大邮轮公司只在 4 到 11 月在上海开展业务,2014 年开始全年在上海停留出港。客观造成航次密度大大增加。

2012 年前在上海只有皇家和歌诗达 2 艘船,2014 年共有 6 艘。2015 年将有更多的邮轮加入,邮轮产品间的竞争度加剧。

东北亚航线较为单一,是世界上邮轮产品中冷航线。目前中国市场上所有航线(除台湾航线少量)均以日韩航线为主。

岸上旅游产品内容单一、缺乏新意,并且停留时间少,游客在岸上的体验较差。企业若想盈利,只有通过降低岸上旅游的品质来实现。因此,游客大多不满意岸上游线路和产品。

邮轮公司大肆向外宣传包船业务供不应求的假象,促使一些毫无包船经验的旅行社盲目跟进,损失巨大。

2012 年前国际邮轮只有从上海母港出发的班次,现在则新增天津、厦门和三亚出发口岸,分流北方和南方的市场客源。

市场客流由 10 万左右的稳定市场到 57 万左右的船位待售,再到 100 万的目标任务。邮轮公司过分盲目乐观于市场的需求预测。

包船费从 2012 年每人每天 125～140 美元增加至 2014 年的 140～170 美元,邮轮小费也随之增加,包船价增加 10%,邮轮成本在不断地增加。但是服务和产品水平却没有因此而跟上,若遇到不可抗力的情况,大部分责任与赔偿由旅行社承担。

航次密度的增加,包船费用(一艘船全包价 800 万到 1 000 多万)的压力促使一些没有销售经验的旅行社提前 2 个月以上开始恐慌性抛盘(实际上国内邮轮最佳销售期是 1 个半月到 20 天以内),造成其他邮轮航次的价格下跌。

2015 年陆续进入中国市场的歌诗达旗舰赛琳娜号和皇家量子号,载客量分别超过 3 500 人次和 4 000 人次,对市场的需求形成巨大冲击。2014 年丽星邮轮宣布退出上海母港市场竞争,转而将香港作为母港市场,预示上海邮轮市场竞争已日趋饱和。

三、公司国际邮轮经营模式的创新

(一) 公司国际邮轮经营的战略目标

公司发展的目标是成为邮轮销售的优秀供应商和批发商,主要从以下五方面开展经营模式的创新：

市场：以上海市场为基础，面向长三角地区，实行横向及纵向深推广。

渠道：大力发展电子商务平台和手机预订平台。

产品：以东北亚产品为主，东南亚、北美和欧洲产品为辅。

规模：大力开发邮轮线路及产品，力求成为长三角最大批发商。

技能：提高自主开发产品能力的技能，力争主动引导市场价格。

（二）公司国际邮轮经营的营销战略思路

与欧美成熟邮轮市场相比，中国邮轮旅游市场淡旺季差异巨大、提前销售期时间短、年轻人带薪假期少、老年人主动出游意愿低等，不利于邮轮产品的提前销售。

公司认为要真正做大邮轮市场的销售工作，迫在眉睫的工作就是要最大程度上扩大销售渠道，打开市场需求与产品供应之间的瓶颈。最直接有效的方式是与邮轮公司协商并明确邮轮船票的“票务代理”的性质，推动更多邮轮二级代理商加入。作为各类船票的销售终端，最大化发挥二级代理商客户资源的优势。而公司作为批发商主要提供岸上组团服务供应，包括包船和大规模切舱，起到整合资源的作用。

（三）公司国际邮轮经营的营销特色创新

相关数据显示，2/3 以上邮轮旅游客源均来自于消费能力较强的北京和上海等一线城市。从天津母港出发的夏季邮轮以京津两地游客居多；从上海母港出发的以上海和江浙两省游客居多。而 2016 年邮轮的消费人群向内陆城市延伸，有来自河北、山西、山东的游客，也有来自于除了江浙沪之外的华东地区二、三线城市消费能力较强的家庭，人数呈现逐渐上升的趋势。鉴于中国游客更注重邮轮旅游的岸上形成，公司在认真仔细分析中国消费者需求倾向后，定在推广邮轮游产品过程中，更注重岸上行程的设计与安排。

随着飞机搭配邮轮的旅游产品不断涌现，主题式宣传也成为旅行社推广邮轮旅游的主要方式，家庭游、蜜月游约占邮轮游主题宣传比 80%以上。为此，积极发展公司在海外市场的邮轮线路，如东南亚线、北美线、地中海线、爱琴海线、加勒比海线及比欧线等，并配合同行区域市场在本地区市场推广、营销和销售工作。

（四）公司国际邮轮经营的产品分析和策划

我国邮轮的销售模式与全球其他地区销售模式有所不同，主要以旅行社包船为主。邮轮公司在华包船业务蓬勃，但近几年逐渐减少在华邮轮市场的宣传推广（渠道、品牌、理念、产品等）的人力及物力投入，造成旅行社单方销售压力的增加，个别邮轮公司和旅行社倾销船票，引起航线产品价格紊乱，影响邮轮产品形象与市场定位。中国邮轮游客的消费主要集中在邮轮公司业务外包的免税店、赌场。在这些消费项目中，轮船公司盈利甚微，决定在中国市场制定高于全球其他市场的船票价格。各大国际邮轮公司争相进入中国市场，在拉动中国母港业务的同时，积极拉动欧美、亚洲等航线的销售业务。伴随部分境外上船的长线产品相对国内母港产品拥有更多价格优势，并且也受到越来越多中国游客的关注。为此，公司设计的邮轮产品和线路，要抢占市场先机和销售份额，分析周边城市市场需求，加大营销力度，优化产品结构。

四、公司国际邮轮经营转型突破的思考

（一）公司国际邮轮经营转型突破的必要性

在邮轮产业及邮轮销售的一片叫好声中，公司察觉到行业市场上诸多不稳定因素，特别是 2014 年邮轮销售业绩行业大幅下滑，并且在 2013 年底已有显现。公司认为在这个时间节点必须采取相应的措施进行管理突破，改善企业经营方式和经营效果，确保公司游轮经营业务转危为安，推动业务和渠道深入发展，稳步提升企业经营业绩，实现公司国际邮轮经营转型发展突破。

（二）公司国际邮轮经营转型突破的目标路径

要成为长三角地区销售邮轮产品的中坚力量和主力批发商，力争在长三角和其他地区发展至少 500 家同行销售渠道；要不断完善上海母港的邮轮产品和系列邮轮衍生产品；要加大力研发新的航线和产品，满足新老客户的不同需求；要建立完善的电子商务平台和 APP 销售平台，并与包船同行合作，销售更多航次的产品；争取在 2014 年完成 15 000 人次的邮轮游客销售目标，并以每年 20%的游客数量递增；要不断优化和完善与文化创意相结合的邮轮产品，每年组织 1～2 次大型的邮轮主题活动。

（三）公司国际邮轮经营突破的主要举措

1. 建立销售平台，加速市场推广

为加速长三角及周边地区的扩张速度，在建立邮轮销售平台的同时，注册如“百城千社”“享趣旅行”等品牌。以此为中心，做好推广和销售工作。

2. 大力发展邮轮线路的衍生线路产品

随着为满足长三角地区以外游客日益增长的来沪邮轮旅游需求，主打城市特色主题式邮轮旅游，如浦江两岸风情体验、老洋房体验、科技探索体验、博物馆体验、名人文化体验等，做到充分利用上海海派文化资源，在衍生产品上增加产品的丰富度和体验感。

3. 主动开发其他母港的航线和产品

受航线单一、出发日期、签证条件等约束，游客再次乘坐邮轮的消费冲动和欲望不强烈。公司要加快设计不同母港出发的线路和产品，如香港出发的越南、马来西亚、新加坡等东南亚航线；意大利出发的西班牙、突尼斯、法国地中海航线；美国出发的夏威夷、加勒海比航线；爱琴海航线；南极、北极探索航线等。此外，公司最近推出市场的环游世界83天的产品和北极光探索之旅马上就要起航。公司务必要通过新产品和新航线的推广来增加游客再次乘坐和购买的兴趣。

4. 加大与邮轮公司和客户合作的合作力度

进一步提升现有邮轮线路和产品的文化内涵和要素，增加市场和消费者对邮轮产品的理解和认识，例如：公司在2013年和某单位合作，邀请央视上邮轮做节目，邀请成功人士上邮轮做论坛，并穿插单身派对、相亲活动、品酒会等内容，效果非常理想，各大网站竞相传播。公司计划于2014年和2015年推出新的以文化理念为主题的邮轮产品，进一步延伸线路和产品内涵。

公司的邮轮业务在这两年的发展中取得了一定的成绩，积累了一定的经验。在目前邮轮市场日益竞争的大环境下，国内邮轮销售和渠道虽然遇到瓶颈，但公司在理论联系实践的过程中，运用战略方法论，寻找新的销售和管理突破口，制定创新发展思路，努力实现新一轮跨越式增长。

作者系上海寰游国际旅行社有限公司总经理、
上海卓越管理中心第35期高级职业经理人班学员

以通航发展为视角，探索飞行员培养的模式创新

赵再跃

通用航空是一个国家民航业发展的重要基础。从民用航空发展规律和历史看，通用航空是基础性和先导型的行业，为运输航空的发展打下坚实基础，提供发展支撑。

中国拥有仅次于美国的世界第二大航空运输系统，是举世瞩目的航空大国。但通用航空与航空运输发展的不协调已成为中国迈向航空强国之路的一大阻碍。

一、中国通用航空全面开放对航空产业发展的重要意义

我国国土面积与美国相当，经济总量稳步高速增长，已具备发展通用航空的环境条件。2010 年底，国务院和中央军委联合发文，推进低空空域改革。2013 年 11 月 18 日，中国人民解放军总参谋部、中国民用航空局联合发布《通用航空飞行任务审批与管理规定》。至 2015 年，我国将开放大部分空域，2020 年低空空域全面开放。中国通用航空产业将成为迅速崛起的朝阳产业。

（一）通用航空产业特征

通用航空产业以公务机、轻型飞机、直升机、运动飞机等飞机制造为核心，以航空租赁和航空运输为主干，集研发、制造、销售和运营服务为一体，涉及庞大的周边和地面产品集群，产业链长，经济拉动效应高，对一、二、三产业都有巨大的带动作用，是促进产业结构调整与升级的有效途径。地方政府可以主导通用航空产业发展，并成为通用航空发展的最大受益者。

（二）我国通用航空产业现状

自 2009 年中国民航开启“通航改革发展年”以来，随着一系列政策法规的出台及规章制度的修订，尤其是低空空域管理改革试点和通航产业规划得到不

断加强。5 年来，中国通航获证企业数从 103 家增加到 229 家；从飞 12.4 万飞行小时增加到近 30 万飞行小时；从业人员数从 3 328 人增长到 1.1 万人。据统计，5 年内中国通航运营业的规模实现翻番，超越之前数十年的发展成果。但国内通航运营业的年产值仍徘徊在 30 万亿元左右，不足整个民航运输业总营收的百分之一。同期在美国，通用航空产生的经济总量远大于商用航空，是美国民用航空业重要的产业基础。我国通用航空正面临国际通用航空产业大转移的历史机遇和挑战，潜在发展空间巨大。

（三）借鉴美国通航的发展经验

美国民航产业从 20 世纪 50 年代中期发展至今，通用航空在飞机数量、飞行员数量和机场数量上，始终占绝对多数。现在美国民航有飞机 23 万多架，其中通用航空飞机占 96%左右；有飞行员 70 多万，其中通用航空飞行员占绝大多数；有机场 175 万个以上，其中通航机场占 96%左右。美国通用航空还为运输航空提供大批可供选择的飞行员和大量的机务维修、空中交通管理、机场运营管理、商务经营等民航专门人才，成为运输航空发展的人才库，成为保证运输航空飞行安全和快速发展的基础。同时也为美国的军用航空发展提供大量专门人才和基础设施。美国的经验证明，发展通用航空是建设民航强国的基石和必由之路。

二、飞行人才紧缺已成为制约航空业发展的瓶颈之一

目前，中国的民航业产业规模已跃居全球第二。拥有有飞行员约两万多名。然而，近年飞行员的增长却远远不能满足以两位数百分比高速发展的行业需求。相关数据显示，中国民航业每年大约需要净增 3 000 多名新飞行员，而国内的培养能力仅 2 000 多人。飞行员紧缺正成为中国民航业发展的一个制约因素。

（一）航空人才培养资源开发投入不足

《中国民用航空发展第十二个五年规划》显示，“十一五”期间，航空业务规模快速增长，运输总周转量五年年均增长 15.6%，在 2011 年底更是达到 577.44 亿吨公里。与之形成对比的是，飞行人才培养能力的相对滞后，始终制约航空业的发展，主要表现在：专业人才总量不足；人才结构和布局不尽合理；高层次、专业化、国际化的管理人才和专业人才短缺；人才资源开发投入不足等。

《中国民用航空发展第十二个五年规划》要求，“十二五”期间，运输总周转

量年均增长 13%，运输机队规模将从 2010 年的 1 597 架增加至 2 750 架，每年约增加 230 架，通用机队规模也将从 2010 年的 1 010 架，增加至 2 000 架以上，几乎翻倍。飞行员的总数也需要相应地从 2010 年的 2.4 万人增加到 4 万人，这意味着平均每年需要净增 3 200 多名新飞行员。然而国内院校飞行员培养能力和资源有限，人才培养与成长需要一定周期，这与日益增长的飞行员需求形成巨大差距。为此，注重飞行员人才梯队的培养与建设，及时为队伍注入新鲜血液成为航空业发展的关键。

（二）国内现有飞行员培养教育资源和能力短期无法满足航空业发展需要

与国外民航飞行员自费学习、自主择业不同，国内民航飞行学员的招收主要采取“订单”委托培养的方式。学生入学时与航空公司签订合同，毕业后根据所学专业的不同，担任不同机种的驾驶工作。

中国民用航空飞行学院是“中国民航飞行员的摇篮”，成立半个多世纪以来，孕育 90%以上的中国民航飞行员。为应对飞行人才需求的剧增，招飞人数也从早期的每年数十名、上百名增加到现在的 2 000 多名。

三、关于飞行员培养模式创新的思考与探索

（一）中国飞行员的体制化培养模式

一般来说，民航招飞工作首先是上年招飞工作会确定各院校次年招飞指标，然后由教育部确定各学校招飞的省市和数量，最后再由各院校进入指定省市招飞。学员培养主要有 4 种模式：

1. 养成生

“养成生”即从应届高中招收飞行学员，经过严格面试与选拔，统一招录，采用学历教育与飞行技能培训相结合的模式培养。学生在校期间，须在 2 年时间内修满获得工学学位所规定的学分，并且要取得 8 种飞行员任职资格证书。

2. 大改驾

“大改驾”即从在校大学生中招收飞行员，主要进行飞行员执照训练。

3. 执照生

自费在国内、外学习飞行驾驶技术，取得相应飞行执照及自主择业资格证书。

4. 军转民

飞行员由军队转入民航。军转民需部队出具飞行经历和用人单位接收证明,并按相关法规完成差异训练后,才能从事民航飞行工作。

与美国完全市场化、开放的飞行员培养模式相比,中国民航飞行员的培养模式仍然相对单一化、体制化。

由于"订单式"培养远无法满足我国航空业发展的需求,一些航空公司开始建立自己的培养渠道,例如:航空公司与航空院校合作,在国内进行 2 年理论教育,在国外进行飞行驾驶培训,最后回学校完成毕业设计和论文。

此外,民航局也再接受非学历教学飞行培训机构的办学审批,但国内目前只有 7 所有资质开展商照飞行员培训的机构。

(二)借鉴国际主流模式,接轨国际化职业飞行员成才路径

通用航空是飞行员培养的摇篮。在发达国家,培养飞行员已成为发展通用航空的重要任务之一。以通用航空产业为基础的飞行员培养和职业生涯发展已成为航空大国培养飞行人才的主流模式。

1. 以美国为代表的发达国家

美国是世界上通用航空最为发达的国家。2009 年美国就已经拥有 23.1 万架通用航空飞机,70%以上的公共运输航班飞行员来自通用航空。90%民航飞行员是由私营飞行学校和大学培养。甚至美国空军也利用民间飞行学校,完成 50 小时的"初步分析训练"(IFT)课程。

美国人在接受不同飞行训练后,可以从联邦航空局(FAA)获得不同级别的资格认证,允许持证人驾驶相应类型的飞机。

在美国,飞行训练形式灵活,可以根据本人实际情况,按"联邦航空条例"(FAR)第 61 部或按第 141/142 部取得认证。61 部训练常常是由私人飞行教员以及某些飞行学校提供,课程可以根据学员具体情况,灵活安排,课程内容和顺序可以调整,业余训练效果十分理想。相反,按 141/142 部取得认证,飞行学校必须使用 FAA 批准的课程,学员成绩必须达到一定的标准。

据 2009 年版《美国通航概览》称,美国大约有 3 500 所飞行学校,大多都是大型正规学校,有高级课程、现代化的模拟设备和学位计划;即使一些较小规模的学校,都会由专业人士经营,并受到 FAA 的严格监管。

2. 同为发展中国家的巴西

与中国同为金砖五国新兴经济体国家,巴西通用航空飞机的数量超过 10 万架,约为航班飞机数量的 26 倍。而我国目前在飞的通用飞机数量只有千余架,大大少于航班飞机的数量。

从机场建设情况看，巴西全国已经拥有了 2 000 多个机场，总数为中国的十倍以上，而机场密度已达到 2.9/10 000km²，平均每个机场服务人口仅为 7.6 万。反观中国的机场密度仅为 0.23/10 000km²，平均每个机场服务人口近 600 万。中国的通用航空基础设施水平远低于同为发展中国家的巴西。

巴西通航产业发达，机场网络密集，许多巴西人选择自费学习飞行，取得飞行执照后，可以选择通航公司就业，经过短期培训就能上岗。在这样的模式下，巴西培养了数量众多的优秀民航飞行员，并且成为主要的飞行员输出国家。

综上所述，无论是像美国这样的发达国家抑或是像巴西这样的发展中国家，飞行员的培养都是以自费学习为主，以通用航空和民航培养为辅。

（三）探索宜航飞行员培养路径和模式创新

经市场调研分析，针对国内飞行员培养模式陈旧、与行业发展不匹配以及国内专业培训资源稀缺等问题，宜航选择与国际接轨，以培养国际化自费职业飞行员为模式，探索宜航飞行员培养模式的路径和创新。

1. 宜航“国际化职业飞行员培养模式”的创新

宜航航空自 2010 年成立以来，积极探索，不断创新，已初步形成一套培养国际化自费职业飞行人才的培养模式。宜航委托美国安柏瑞德航空大学(EMBRY-RIDDLE Aeronautical University)，为梦想飞行的莘莘学子提供国家教委认可的四年制本科海外学历教育及一年制飞行专业技能训练，开展符合中国民航局 CCAR-141 部审定标准的商用飞行驾照培训。依托宜航商用飞行驾照培养体系，开展外国飞行驾照转换以及相关业务。课程设置不仅满足中国民航组织的要求，又与国际飞行理念与飞行技术接轨，既符合中国国情又兼具国际化视野。

与此同时，依据当前国内航空业发展对飞行人才的巨大需求，以及国际化自费职业飞行员培养方式的空白，为自费出国学飞行的学员（简称：执照飞行员），提供学前飞行员职业规划、留学资金筹措、专业课程衔接等服务；学成后就业推荐、入职指导、转照申办等服务；各类实习、训练、培训等服务，涵盖飞行员职业发展各阶段。

宜航的理念创新、方案设计、市场拓展正得到逐步的实现与落实。

1）国际合作伙伴的挑选

选择在国际上具有几十年安全飞行记录、有各项国际民航组织认定资质的航校进行合作，委托培养高标准、国际化（四年制国外、以英语为母语的培养环境）、符合中国民航各项规定和要求的自费“执照飞行员”。

2）自费融资方案的制定

联手中国银行和各大金融机构，共同开发留学资金贷款产品，帮助部分家庭解决留学资金的压力。

3）合格学员职业生涯的安排

致力于与各航空企业建立长期合作机制，探索建立“执照飞行员”的就业通路。目前已形成合作意向的方式有：提供宜航就业劳动合同；依照航空公司的要求，定向培养“执照生”；根据航空公司的委托，提供外包方式的培养服务；由航空公司直接选聘宜航培养的自费“执照飞行员”。

2. 宜航“国际化职业飞行员培养模式”的实施方案

1）第一阶段

以“培养国际化自费职业飞行员”为目标，以“为执照飞行员提供精致的职业生涯发展服务及解决方案（即职业护照）”为抓手，以自费学习飞行的客户为导向，在政策允许的条件下，充分利用海外飞行员培训基地，帮助学员取得“飞行员从业资格”（已实现的服务）。

2）第二阶段

根据目标顾客群的需求，在国内符合条件的高中学校建立“飞行员预科”的培养模式，结合宜航“航空教育培训平台”资源，提供专业化学前（或职前）航空文化、航空知识、航空英语、航空气象、航空医学等“桥梁课程（PDT）”培训，强化学员职业意识，充分做好学飞前的适应性准备。将学员整个学习阶段的生活、训练、学习和安全纳入“第三方（宜航）管控及实时评估”，及时、有效、全方位保障学员学飞成效。

3）第三阶段

将航空公司订单培训飞行员需求和猎聘外籍飞行员业务纳入宜航的“外包服务”业务。通过业务创新和项目可行性评估，强化企业发展规划的可操作性和实战性。

4）第四阶段

根据宜航发展目标，结合已实施业务的创新情况，进一步明确业务需求缺口，将创建具有核心竞争力的飞培学校和执照生就业渠道与整合“CRM”“LOFT”“MPL”等专业培训课程及机构资源作为企业面向未来竞争的主要方式。

5）第五阶段

运用“质量功能展开表”，进一步探讨创新举措中可能存在的缺口和潜在商机，评估项目产品和服务所需相关能力、顾客价值，优化并寻找最适合企业发展的项目产品和服务的规划及实施方案。

中国通用航空产业正处在高速发展前的孕育期，开辟优秀职业飞行员培养路径是民航、通航发展的有力保障。宜航航空结合国内、国际飞行员人才队伍的培养模式和发展要求，吸取国内体制化培养模式的经验教训，填补国际化自费职业培养方式的空白，为中国民用航空业的进一步深化发展打下坚实基础。

作者系宜航(上海)航空技术有限公司副总裁、
上海卓越管理中心第26期高级职业经理人班学员

瑞慈体检创新发展的战略思考

王　璐

随着中国经济的快速发展，人民生活水平的不断提高，对健康的认识已从过去的有病看病转向现今的无病防病。我国医疗健康服务体系长期以来形成以国有医疗资源为主，高质量的医疗资源和相关服务供不应求；国有医疗资源主要是解决大量门诊和住院病人的诊断和治疗，难以顾及和满足社会群体的防病保健需求。近年来，在国家一系列政策的扶持下，一批专业的健康体检机构应运而生，弥补公共医疗健康服务资源的不足。上海瑞慈健康体检管理股份有限公司(以下简称“瑞慈体检”)自2006年成立以来，已发展成为中国最具影响力的全国品牌连锁体检机构之一，是全国首批进入健康管理示范基地的企业。

然而，公司如何发展，是“穿新鞋走老路”，还是勇于创新、开拓前进？这是公司必须重视研究和探索的战略问题。

一、国内体检行业的现状和启示

伴随国家“战略前移、重心下移”及“以预防为主”的医疗方针的贯彻与实施，我国各类体检机构数量已增加至8 000家。这些机构大致可分四类：

一是二级以上医院体检中心和三甲医院特需病房，前者为普通体检，后者为高端深度体检。

二是社会资本投资的专业体检机构、体检会所，部分在国内已形成具有影响力的品牌。

三是各种疗养院的疗休养体检。

四是一些健康管理公司将旅游观光与健康体检相结合，发展成为集旅游、购物、度假为一体的海外观光特色体检，吸引高端人群。

目前，医院附属体检中心仍是体检机构的主体，业务量约占市场总量的70%，其他类型的体检机构约占市场份额的30%。

在发达国家，医疗健康产业已经成为带动整个国民经济增长的强大动力。美国的医疗服务、医药生产、健康管理等健康产业的产值占GDP的比重超过

15%。在我国,医疗健康产业的产值仅占GDP的4%。近10年来,国家相继出台了关于鼓励和支持社会资本进入医疗健康产业政策。政策的激励为社会健康体检机构的发展提供了契机。

面对行业同质化竞争、低价揽客等问题,如何创新思维,发挥自身优势,在服务理念、服务手段、服务模式、服务内容等方面开拓创新,瑞慈如何走出一条既有别于医院体检中心,又在社会专业体检机构中独具特色、能够引领行业发展的新路,是瑞慈人一直以来不懈探索和努力践行的课题。

二、瑞慈体检的优势和创新

瑞慈体检当前正处于难得的历史机遇期,无论是宏观背景还是本身的发展情况,都要求瑞慈体检毫不犹豫地抓住机遇,制定战略发展规划,整合优势,大胆推进,有步骤地做好战略扩张,在行业中做大做强。

瑞慈体检要在全面梳理分析自身优劣势及面临的威胁和机会的基础上,统筹全局,扬长避短,通过切实举措将自身优势发挥到极致,同时,要创新思维,充分利用可支配资源,实现跨越式发展。

(一)企业内外部环境分析

1. 企业优势

1)区别于公立医院体检中心的优势

资金优势:连续多年吸引资本市场投资者的青睐,待时机成熟拟在A股或香港股市上市,通过资本化运作扩大市场份额。

人才优势:企业在人才选聘、薪酬福利等方面自主权和灵活性较强,能够在全国范围、甚至全球范围内选聘到优秀的专业人才。目前,已有清华、哈佛等世界名校毕业的青年才俊加盟企业。

设备优势:自主采购最新、最优的体检设备,提高健康体检的安全性和精准度,提高早期发现疾病隐患的概率。

连锁优势:在全国有近30家连锁机构,在上海拥有10家,可以满足不同区位客户就近体检和不同需求、多种选择的考量。

虽然公立医院体检中心目前占据约70%的市场份额,但体制机制的限制,在资金渠道、人才选聘、设备采购、市场营销、医疗资源分配与供给等方面均存在诸多制约,一定程度上削弱公立医院体检中心的市场竞争力。

2)区别于行业内其他体检机构的优势

创深度体检行业先河。当国内体检市场仍以医院体检为主,社会体检机构尚处在萌芽期时，瑞慈集团高层就已对海外著名的体检机构进行全面的考察，引进多层螺旋CT、1.5T磁共振、钼钯、电子胃肠镜等高端影像设备，大大提高微小肿瘤等早期病变的发现率，创立中国第一家以人性化、个性化“深度检测”为核心品牌的瑞慈体检。

直营模式，品质保证。瑞慈体检始终坚持“稳健、深度、渐进”的市场扩展战略，对每一个地区市场、每一个体检机构进行统一、全面、深度的建设，坚持走直经营模式，确保瑞慈体检的品质。

质量保证体系完善。为保证持续稳定、高专业化水准的健康体检服务，瑞慈体检在发展中不断探索，形成一套制度完善、组织健全、服务优良的全方位质量保证体系。

市场拓展营销能力强。秉持以人为本、以质量为生命的服务理念，按照金融、教育、政府和外企四大板块进行客户细分，落实专人进行维护和服务跟踪，及时收集反馈信息，考查和评价服务质量，总结工作得失，提升服务水平，以诚信服务和优异质量赢取客户的信赖，获得长期合作。目前，瑞慈体检已拥有一支深得客户信赖的营销队伍和一批稳定、优质的高端客户群体。

检前、检后服务到位。注重服务流程和服务细节的人性化设计。完善检前、检中、检后各项服务内容，充分体现健康管理的服务内容与理念，让客人在接受温馨人性化服务的同时，充分了解自身健康状况，接受健康生活的理念和方式，树立健康生活的信心。

2. 企业劣势

1）信息系统畅通及智能化程度欠佳

从客人信息的录入、收费到体检结果的呈现，始终需要高度畅通的智能化信息系统的支撑。这方面存在不足将影响服务效率和质量以及品牌形象。

2）一线护士、导检流失率偏高

体检是一个医学专业属性很强的行业，许多岗位需要有资质的护士担当，但由于行业内护士及导检人员的待遇普遍不高（与医院相比较），造成相关岗位人员频繁跳槽流失，影响服务队伍稳定和服务质量。

3）财务部门尚未完全实现信息化

随着瑞慈体检的快速发展，财务部门的工作手段和设备设施并未得到同步提升和发展，财务系统信息化程度不尽如人意，财务数据不能及时汇总，影响相关核算和分析的准确性。

3. 企业机遇

1）健康意识增强

人们的健康意识和体检市场多元化意识逐渐增强，主动进行体检、选择中高端体检已成为相当一部分社会群体健康生活方式的选择。

2）政策扶持力度加大

党的十八大以后，国家对于社会资本进入医疗健康产业领域的政策利好正在逐步显现。公立公益性医院剥离特需医疗将是我国医改方向，三甲医院的高端深度体检业务将逐渐萎缩并最终与医院剥离。

3）资本市场看好

民间资本、风投基金看好健康产业的发展机遇和未来，愿意投入资本，实现强强联合，共享健康产业发展成果。

4. 企业威胁

1）医院体检仍占很大市场份额

随着社会专业体检机构数量的快速增长及行业竞争日趋激烈，各大医院纷纷投入一定的资金，改善体检接待场所硬件条件和环境，更新体检设施设备，以此吸引和稳定客源。迄今医院体检仍稳占大部分市场份额。

2）竞争对手资本实力较强

专业体检机构经过近 10 年的发展，淘汰出局一些企业，逐步做大一些企业。一部分优质的体检机构已成功上市，在获得资本市场资金支持后，更具备做大做强的实力，对本企业的发展构成威胁

3）市场价格竞争激烈

市场价格竞争表现在两方面：一是各体检机构为争夺客源主动降价竞争；二是一些中介代理机构为获取更多利润，同时向多家体检机构压价。

（二）瑞慈体检创新发展的战略

1. 地域拓展战略

瑞慈体检在全国拥有近 30 家分支机构。2013 年确立“瑞慈健康中国计划”，拟在 5 年内实现全国主要城市的重点布局，实现品牌形象立足全国的目标。

2. 层次化战略

根据各地域的综合情况，分层次规划精致型、标准型、旗舰型和基地型四种不同规模和设置标准的体检机构。

3. 核心业务战略

以人性化、个性化深度体检为基础，构建瑞慈物联网平台，将深度健康管理作为核心业务，延伸瑞慈体检品牌的内涵，提高企业的核心竞争力。

4. 一体化战略

发挥品牌优势，在原有体检业务基础上，依托国内外优质医疗资源，联合国

内外知名医疗机构，共建具有国际先进服务理念和服务水平的中高端诊所、妇儿科医院、康复医院、养老社区等，来满足不同层次消费者的需求。

（三）瑞慈体检创新发展的具体措施

瑞慈体检要在激烈的市场竞争中始终处于主动和领先的地位，必须始终抓住创新发展这个关键。

1. 服务理念创新

坚持“以人为本，以德为先”的品牌理念，倡导人性化健康体检服务，尊重客人，关爱客人，注重细节和客户感受，以客人的需求为企业工作的出发点和终极目标，不断提升检测诊断和综合服务水平，力求给予客户超期望的高品质服务体验。依靠诚信、优质的服务强化瑞慈品牌形象，赢得和稳定客户群体。

2. 发展模式创新

一是资金渠道的创新。在吸引风投基金投资入股的同时，积极运作，努力提升经营业绩，争取尽早在A股市场或香港股市上市，实现资本市场直接融资，为企业的有序扩张提供强大的资金支撑和保障。

二是扩张方式的创新。在全国布局连锁分支机构时，为避免过度同质化竞争，可以根据横向一体化战略理论选择条件适宜的医院或既有体检机构，采用合作、参股、合资等多种方式建立分支机构，统一管理模式、统筹营销队伍、统一服务标准和流程，快速做大规模。也可以尝试与有实力的大型商业地产商开展合作，由对方提供地段较佳、交通便捷的经营场地，瑞慈体检输出管理、人才、设备、资金和营销网络，此举可以节省租金成本，规避租赁风险。

3. 服务产品创新

一要细分客户群体的年龄、职业、消费能力和保健需求，根据客户的生活习惯、家族病史等具体情况推出有针对性的人性化、个性化的深度体检套餐，有的放矢地重点检查可能的疾病隐患，发现可预防的生命事件和重大疾病。

二要强化对体检结果的综合分析，提出准确的诊断建议，为后续治疗和健康管理服务提供基础。

三要提升和优化体检过程服务标准，真正使客人轻松愉快地体验到体检服务的每一环节。

四要推出健康管理服务产品，为中高端客户群体提供生命全程呵护，建立健康档案，提出健康干预，预防疾病意外，降低重大疾病患病概率，维护生命质量，延长健康寿命。

4. 企业文化创新

要精心培育以人为本、关爱人、尊重人、激励人、留住人的瑞慈企业文化，培养员工对企业的认同感和归属感。要健全相关激励机制，建立合理的、逐年提高的员工薪酬和福利待遇体系。要建立和完善上下沟通机制，经营好工会、职代会、股东会等企业内部参与民主管理的平台，着力营造爱专业、爱健康、爱生活、爱企业的企业文化氛围，树立员工与企业同发展共命运的信心，激发员工为企业创新发展服务的内在活力。

5. 行业内涵创新

面对激烈的市场竞争，瑞慈体检作为行业的引领者必须运用一体化战略理论创新和丰富行业内涵，拓展行业边界，实现企业向前一体化和后向一体化发展，进一步增强企业的市场竞争力和盈利能力。

前向一体化是指向健康管理、健康疗养、健康养老、度假式养老、建设养老社区等产业拓展，努力解决老龄化社会带来的亚健康、健康管理问题（恢复健康、维护健康、促进健康）和养老资源紧缺问题。

后向一体化即是创办、收购或联建医院，统筹医疗资源，完善产业链，为体检后客户提供后续的优质便捷的医疗服务，同时为体检机构储备人才。

三、瑞慈体检发展的机遇和未来

瑞慈体检当前正处于难得的历史机遇期，无论是宏观背景还是本身的发展情况，都要求瑞慈体检毫不犹豫地抓住机遇，制定战略发展规划，整合优势，大胆推进，有步骤地做好战略扩张，在行业中做大做强。

2015 年 4 月，瑞慈医疗集团在上海成立，这标志着创建于 2000 年，从瑞慈医院起步的瑞慈体检已向“大医疗”全产业链进军，医院、体检、诊所连锁、养老、互联网五大产业板块连动，构建预防、医疗和康复的闭环式健康服务体系。未来 5 年内瑞慈医疗将实现全国 10 家医院，100 家体检机构，100 家连锁诊所的战略目标。

作者系瑞慈医疗上海静安机构总经理、
上海卓越管理中心第 35 期高级职业经理人培训班学员

上海民族乐器一厂创新发展战略

陈民杰

在当前国家文化大发展和市场竞争日益激烈的情况下，上海民族乐器一厂作为中国民族乐器制造行业的领军企业，借助中国文化的力量，建立营销、产品、管理模式的创新发展战略，通过增强企业自主创新能力，塑造中国民族乐器的强势品牌，提高企业核心竞争力，进一步拓展国内市场，成为引领行业技术、文化新潮流的龙头企业。

一、上海民族乐器一厂的建立与发展

上海民族乐器一厂创建于 1958 年，是目前我国规模最大、品种最齐全、技术和综合实力最强的民族乐器制造企业。主要生产古筝、琵琶、二胡、柳琴、扬琴、月琴、阮、笛、笙、箫等民族乐器。产品销往全国各个省市、自治区及香港、澳门、台湾地区，并远销日本、美国、加拿大、新加坡、马来西亚等国家。

上海传统的民族乐器业始于清代乾隆、嘉庆年间，至今已有 200 多年的历史。1956 年，上海民族乐器行业实行合作化，86 户民族乐器制作坊合并为 7 家生产合作社。1958 年，合作社改组成立了地方国营工厂。其中，上海民族乐器一厂是制作吹拉弹打四大类乐器的综合性民族乐器厂。

目前，上海民族乐器一厂坐落在上海千年古镇七宝。拥有上海敦煌乐器有限公司、上海瑰宝乐器有限公司、兰考上海牡丹民族乐器有限公司三个控股子公司。

从建厂创业开始，即使是在企业最困难的时候，上海民族乐器一厂也始终致力于民族乐器事业的发展。当改革的春风吹来后，企业重整旗鼓，积极进取。无论是产品创优、技术及文化交流，还是创建博物馆、打造技术精英、出版民乐刊物等等，都是企业脚踏实地、努力发展的闪光印迹。几代“敦煌”人兢兢业业、艰苦卓绝地团结奋进，用辛勤的汗水创下了一份实实在在的“家业”。

二、上海民族乐器一厂 SWOT 分析

SWOT 分析从企业内部因素优势(S)、劣势(W),外部因素,包括机会(O)、威胁(T)综合起来进行战略分析,使得分析更为全面有效,且有针对性。

(一) 企业的外部环境分析

自 2009 年国务院出台《文化产业振兴规划》,到党的十八大提出文化产业成为国民经济支柱产业,加快社会主义文化强国建设,为中国乐器行业的发展注入了新的活力,极大地提振了中国乐器行业企业的信心。各级政府相继把一些企业列入本地区文化发展支柱产业。随着我国居民文化消费水平和能力不断提高,展现出强烈的文化愿望和巨大的文化消费能力。

同时,乐器行业面对的是美元持续贬值、欧元债务危机蔓延等影响中国乐器出口和国际环境的各种不确定因素;制作乐器所需要的蟒皮、小叶紫檀、红木等名贵材料也受到政府生态环境保护,市场价格涨幅巨大;以手工艺生产制造为主体的劳动力成本上升速度加快;民族乐器行业科学含量低,进入门槛低,市场竞争激烈。

当今中国乐器行业产品结构不合理的问题仍然十分突出,还缺乏有竞争力的世界知名品牌和高档次产品。围绕转变经济发展方式面临的问题,一是要自主创新,使乐器行业从"中国制造"向"中国创造"转变;二是要文化营销,使乐器行业从"普通工业化产品"向"艺术类音乐商品"转变;三是要形成一条产业链,使乐器从"生产零售领域"向"综合服务领域"转变。

(二) 企业的内部环境分析

上海民族乐器一厂通过 50 多年的艰苦奋斗,积累了比较雄厚的人力、财力、物质和社会资源,专业技术人才领先于民族乐器行业。

20 世纪末,企业针对行业特点和文化属性,实施了"文化营销"的经营战略,即以市场、文化、营销为载体,参与协办社会文化活动、进行对外文化交流、整合社会文化资源。并把握时机,创办敦煌音乐教室、开办学术论坛、编印民乐书刊、组建"敦煌新语"乐队,将民族乐器渗透到文化馆展、社会公益、文化演艺等各领域,敦煌品牌已经借助文化力量稳居行业第一。

企业不断开发新品种、新花色,运用新技术、新工艺、新材料,改良与提升产品的声学品质,形成了个性化产品系列,如时尚乐器、巨型乐器、微型乐器、纪念版乐器、仿古乐器等。这种标新立异的文化风格为传统的民族乐器注入了全新

的活力，也与同类产品形成差异化，从而为企业赢得了文化竞争优势。

但是，必须清楚看到企业人员结构发生了很大变化。民族乐器制造属于手工艺传统行业，产品传承主要靠传、帮、带培养新人，再加上上海居住生活成本高、年轻人的就业价值趋向等问题，造成招工难度大、培养技能工人难度更大的局面。

三、企业创新发展规划与设计

创新是企业发展的源泉，是企业发展长盛不衰的原动力。“实现中华民族伟大复兴”，“提高国家文化软实力”，必须解放思想，创新求变，敢于实践，追求卓越。

（一）创新发展目标

向消费者提供工艺精致、品质优良的中国民族乐器，满足社会不断增长的文化需求，弘扬中国民族音乐文化，保持中国民族乐器行业领军企业的地位。

增强企业自主创新能力，塑造中国民族乐器的强势品牌，提高企业核心竞争力，进一步拓展国内市场，成为引领行业技术、文化新潮流的龙头企业。

（二）创新发展战略措施

坚持一个创新。坚持全方位的创新思维，从经营体制的改革、思维方式的创新、运行模式的创新以及产品技术的创新等方面，为企业的发展拓宽新的路径。

实现两个延伸。在文化大发展大繁荣的社会环境与政策机遇下，实现从生产型企业向品牌服务型企业的延伸，从文化营销向营销文化的延伸，最终实现企业的成功转型。

注重三个运作。进一步携手社会团体，整合企业运行的内外各要素，注重品牌运作、社会资源运作以及资本运作，形成高效、具有独特核心竞争力的运行系统，成为中国民族乐器行业的佼佼者。

建立四个中心。建立科技研发中心、测试鉴定中心、非遗传习中心和文化营销中心。使民族乐器生产科学化、标准化，让民族乐器制作技艺薪火相传，让中国民族乐器文化走进大众、走向世界。

四、实施创新发展战略的具体措施

面对严峻的经济环境和激烈的市场竞争，企业如何扬长避短、趋利避害，以“创新”拓展空间，延续企业的生存周期，是一个永恒的主题。坚持以文化营销策略为核心的品牌建设，积极探索营销模式、产品技术、管理模式的创新，走出一条具有文化特色的企业之路。

（一）凝聚文化力量，塑造品牌形象

继续在全国开展“敦煌杯”比赛等活动，把“敦煌杯”赛事打造成继 CCTV 民族器乐电视大赛、文华奖、金钟奖之后的第四大民族乐器演奏赛事。

加强与知名音乐演奏家、教育家以及国内一流乐团的合作，提升“敦煌国乐”、“敦煌之夜”系列音乐会的高度，将“敦煌”系列活动打造成具有品牌影响力的常态化的音乐盛会。

加大品牌宣传力度，增强品牌文化传播能力。加强与专业广告媒体的合作，着重在 CCTV 音乐频道、权威的媒体上投放广告，提高品牌知名度；充分发挥网络媒体的作用，通过企业官方网站、微博、微信等渠道及时发布企业信息、活动报道。

依靠政策优势扩大品牌竞争优势。积极关注政府对企业政策支持的动态，通过申报项目、参与评选、与政府合作等平台，获得政府的政策支持和资金支持，提高品牌的知名度和影响力，扩大企业的文化竞争优势。

关注并积极参与“中华老字号”、“国家级非物质文化遗产”、上海国际乐器展等一系列展览活动，抓住机遇、精心设计、大力宣传，提高中国民族器乐和敦煌品牌在国际市场的知名度。

充分发挥敦煌艺术学校教学培训优势，扩大民乐进学校、进社区普及工作，每年进入学校、社区 30 所以上，扩大品牌的影响力。

（二）转变营销观念，创新营销策略，提升营销能力

加强营销队伍建设、提升营销队伍能级。引进一批年轻有为的大学生充实营销队伍，进一步转变营销观念，制定和落实好企业文化营销向营销文化延伸的措施。

创新营销策略、加强渠道建设。选择好目标市场，培育和维护高端产品客户群，提高高端产品的市场占有率。加强中高档产品销售比例以及产品品种销量的考核。

加强对市场的分析和研究，特别是对竞争对手的研究和分析，保持清醒的判断能力，居危思进，为企业的生产、经营和发展提供可靠的依据。

加强销售管理。进一步完善风险防范机制，做好信用评定、合同签订、制度建立、数据监控、资金回笼等方面的管理工作。进一步完善售后服务体系，建立服务竞争优势。

进一步做好营销模式的创新和延伸，打造敦煌品牌特色网络平台。培养既懂得网络技术，又懂网络营销的复合型人才。深化艺教市场开拓，深化与优质客户的合作，加强招投标市场开发，挖掘和培育新市场。进一步拓展海外市场，维护老客户、开发新客户。

（三）加强产品力建设，加快产品技术创新步伐，提升敦煌品质

1. 坚持产品创新和产品质量的持续改进，夯实敦煌品质

进一步完善质量控制环节，继续做好乐器工艺品质的探索，寻找提升品质的规律与方法，借鉴国内外先进乐器的结构和方法，使产品的工艺品质有实质性的突破和提升。

进一步完善工艺管理、质量检验、质量整改制度，并在此基础上，规范工艺改良工作，对工艺改良从小批试验到发布实施，重新整理一套适用的工作流程与工作制度。加强对配套零部件生产企业的质量监督和管理，加强产品细节的改进，提高产品整体质量。

做好新产品的设计开发，提高新产品研发能力。紧密结合文化市场、音乐市场及乐器的发展趋势，为传统产品注入文化内涵和新的活力，引领市场。尤其是对能够扩大演奏功能、优化声学品质、创新演奏形式、同时符合乐器基本发展规律的产品进行研究和开发。注重实用新型专利的开发，每年专利申请不少于 10 项。

2. 以市场为导向，调整产品结构，提高中高档产品比例

根据市场对不同档次产品的需求，制定差异化乐器生产和设计方案，满足不同消费群体的需求。扩大中高档产品的投产比例，优化产品结构。

3. 加速传统工艺流程的分解和改进

以先进的工艺流程和技术对新建的三车间生产进行布局，三年内逐步推广到现有生产过程，切实有效地改变传统生产方式，提高生产的标准化程度，提高劳动生产率。

4. 加快替代性材料和环保型乐器的研究与开发

积极采用新颖材料替代传统材料，增加科技含量，提升产品能级。缓解蟒蛇皮、红木、紫檀、色木、老红木等战略物资的日益稀缺和价格上涨的现状。

5. 加快技术进步，加大机械化生产投入

积极借鉴、引进国内外先进机器设备，增加机器设备的资金投入，提高三大拳头产品机械化生产及加工设备的精细化程度，解决劳动力使用和生产发展的矛盾。

（四）管理模式的创新

企业是市场的主体，其管理水平不仅直接影响着企业的经济效益，更会间接影响企业对社会经济发展的贡献程度。上海民族乐器一厂在不断的发展中完善和创新着管理模式。

1. 贯彻责权利相结合，以利益驱动为核心的绩效管理模式

企业实施绩效考核机制，层层进行责权利的分解和落实，尽可能将每个部门、每个岗位的工作与员工的利益挂钩，使企业的经营环境与员工的利益息息相关。推动员工角色由被动型、依附型、配角型向主动型、独立型、主角型转变，从而提升企业的竞争能力。

2. 坚持推进信息化建设，完善现代管理手段

坚持ERP信息系统建设，保持仓库系统、生产系统、销售系统、成本管理系统等ERP系统的稳定和正确。在一车间、瑰宝公司实现电脑开单、流转交接等管理活动的基础上，向二车间、三车间、兰考子公司推行。全面推进企业管理信息化，向无纸化办公靠拢。

3. 加强采购中心建设

结合企业发展和原材料市场情况，抓好采购中心建设，坚持执行大宗材料统一采购、集中处理、集中配置的供货模式，加强匮乏原材料的采购和战略物资的储备。

4. 注重资本运作，推进改制顺利进行

企业改制要坚持"三个有利于"（有利于弘扬"敦煌"品牌，符合国家文化大发展大繁荣发展战略；有利于新公司未来发展，不断提升核心竞争能力；有利于员工队伍的稳定，符合企业实际，确保主营业务的稳定性和连续性），改制中要注意员工思想动态，做好稳定预案，妥善处理可能出现的各种问题。

实施创新发展战略为上海民族乐器一厂带来了丰厚回报，"敦煌"品牌形象得到了提升，商标的社会知名度有了很大提高，企业得到了快速发展，稳居行业领头羊地位。"敦煌牌"荣获"中华老字号""上海市著名商标"称号。"敦煌牌"古筝、琵琶、二胡荣获"上海名牌"称号。企业获得全国实施用户满意工程先进单位、全国轻工业卓越绩效先进企业、国家级非物质文化遗产保护单位、全国工业品牌培育示范企业等荣誉称号。

作者系上海民族乐器一厂生产副厂长、工会主席、
上海卓越管理中心第29期高级职业经理人班学员

创新使金山老铁路获得了新生

张红宝

上海申铁投资有限公司是一家地方铁路投资公司，作为市政府的出资代表，参与上海境内铁路投资建设(以下简称申铁公司)。自 2002 年底成立以来，已参与投资建设了京沪高铁、沪宁城际、沪杭客专、浦东铁路一期、芦潮港铁路集装箱中心站、金山铁路等一批合资铁路项目。

金山铁路从上海南站引出至金山客站，全长 56.4 公里，途经上海市徐汇、闵行、松江、金山四个区，共设上海南、莘庄、春申、新桥、闵行西、叶榭、亭林、阮巷、金山等 9 个车站。项目初步设计概算总投资 40.84 亿元，设计时速 160 公里，满足近期开行客车 36 对、远期 52 对和高峰小时的运输能力，工程于 2009 年 8 月开工建设，2012 年 9 月 28 日建成试运行。

原金山铁路支线建于 20 世纪 70 年代，作为上海石化的配套项目，主要服务于上海石化的职工上下班和上海石化厂的货物运输，是一条设施陈旧、利用率低、年年亏损的老铁路，问题长期得不到解决，于 2001 年停运。出路何在值得思考。笔者通过运用熊彼特"新组合"创新理论进行分析，并进行探索实践，将金山铁路支线改造成一条市郊快速铁路，形成高密度的市郊列车，方便了旅客出行，促进了沿线经济发展，实现了新的突破和创新，使老铁路获得了新生。

一、金山铁路建设面临的主要问题

（一）如何恢复

老铁路停运以后，是新建一条上海市区至金山的城市地铁线，还是利用原有金山铁路支线进行改造？新建一条城市地铁，投资成本高，按当时城市地铁投资平均 3 亿元/公里计，至少需 150 亿元以上的投入。利用原有金山铁路支线进行改造，可盘活铁路闲置资产，节约投资成本，但由于铁路管理体制相对封闭，需要铁路部门打破旧的观念，积极与地方合作。因此，必须统一思想，采用一种新的投资方式，才能实现双赢。

（二）如何改造

金山铁路投资效益低，难以吸引社会投资，以往主要依靠政府和政府投资公司承担铁路投资任务，由于铁路经营亏损，给地方政府投资公司造成了筹融资和投资管理上的压力而心存余悸。只有创新，采用新的投融资模式和政府扶持机制，才能解决项目投资资金来源，减少企业经营亏损问题。

（三）如何运营

铁路老的运营模式不能适应城市公交化快速节奏。项目建成后按照传统的运营模式，铁路票价相对较高、客车运行调度权高度集中于铁道部，服务质量差等，不能适应城市公交化快速运行的节奏。要改变这种状况，必须创新找出一条新的运营模式，以进一步提高服务质量，满足城市公交化快速节奏的需要。

二、创新理论在金山铁路改造项目中的运用

创新作为一种理论可追溯到 1912 年美国哈佛大学教授熊彼特的《经济发展概论》。熊彼特在其著作中提出："创新是指把一种新的生产要素和生产条件的'新结合'引入生产体系"，"建立一种新的生产函数"，也就是说把一种前所未有的关于生产要素和生产条件的"新组合"引入生产体系。他还强调，企业家的职能就是实现创新，引进新组合。

根据上海市高级职业经理人培训班童天雄教授的创新理论观点，创新是手段，创新意味着创造新的东西。满足需求是目的，人们通过创新这个手段来实现满足需求和引导需求的目的。创新需求既要考虑功能也要考虑性价比，企业在方式选择和决策时既要考虑投入合理费用和可承受的成本，又能适应和引导市场需求，并成功应用于项目。

金山铁路改造从熊彼特创新理论中得到启发，在项目改造过程中积极运用创新理论观点，通过"建立一种新的生产函数"，积极寻求将合作各方的劳动（力）、土地（铁路资源）和资本三种生产要素重新组合，打破所有制、行业、部门、地区的界限，在各方合作双赢基础上统一经营管理，使得生产要素与生产条件的"新组合"成为最佳，形成新的"生产体系"，既考虑功能，也考虑性价比和满足市场需求，使老铁路获得了新生。

（一）投融资模式创新

首先创新投资方式。以往申铁公司投资的铁路项目投资方式大致分为三种。一是项目资本金占上海境内总投资的 50%，由合作双方各出资 50%，其余

由项目公司贷款解决，如浦东铁路一期、铁路集装箱中心站、沪杭客运专线；二是项目资本金占全线总投资的50%，由铁道部、江苏省、上海市三方按42.5%、42.5%、15%的固定比例出资，其余由项目公司贷款解决，如沪宁城际；三是上海市承担境内征地拆迁费用，经审计后计价入股，如京沪高铁。但是考虑到金山铁路是利用原来既有铁路改造的特殊情况，照搬原有模式已不合适，因而采用部、市双方共同出资的方式，由铁路局承担旧线改造投资费用，并以旧线折价入股；由上海市承担建设一条新线的投资费用（包括区承担境内征地拆迁费用），共同形成一条双线的快速市郊铁路。在股权比例上，铁路局占51%，申铁公司占49%。其次是实现资金来源多元化。多年来，上海市铁路项目投资主要来源于市政府的财政资金，由申铁公司代表市政府投入，与铁路双方共同组建项目公司。金山铁路作为金山市民的“生命线”，为调动沿线政府积极性，减少市政府的投资压力，由沿线金山、松江、闵行相关区政府也参与承担部分铁路投资费用，主要为区内征地拆迁费用，与申铁公司投入的资金共同作为上海方的投资，实现了资金来源多元化，成为上海市合资铁路建设的一种新的出资模式，也是上海境内第一条由相关区政府出资承担部分铁路投资的项目。

（二）建设模式创新

一是将闲置老铁路改造成快速市郊铁路。经上海市政府与铁道部商定，由双方合作，共同对原金山铁路支线进行改造，充分利用停运多年的闲置铁路资源服务城市交通。项目建成后总投资估计在48亿元左右，比新建一条城市地铁交通线大大降低。二是优化责任分工。由铁路局负责铁路工程建设并受合资公司委托负责运营管理，上海市（申铁公司和上海铁路建设指挥部）负责项目征地拆迁工作协调，相关区具体负责征地拆迁工作，并承担征地拆迁费用和分摊部分政府购买服务补贴，成为上海合资铁路建设一种新型的责任分工模式。

（三）运营模式创新

传统的铁路客运只能使用纸质火车票，旅客须对号入座，且人们对乘坐火车的印象脏乱挤。现在展现在市民面前的金山铁路是一条快速、舒适、方便的市郊铁路。①在运营管理方面引进增设公交卡功能设施，即对原铁路票务设施进行改进，并增加了自动售检票功能和设备，使金山铁路既可使用铁路纸质火车票又可使用公交卡；②在列车开行方面实行公交化，每天开行对数不少于36对，并同时采用一站直达和站站停两种模式运行；③在旅客服务方面实行不记名方式，无需对号入座，铁路票与公交卡共用，对使用公交卡实行换乘优惠，全程10元，最低3元，而如按铁路定价全程需17元；④在运营拓展方面实现功能多元化。打破原来以货为主的运营模式，转型为以客为主、以货为辅的市郊快速铁路，在满足客运的同时，统筹兼顾货物运输，确保铁路资源利用率最大化。

（四）政府扶持政策创新

以往市政府对城市基础设施的扶持方式，主要是增加项目的资本金以及贴息贷款等。为实现公交化运营，市政府对金山铁路采用了一种新型的扶持政策。由金山铁路公司按政府要求提供服务内容和服务质量，实行公交化运营和优惠票价。政府则通过购买服务的形式提供政策扶持，即给企业一定的补贴，所需资金由市、区政府各承担50%。由市政府有关部门、相关区政府共同与金山铁路公司签订政府购买服务协议，明确双方的责任和义务、资金的支付方式等。

金山铁路将创新理念成功运用于项目中，打破了传统的铁路项目建设和投融资方式，突破了铁路客运运营管理模式和政府政策扶持方式，改变了金山铁路的形象，改善了企业的经营状况，对推进沿线社会经济发展有着十分重要的意义，同时，也为我们今后工作提供了积极的借鉴作用。

三、金山铁路建设意义和作用

金山铁路是铁道部和上海市合作探索利用既有金山铁路支线改造成高等级公交化运营的市域快速铁路。首先，创新观念实现了国内三个第一：第一条利用停运闲置老铁路合资改造成快速市郊铁路；第一次实现铁路客运使用公交卡，不对号入座和公交化运营；第一次由政府通过购买服务的形式提供政策扶持。其次，创新技术管理实现了三个突破：一是国铁开行高密度的公交列车；二是铁路纸质票和公交卡公用；三是铁路结算系统与公交卡结算系统相互清算。再次，金山铁路模式是一种新的尝试，在国内将起到示范作用。最后，盘活了铁路存量资产，取得了积极的社会效益，改善了铁路运营服务质量，对更好地服务地方交通具有积极的意义。金山铁路开通运营后，目前每日客流平均在2.4万人次左右，既增加了企业效益，又改善了沿线居民出行条件和出行质量，深受沿线地方政府和老百姓的欢迎。

当然，金山铁路在取得积极社会效益的同时，也需要进一步完善和改进。如：如何切实提高金山铁路企业经济效益，进一步理顺铁路与地方利益的协调机制以及真正发挥法人治理结构作用等。

四、金山铁路模式思考和建议

（一）充分利用城市既有铁路资源开行市郊铁路

上海铁路枢纽现有京沪、沪宁、沪杭两个方向的干线铁路引进，同时还有多条铁路支线。随着干线上的京沪高铁、沪宁城际、沪杭客专建成之后，原有的老沪宁、沪杭线能力已大大释放出来，运输能力大有富余。铁路枢纽内多条支线铁路，随着城市发展，原有功能已大大下降，铁路形成的多个平交道口又对地面交通产生了重大的影响。因此，建议尽早规划实施改造利用这些富余能力，开行市郊或跨省的短途客运，为城市交通服务。

（1）继续与铁路方合作，进一步利用现有铁路资源，对现有铁路支线的改造，更好地为城市公交服务。以金山铁路为起点，将金山铁路命名为 S1 线（市郊铁路 1 号线），利用沪杭老线、沪宁老线开行上海到嘉善（S2 线）和上海到昆山线（S3 线）等；改造利用浦东铁路、南何支线等，以及规划新建的沪通铁路、上海东站、浦东机场和虹桥机场联络线、金山铁路奉贤支线等开行市郊铁路。

（2）尽早规划上海地区市郊铁路环线网，利用新建沪通铁路等逐步形成上海市郊铁路环线网；与市中心放射性的地铁网相互衔接，进一步完善上海地区的地铁交通网，为改善城市交通创造有利条件。

（二）拓宽投资渠道，吸引更多投资者参与铁路建设

（1）继续实行地方政府承担征地拆迁并作价入股，金山铁路项目以区政府承担区内征地拆迁费用并分摊部分购买服务补贴参与铁路投资建设的形式，为上海今后进一步探索吸收新的铁路投资来源提供了一个新的渠道，也为鼓励更多投资者参与铁路领域的建设提供了一个新的思路。建议今后对于类似的铁路项目，可继续实行地方政府承担征地拆迁费用并作价入股，将融资与工程建设有机结合，进一步节约沿线土地资源和建设成本。

（2）继续以政府购买服务形式给以扶持，金山铁路项目通过政府购买服务的形式给以一定的补贴扶持，减少了企业经营亏损，提高了运输企业的积极性，在取得一定经验后，建议对凡是承担开行市郊铁路的客运列车，无论是目前运行的浦东铁路还是正在规划新建的铁路，都可参照金山铁路模式继续实行以政府购买服务的形式给以享受政策扶持的优惠。这种通过政府购买服务的新型补贴机制，相对政府对新建一条地铁所给予企业亏损补贴要节省得多，也更有利于调动各方的积极性。

作者系上海申铁公司副总经理、
上海卓越管理中心第 26 期高级职业经理人学员

营销管理

卡帝乐鳄鱼男装品牌的发展探索与思考

严仲良

卡帝乐鳄鱼男装是新加坡的知名品牌，已经在东南亚风靡了60多年。1993年卡帝乐鳄鱼进入中国大陆发展，成立了上海东方鳄鱼服饰有限公司。卡帝乐鳄鱼CARTELO品牌经历了起步、发展、辉煌、衰退，这两年开始又重新起航稳定发展。从该品牌走过的历程，我们可以窥视服装品牌以及服装行业的发展规律，从而给予我们营销的启示和思考。

一、中国男装行业及其品牌的发展进程

服装行业是一个传统的行业，从过去的个体设计，个体制作的手工作坊，到设计定型，工厂规模化的生产加工(称"工业品牌")；再发展到商业化设计，只求销售数量和业绩(称"商业品牌")；到现在的个性化的设计师设计，时尚追求，时尚展示(称"设计师品牌")。服装行业随着社会的进步和发展，总体上说经历了这三个发展阶段。

服装是人类发展和生存的附加物。服装从过去以遮体和保暖为主的功能，发展到后来符合社会穿着需求，多样化的款式衣着。到现在的追求品牌，追求时尚，追求个性化的时尚魅力穿着。中国的服装行业随着中国的改革开放，世界经济的发展，国外服装时尚的理念的渗透，中国的服装行业有了迅速的发展。

民国时期的男装，白领(洋行)的人们以穿着西装而感到时尚，个体老板以穿着长衫而感到稳重，学生以穿着青年装而感到活泼可爱。层次非常明显。

新中国成立以后，穿着西装的人士逐步变少，穿着中山装的人士逐步变多。中式的衣服(十字口纽扣)是一些老年人的穿着。

进入20世纪70年代以后，几乎清一色的是中山装和青年装。颜色也普遍是黑、灰、蓝。军人就是绿色。当时服装界称之为四色装束。只有出国进行外事活动时，才可以看到穿着西装的中国人。

进入80年代后，西装又开始在民众中流行。男装的香港领衬衫开始流行，花衬衣开始有人敢穿。睡衣睡袍开始在有层次的家庭中流行。穿着的颜色开

始多元化了。

到80年代后期开始，男装的款式也随之多了起来，夹克开始流行，到了夏天，T恤也开始流行。男士穿着的色彩也随之变得丰富起来。中国的服装开始走向时尚和流行。

90年代开始，男士的服装开始追求时尚和向往品牌，当初因为中国还没有加入WTO。所以进入到大陆的品牌男装非常有限，风靡市场的也不过是4～5个品牌(鳄鱼、金利来、梦得娇、皮尔卡丹等)。

2001年随着加入WTO，一方面国外的男装品牌大量涌入。另一方面温州等地服装产业的大力发展，他们对欧洲的服装品牌进行仿制和复制，他们利用品牌授权，品牌贴制，以及在欧洲注册，国内生产经营。大量男装品牌充裕到市场上供人选择。由于中国经济的迅速发展和人们收入的提高，世界顶级的服装品牌渗透到了中国大陆。我们可以看到凡是在法国巴黎香榭丽街的服装品牌，都可以在中国看到；凡是在美国纽约第五大道上的世界名牌男装也同样可以在中国大陆看到。并且还大大超过了发达国家的销售量。其增长速度之快、销售业绩之好，令这些国际品牌的大佬们欣喜若狂。

二、卡帝乐鳄鱼男装品牌的魅力剖析

卡帝乐鳄鱼品牌在服装行业中，人们一般简称“鳄鱼”。

新加坡“卡帝乐鳄鱼”品牌成立于1947年，具有68年的品牌历史。

它的品牌价值观是：物有所值；

它的品牌故事有：68年的历史；

它的品牌颜值对象是：成功男士的象征；

它的品牌内涵是：有生命力的顽强的市场竞争者；

它的品牌标志外延是：有韧性的在困境中创业的男士；

它的品牌定位是：35～50岁成功男士中上消费层阶。

卡帝乐鳄鱼进入大陆发展20多年来，同步进驻的品牌大多已经被市场淘汰，唯有鳄鱼的品牌还在市场顽强的游弋。在中国大陆的民众心目中，鳄鱼的品牌已经深入人心，家喻户晓。究其原因：卡帝乐鳄鱼长期以来注重的是品牌的宣传，品牌的效应，品牌的顽强生命力，品牌的社会责任感。

我们可以看到：一个品牌的兴起，靠的是它的内涵和外延，全面的、双重的、长期的磨练和时间的堆砌而树立的形象。在商品品牌中，服装品牌是所有商品中所占比重最多的，服装品牌的颜值也是最为广泛关注的。我们知道，品牌其实就是价值，品牌就是历史，品牌就是故事，品牌就是文化，品牌就是声誉。

（一）品牌的本质

品牌其实就是以产品为基本元素，以服务为核心，以专业为基础，以特色为我独有的专利性，以企业文化为基本概念的一种理念。是一个企业的产品的专利性和一个企业的独有的文化现象。

品牌其实就是"品"与"牌"两个字的组合："品"——品相、质量、理念、推广、形象；"牌"——商标、图案、名称、知名度、认知度。

我们从品牌的内涵来看：

(1) 品牌的属性——是独特的，认知的，知名的，个性化的产品标记。

(2) 品牌的价值——是区分于一般社会平均的价值，是一种具有独特属性的附加价值的体现。

品牌是扎根于顾客心目中对图标内涵的感知，对实体产品的独特的认知，并能传承，痴迷，为之疯狂的价值概念。

(3) 品牌的文化——品牌有其独特的文化理念，一定有其独特沉淀的创业故事，有区别于一般的感人的故事范例，并能打动消费者心的一种寄托。

(4) 品牌的使用者——品牌使用者象征着体面和人生价值的体现。具有和其他个性不同的，和同类产品又不具备的不同点：它给消费者带来独特的外观，寿命周期，价值和服务。

(5) 品牌的利益——一个品牌的产品一定是物有所值，给顾客是一种独特区别于其他同类产品的享受和实惠。

（二）品牌和产品的区别

产品是一般社会认知的共性存在的，形成与生产环节中，注重于使用。

品牌是存在于消费者的认知中，并能予以一定的享誉度，形成于与整个经营环节中，注重于服务，定位和传播。

（三）品牌定位的思路

品牌定位是希望顾客感知，认知该品牌不同于同类竞争者品牌的一种形式。是预期在顾客大脑中能占据一个有利的位置，能给顾客留下一个深刻，独特和鲜明的印象，并能满足潜在的顾客消费者。

（四）品牌的独特优势

品牌能为企业带来持久的回报，并且能给企业创造更高的价值，品牌能够抵御竞争，并在竞争中战胜对手；更容易扩张市场，获得市场的欢迎，给企业带来丰厚利益。

三、提升卡帝乐鳄鱼男装品牌的探索

自从卡帝乐鳄鱼进入大陆发展20多年来，同步进驻的品牌大多已经被市场淘汰。唯有鳄鱼的品牌还在市场顽强地游弋。在中国大陆的民众心目中，鳄鱼品牌深入人心，基本上无人不晓。

（一）卡帝乐鳄鱼男装品牌的处境分析

服装品牌的优势在于工艺、款式、面料，在于细节的处理。服装的工艺是有它的独特性、排他性、专利性。由于现在我们大部分产品是委托加工，市场上不免会产生竞争和仿制，使我们的独特产品失去了自己的优势。

公司原来质量优势的产品会面临挑战和侵蚀：我们的拳头产品夹克主要讲究版型和面料的选择，胸腔设计挺括，做工考究；如果环球领的，螺纹伸缩自然，有弹性，柔软。我们男装T恤主要讲究花型，面料，做工，肩部贴身，注重细节。我们男装衬衣，领子的花样很多，有竖领的，有翻领的，有小八字领的，有大八字领的，有尖角领的，有圆角领等。领子内衬同样也是关键。需要挺括不变形。衬衣的身筒版型，有贴身瘦身版的，有直筒版的，门襟有翻边的，有暗门襟等，总之不要看似一件衬衣很简单，其实我们的设计师专注了好多独特的技巧在里面。西装更不用说了，除了好的版型，还要有好的做工，更要有好的面料和里子。

男装看似花样不多，但是男装的细节比起女装的细节更多、更全面、面料更讲究。世界开放了，男装的这一些技术，因为不是一个难搞的技术，所以很快会被其他品牌服装研究和效仿。同类服装的竞争者都会在很短的时间内掌握改良过的号称自己的产品和品牌。所以我们以前有的优势，我们会变得没有优势。

我们的新产品，设计和打板的要求很高，我们有意大利专业设计师做顾问，我们参照欧洲大品牌的时尚元素，同时我们会结合中国的服装元素和消费市场的消费者的需求，进行设计，打板，制作，成衣。但好多国内消费者还不能及时的接受，因为经典，因为传统，总感觉到没有一种新意。

我们的产品成本偏高，因为我们追求的是面料和质量，工艺和品牌，所以我们的成本普遍要比同类服装的制作成本要高15%以上。

（二）提升卡帝乐鳄鱼男装品牌的建议

1. 品牌的培养和成长

首先，我们要从高度来认识：品牌是对内提高员工的尽职度，对外是提高顾客忠诚度的重要保证。

其次，品牌的经营是企业成功的重要标志。它的扩散效应、它的持续效应、它的放大效应、它的刺激效应，是一个普通商标所起不到的重要作用。这一重要作用就是品牌(名牌)的效应。品牌效应就能带给企业高额的经济收益和显赫的声誉、荣耀以及社会的地位，从而达到企业的巨大成功。

通过20多年在国内的经营，我们总结出一条宝贵的经验：

品牌在适应市场需求中成长；品牌在激烈的市场竞争中成长；

品牌在追求技术进步中成长；品牌在管理优化中成长；

品牌在强化市场营销中成长。

一句话：品牌永远在成长中。

品牌的经营和商品的经营是有着密切的联系，但有着本质的差别。商品经营是品牌经营的基础。品牌是商品的牌子、名称、符号和象征。

因此，公司20年来一直注重营造品牌的优势和技术含量，创造出自己的特有的服装品牌特色，包括工艺技术、辅料配方、质量特色、服务特色、经营策略特色、资源特色和包装特色等。

2. 巩固品牌的经营思想

品牌经营的思想必须是：先谋势，后谋利；

品牌经营的战略目标是：创造品牌，发展名牌；

品牌经营的战略重点是：扩大品牌优势，强化品牌意识；

品牌经营的战略措施是：营造品牌实力，塑造品牌形象。

3. 运用品牌宣传以及互联网推广

改变原先利用网络推销的营销模式，利用互联网宣传的广泛性和迅速性，采用互联网的先进性、开创性、互通性、透明性，参与市场的竞争。

改变原先的模式：慕名订货——产品下单——加工制作——入库验收——出库发货——店铺销售——迎合消费。最终模式：售后库存——回库压仓——打折流回市场——最后清仓。

这种模式的弊病在于：产品运行的周期很长，时间至少在一年以上，还会时时积压产品，会占用资金天数很长，销售的产品会跟不上时尚款式的要求，从而销量会大大缩减，企业的整体效益损失。

运用互联网的技术：品牌宣传，品牌沟通，品牌展示，品牌介绍，品牌的流行趋势的推广，品牌时装秀的网络表演；然后运用互联网的广泛性，评级，评价，下单，利用互联网生产，加工制作。按照网络评选的优势产品下单，及时修正订单，及时推广新的产品，保证产品的质量和数量，及时提供给消费者。周期完全可以控制在一个月内做完全部的宣传、推广、营销工作。并且可以及时地回笼资金,资金的周转次数可以在原先的基础上提高 8～10 倍。

服装品牌在实体店(专卖店)中销售是一种基本的模式。一线城市中的大型商场销售也是服装品牌普遍的销售模式。但是比起互联网经营,不光光是销售,主要可以起到一种培养和发展目标消费群,巩固现有目标消费群,提高顾客对其品牌的认知度,焕发起顾客对一个品牌的忠诚度。

因此卡帝乐鳄鱼的未来在经营过程中,我们会区别于一般品牌的销售模式,在营销上有自己的特点,会更注重形象的宣传,并会运用品牌的张力、品牌的故事、品牌的文化内涵。只有这样才能有利于我们品牌的口碑人际宣传、人际传播,提高品牌的美誉度。

四、公司品牌的社会责任践行

品牌的声誉来自社会,品牌的效益同样也是来自社会。所以我们应该要“取自社会、用之社会”。一个品牌的发展离不开社会的支持,所以品牌发展的经营理念也应该是“取自社会、用之社会”。20 多年来,卡帝乐鳄鱼品牌热心赞助大陆教育、福利事业、慈善事业,为中国大陆社会公益事业做出了巨大贡献,得到了社会的认可和赞誉。公司至今捐赠额已超过 8 000 多万元人民币。其中:1998 年捐款中国人民大学图书馆建设,2004 年捐款悉尼奥运会,2006 年由公司在西藏亚东县帕里镇援建的“卡帝乐希望小学”正式开学。2007 又追加投资 150 万元继续资助西藏地区的优秀贫困学生和老师。2008 年年初投入 100 万元建立“卡帝乐关爱渐冻人”基金。5 月为四川汶川大地震灾区捐款捐物达 2 000 多万元。2011 年在上海设立达承基金捐款 1 000 万元给慈善事业。

服装行业是一个传统的行业,中国的服装时尚化,还刚刚开始。中国的服装行业要走出国门,打到世界上去,还有很长的路要走。中国男装品牌的未来发展,如何把中国的服装元素和世界服装的元素有机结合起来,是放在我们服装界面前的一个重要课题。无论在面料的开发上,还是在工艺的制作上;无论在款式版型的得体上,还是在服装的配件搭配上,我们都应该积极引进适用于中国服装元素的好的样板加以改良和改进,从而创出中国的品牌,亮相在世界的服装舞台上。

作者系上海东方鳄鱼服饰有限公司副总经理、
上海卓越管理中心第 29 期高级职业经理人班学员

上海华谊(集团)公司品牌管理与实践

韩毅清

品牌是企业无形资产的全息浓缩,是产品和服务的附加价值,也是企业的核心资产之一。在全球经济一体化的趋势下,在复杂多变的市场环境中,上海华谊(集团)公司如何才能打造可持续发展的品牌竞争力,保证企业在市场中的品牌竞争优势,做好华谊集团品牌管理,具有重要的战略意义,也是迫切需要研究的现实课题。

一、上海华谊(集团)公司品牌概况

(一) 上海华谊(集团)公司概况及现状

上海华谊(集团)公司是由上海市政府国有资产监督管理委员会授权,于1996年通过资产重组建立的大型企业集团公司。

华谊集团是上海化学工业发展有限公司主要股东之一,拥有双钱集团股份有限公司、上海天原(集团)有限公司、上海焦化有限公司、上海氯碱化工股份有限公司、上海三爱富新材料股份有限公司、上海华谊丙烯酸有限公司、上海涂料有限公司、上海华谊工程有限公司、上海华谊房地产有限公司等20多家全资和控股企业,集团还拥有技术研究院、3家国家级企业技术中心和5家市级企业技术中心,并设有博士后科研工作站。

华谊集团始终坚持"高端发展、跨市发展、创新发展、一体化发展",大力培育"能源化工""绿色轮胎""先进材料""精细化工""化工服务"等五大核心业务,积极打造以"决策中心、投资中心、研发中心、营销中心、管理中心"为内涵的上海总部经济,不断形成"一个华谊、全国业务"的发展模式。

华谊集团注重加强对外合作,目前已与杜邦、巴斯夫、拜耳、米其林、卡博特、阿科玛等国际著名化工公司合资建立40余家中外合资合作企业,并与宝钢、中石化、神华、中集等国内知名企业建立战略合作关系。同时,坚定不移地"走出去"战略,充分发挥集团品牌、技术、管理、人才等优势。

（二）上海华谊（集团）公司品牌情况介绍

集团拥有 6 个品牌 7 种产品，均属于中国名牌，分别是双钱牌全钢子午线轮胎、申峰牌烧碱和聚氯乙烯、中昊牌制冷剂 HCFC－2(二)白象牌碱性电池、扇牌（洗衣皂、洗衣液）和蜂花牌洗衣皂。

有 23 类产品拥有上海名牌产品称号；有 5 个上海出口名牌，分别是双钱牌全钢子午线轮胎、申峰牌烧碱、一品牌氧化铁颜料、白象牌碱性电池和天鹅牌电池。

有 3 类产品入围中国驰名商标，分别是双钱牌全钢子午线轮胎、牡丹牌印刷油墨和回力牌（运动鞋、保健运动鞋、休闲鞋）。此外，还拥有包括双钱牌全钢子午线轮胎在内的 11 只商标荣获上海市著名商标称号。

在 2006 年，双钱牌轮胎和飞机牌还原染料被国家授予第一批“中华老字号”的称号。眼睛牌油漆、光明牌漆、飞虎牌涂料、一品牌颜料、狮头牌添加剂、白象电池、白石牌钛白粉、牡丹油墨及回力牌运动鞋、保健运动鞋、休闲鞋等 9 个品牌在 2011 年 2 月获得第二批“中华老字号”的称号。

（三）上海华谊（集团）公司品牌管理现状

1. 品牌管理模式各不同

集团下属各企业的发展愿景和经营模式各不相同，上、下级企业品牌培育职责不明确，无法形成纵向部署落实、横向协调一致的清晰品牌管理框架，品牌群整体效应无法最大化发挥。

2. 品牌宣传尚不到位

许多人可能没有听说过华谊集团的名字。即使听说过，但却不知道华谊集团从事什么行业。随着集团这些年的不断努力，成功塑造了丰富的品牌形象，形成品牌特色文化，但却无法深入普罗大众的内心。要想成为中国的巴斯夫或杜邦，建成“世界先进、中国著名”的化工企业集团，仍需进一步加强品牌的营销宣传力度。

二、上海华谊（集团）公司品牌管理体系的主要内容

注重企业品牌的中长期发展，充分利用品牌资源，促进品牌一体化可持续发展，将各品牌相互渗透、融合，形成有机整体，为集团的品牌管理提供战略思想指导。

（一）集团品牌模式管理

随着集团化运作的深入，不断完善和扩展化工产业链，逐步形成集团品牌族群，已经初步具备品牌拉动整体业务营销的实力。加大各产业和企业的控制力度，分别制定不同管理原则和品牌发展方向，保障集团核心业务顺利开展和实施。

集团品牌体系分为三个层面，即集团品牌、产业板块品牌和产品品牌层面。相邻层面相互影响，沟通对象各不同的，分别对应全体社会公众、行业内的目标客户和行业人士、产品所在细分市场上的目标客户。在集团层面，实施一体化品牌“华谊”，制作统一的 LOGO 运用于名片、信封、宣传印刷品等产品上，明确规定下属公司司标的摆放位置，提升“华谊”品牌的社会公众认知度和接受度；在产业板块层面，实施多品牌策略，如“双钱”“上焦”“申峰”等多个核心品牌及主副品牌模式。

以“双钱”品牌模式管理为例：“双钱”实施主副品牌管理模式，即以“双钱”为主，“回力”“万世达”“万家达”和“飞跃”为辅。到目前为止，“双钱”全钢胎已形成载重、轻卡、工业和工程四大系列，50 多个规格，420 多个品种，在国内外市场具有较强的竞争优势。

（二）集团品牌传播管理

品牌传播方面，主要分为集团层面的传播和集团下属公司品牌层面的传播。前者的品牌传播能力较为薄弱，亟需进一步加强。

1. 华谊集团层面的品牌传播

以集团名义参加博览会、国内外化工行业论坛和产学研论坛，主动与国外著名化工公司合资合作，提高“华谊”产品和品牌的知名度；充分利用集团旗下具有良好市场效应的品牌宣传平台：三爱富、双钱股份和氯碱化工；运用主流报刊等媒介，积极宣传集团品牌形象，增强品牌的认知度。

2. 集团下属公司的品牌传播

充分发挥众多知名品牌、商标及“中华老字号”品牌的宣传优势；根据产品种类和特性，量身定做品牌传播途径，例如：传播管理独树一帜的“双钱”品牌，利用电视、报刊、媒体和户外路牌、门头广告、送货车辆和产品使用手册，进行产品宣传和品牌展示；参加国际、国内工业产品或轮胎产品的工博会、客车展和博览会，提高产品和品牌的知名度，开拓国内外市场。除此之外，还建立“双钱屋”“双钱之星”“双钱博士工作室”和“双钱驾驶员俱乐部”。

（三）集团品牌定位管理

科学评估目标消费者需求，确立市场竞争对手，分析企业资源特征。具体分为以下三个步骤：

1. 评估消费者市场

消费者需求具有多样性和可变性的特点，企业不可能满足市场上消费者的所有需求。针对目标消费市场，进行产品营销，集团目前目标消费细分市场主要分为消费品和工业品。例如：集团旗下被推荐为日用消费类上海名牌产品：白象牌电池、回力牌运动鞋（包括休闲鞋）、扇牌洗衣皂、洗衣液等；被推荐为生产资料类（工业品）上海名牌产品：双钱牌轮胎、申峰牌烧碱、光明牌船舶漆等12个品牌21种产品。

2. 确立品牌竞争对手

作为中国最大的化工品制造商集团确立以世界化工50强企业等作为竞争对手，并努力实现2015年营业收入超600亿元，跻身世界化工50强的目标。

近几年来，集团非常重视研究和分析竞争对手的发展情况，包括竞争对手的企业概况、发展简史、组织结构、经营状况、经营战略、发展特点、资金实力、投资动向、建设项目、科研情况和领先技术，以及对集团发展启示等。

3. 分析企业资源特性

作为国内极少数具有从化工技术研发、工程设计到施工建设一体化的综合大型化工企业，主营业务包括煤化工、绿色轮胎、新材料、精细化工及现代服务业五大板块。前四大板块主要属于生产类业务，涉及基础化工原料、橡胶制品、化学制剂、生物化学品、化工设备等十几大类近万种产品，拥有“上焦”“申峰”“双钱”“回力”“飞虎”等十多个社会知名品牌。

依靠自身优势，坚定专业化发展，始终坚持“高端发展、跨市发展、创新发展、一体化发展”的理念，大力培育“能源化工”“绿色轮胎”“先进材料”“精细化工”和“化工服务”五大核心业务，不断形成“一个华谊、全国业务”的发展模式；努力成为中国的巴斯夫或杜邦，为建成“世界先进、中国著名”的化工企业集团而奋斗。

集团旗下的“双钱”品牌定位较为明确，目标是打造中国第一品牌。“双钱”在认真审视品牌优势的基础上，明确企业品牌定位和产品定位，生产性价比与米其林、固特异和普利司通相媲美的中高档产品，打造世界知名品牌，保持中高档市场占有率，不断提高国内外市场份额。

（四）集团品牌形象管理

根据企业经营理念和发展战略，结合企业实际，以国际化视野开展主营业务、战略实施、品牌合作和社会责任。具体为以下三部分：

第一部分：万化至臻，凸显集团经营理念、规模实力及行业领导者地位，将企业综合实力清晰地传递给客户。

第二部分：绿色化工（物化），阐明集团主营业务、生产布局及绿色生产的环保理念，帮助客户深入了解企业生产经营状况和经营发展指导思想。

第三部分：亲善聚众（神化），彰显企业经营管理内涵，展现“华谊集团的商儒之道”。

围绕“绿色化工 美好生活”的主题，积极塑造品牌形象，实现集团核心内涵的延伸。

以“双钱”品牌形象管理为例，“双钱”商标蕴含两层意义：一是与双全谐音，寓意“成双吉利，两全其美”；二是商标为两枚具有中国特色的古钱，既符合轮胎的外圆，又传达“财源滚滚”的含义及呈现团结、圆满、公平与和谐的双赢局面。

（五）集团品牌文化管理

经历改制重组发展，集团形成具有自身特色的“国企精神”：背水一战的勇气、卧薪尝胆的骨气、埋头苦干的憨气和开拓创新的灵气，大力推进“华谊”品牌文化建设。

根据化工大企业特点，结合企业实际情况，明确企业品牌文化建设目的和目标：强调“内塑凝聚力和亲和力，外塑影响力和美誉度”。通过强化“一体化”发展，抓好“三高一流”职工队伍建设，形成具有凝聚力和亲和力的团队；通过发展“绿色化工”和“循环经济”，努力实现化工与社会、化工与自然的和谐发展，改善社会谈“化”色变的偏见，提高化工企业的再认识，增强企业在社会上的影响力和美誉度。努力对接与上海地域文化，成为“海派”文化的重要组成部分。

“开放、融合、和谐”是双钱公司文化建设的核心内容，也是创建公司核心价值观的重要法则。通过传播先进文化，营造和谐氛围，激励员工内生动力，实现公司发展愿景。伴随着企业文化建设的深入开展，有效将企业文化优势转化为企业管理优势和竞争优势。

（六）集团品牌创新管理

坚持企业发展与生态环境相容、与上海产业发展导向相符、与地区经济发展相联，从集团形象、文化、产品、技术、管理等综合方面着手，不断实现企业创新发展。

近年来，集团已经逐步实现从投资拉动到科技推动、从资源推动到创新驱动的转型，产品创新和技术创新已成为集团发展的最大亮点。为加大新产品和新技术的研发力度，建立以技术研究院作为集团科研开发及产业化技术和项目的研发机构。在立足于集团四大主营业务的同时，加强在煤化工、新材料、精细化工、绿色轮胎等技术领域的科研开发及产业化建设。通过业务平台发展和资源整合，将研发机构逐步发展成为具有国内一流设施和水平的企业研发基地。至此，集团新产品和新技术先后荣获上海市科技进步一等奖 8 项，二等奖 7 项，三等奖 8 项；有 77 项产品被评为上海市优秀新产品，12 项产品被评为国家级优秀新产品。目前，集团已有 30 家企业和研究所通过上海市高新技术企业的评审。

再以“双钱”品牌创新管理为例：公司以国家级技术开发中心为平台，重视原创性技术开发。公司提出的“轮胎整体结构优化设计理论及其运用”荣获上海市科学技术进步一等奖。作为我国第一个较为全面的子午线轮胎结构设计理论体系，已达到国际领先水平。

此外，公司先后与哈尔滨工业大学、上海交通大学、同济大学和北京汇海宏纳米有限公司开展“子午线轮胎新产品设计方法的开发”“有限元分析软件在载重子午胎新产品设计的应用开发”“低噪音全自动智能优化设计软件系统”“纳米材料在轮胎中的应用”等课题的技术开发研究。

三、上海华谊(集团)公司品牌管理的前景

为实现集团品牌族群的协调、可持续，增强品牌拉动营销的能力，实现品牌保值增值的目标，集团仍需进一步实施品牌一体化战略，并更深入、细致梳理集团品牌，建立一个更为清晰、协调和科学的品牌结构框架，提炼涵盖多元产业的共同诉求，包容产业间差异的集团基本价值。在此基础上，以点带面，整合集团内部资源，提高效能加速累积品牌资产，实现集团品牌群资源共享，形成合力，充分发挥出集团品牌群效应，并通过完善品牌传播组织体系，以集团本部为控制、监督核心，各子单位营销和行政建成高效的、清晰的品牌传播机制，来保障品牌传播的实施。

品牌管理是系统性、科学性、全局性的工作。品牌建设不仅与市场和管理部门密切相关，而且还要调动集团全体员工参与。组织全体员工开展品牌知识学习，增强集团和下属单位各层面人员的品牌意识，为公司推进品牌建设奠定知识和思想基础。

作者系上海华谊(集团)公司对外合作部高级经理、
上海卓越管理中心第 29 期高级职业经理人班学员

“徐汇新城”项目营销管理策略分析

辛泓良

房地产是我国国民经济的主导产业。经过 20 多年的发展，中国房地产行业正逐步向规模化、品牌化、规范化运作转型。房地产商品是一种区别于其他商品的特殊产品。仅限在当地生产并使用的特点决定房地产营销与其他产品的不同，特别是房地产项目作为一种需求预测投资生产的过程，展现房地产业高投入、高产出、高风险的行业特征，给房地产投资带来诸多不确定性和巨大的投资风险。目前，我国的房地产行业的营销环境与管理仍在诚信问题、营销创新、产品创新以及管理体制等方面与国际接轨存在差距。为此，研究房地产营销管理已成为推动房地产业健康发展的重大课题。

一、“徐汇新城”项目的介绍和分析

（一）“徐汇新城”项目基本情况

1. 土地开发量

上海景秀置业发展有限公司的“徐汇新城”项目位于徐汇区龙吴路 1717～1727 弄，东沿龙吴路，南临淀浦河，西贴罗秀二村，北靠罗秀路，是原上海人造板厂、中海外轮修理厂和“徐家塘”宅基地用地。项目建设用地 143 384m^2，其中土地出让 138 739m^2，土地划拨 4 645m^2 作为幼儿园配套用地。

2. 区位介绍

“徐汇新城”项目地处中外环之间，位于徐汇区南部，属长桥板块。项目地理位置优越，作为毗邻淀浦河、黄浦江地段的龙吴路沿线，发展潜力巨大。一是徐汇区最大的新建住宅重点建设区域在徐汇南部；二是黄浦江岸徐汇段开发的结构性规划；三是在完成苏州河、外环西河、淀浦河和黄浦江的水环工程后，淀浦河和黄浦江之间的中环线区域将成为上海新兴的居住中心，并配备四通八达的交通线路。

该项目距离徐家汇商业中心、龙华生活圈、漕河泾经济开发区和梅陇生活圈车程均 15 分钟。自驾车到浦东国际机场仅需 20 分钟左右车程，距上海南站仅 3 公里距离，离上海植物园约 2 公里距离。龙吴路是连接徐家汇和吴泾地区的主干道路，项目北面是中环线上中路段，南面是外环线。项目附近有华育中学、上海小学、罗秀小学、逸夫小学、上海中学等优质教育资源。

3. 建设规模

整个项目分三期建设，项目建设总规模为可售住宅 195 264.11m^2（合计 1 807 套）、可售小区商业房 6 499.93m^2、可售地下车库（位）6 920.33m^2（合计 218 只）、无独立产证会所产权面积 1 700m^2、移交公建 4 322m^2（其中幼儿园 3 571m^2、社区中心和居委会 751m^2）、移交小区物业和业委会用房 652m^2、移交变电站 617.84m^2（6 座）、移交小区配套面积：垃圾房 92m^2、门卫 43m^2、地下水泵房 838m^2、无产权地下自行车库和储藏室 18 100m^2。项目设计为 59 幢 3 层联排别墅至 15 层高层住宅不等的单体住房。

4. 景观特色

项目地块内有一条南临定浦河、东眺黄浦江的天然河道——静暮港（原进木港），景秀公司特地委托为香港海洋公园和迪士尼设计景观的何显毅建筑设计事务所规划设计“徐汇新城”项目。项目沿龙吴路设计一条 20 米的绿化隔离带，开发一处距定浦河防汛墙 50m、面积约 2 万 m^2、仅对小区内部开放的河滨公园，并与水利局合作将防汛墙改造成开放式样板段亲水平台。整个小区容积率改善，仅为 1.27，绿化面积增加，达 7 万 m^2，成为覆盖率为 45%的徐汇区罕见的大型低密度住宅小区。特别是将小区主入口设计于天然河道——静暮港之上，独一无二的设计理念，迎合风水爱好者的需求。

5. 销售情况

整个项目可销售量为：住宅面积 195 264.11m^2、商业面积 6 499.93m^2 和地下车位 218 个。“徐汇新城”一期项目于 2004 年 5 月 1 日起预售，根据项目分三期开发实施预算，整个项目共分 12 批次办理预售许可证，确保项目推盘、产品定价、资金回笼、施工投入和股东分红有机结合，充分保障股东、客户、渠道和团队各方利益，保证项目价值最大化。截至 2013 年底，住宅面积全部销售完毕，并完成所有地下车位和大部分商业面积的销售。

“徐汇新城”项目被多个相关部门、媒体、消费者评为“上海创新风暴设计金奖”“最受消费者喜欢楼盘综合金奖”“上海‘四新’示范小区”和“上海住宅房型设计大奖”，并连续 5 年进入“上海房地产价格指数”50 个样板楼盘，成为上海住宅价格趋势代表楼盘之一。

（二）“徐汇新城”项目 SWOT 分析

运用 SWOT 模型，结合企业实际，“徐汇新城”项目的优势为区位、规划、规模和景观;劣势有商业配套和轨道交通的缺陷;机会即消费者刚性与改善需求、区域规划;威胁是国家政策调控和资金断链风险。

为充分利用房地产市场机会,规避房地产市场潜在的威胁,改进公司存在的问题,减少住宅项目的风险,结合 SWOT 分析,公司要设计以客户为中心、兼顾公司和客户利益的营销方案。方案的核心是以生态环境开发为主线,突出项目特有的生态与自然概念,打造高质量的主题小区,营造生态、美景、园林与艺术的氛围,体现项目高品质的生活方式。住宅小区的规划、园林、配套、物业和文化已超越单纯的产品和项目竞争。在繁华喧闹的城市中心,围绕"生态"主题分期开发建设,不断丰富、细化和提升,为整个楼盘品牌延展提供可能性。

二、"徐汇新城"项目营销策略的思路与方案

(一)"徐汇新城"项目营销策略的思路——全员销售模式的建立

"徐汇新城"作为一个高品质的中高档住宅楼盘,项目的营销要具备市场的敏感性、前瞻性,开发理念要具有一定先导性,做到大胆设想,小心求证。住宅项目要根据"先出位,再入位"的原则,设定演绎主题。以市场为先导,以销售为目的,有机整合房地产企业内部各部门,运用合理的价位体系,拓展消费者购买潜力,有机调动全员销售意识,实现全员化的销售模式。

1. 产品的设计施工与市场销售紧密挂钩

一方面,项目的设计、开发和施工管理人员要主动参与到市场销售的工作中来,发掘周边的潜在客户资源;另一方面,全员销售模式要求企业内部各部门员工都要有市场营销意识,在履行本职工作时,充分与市场销售的需要相结合。

2. 产品价格与市场心理价位紧密呼应

传统的价格制定是以开发商根据成本与利润核算而成,与周边楼盘的市场价位存在一定的正负差距,不利于开发商资金的回笼和利益最大化。全员销售模式的销售主体不只限于开发商的专业销售人员,还包括社会人员、业主等,可以更准确了解目标客户的价格预期,综合成本与市场因素,保证价格体系与市场心理价位紧密呼应。

3. 产品推广"软硬"施

房地产消费是一种谨慎的购买行为,消费者在选择住宅产品时,会尽可能摆脱房地产开发商硬性宣传,通过内部渠道、熟人交流等方式,挖掘可信赖信息,为决策提供支持。如能有效控制消费者之间的口碑传播,将实现比普通硬性宣传更强大的推广效果。

在全员销售的模式中，传播主体和传播方式的改变促使人与人之间传播的销售模式具备更高的信赖度。相对于硬广告、盲传资料等传统营销推广手段，全员销售模式具有成本低、效果好的显著特点。

4. 产品销售行为着重品牌传播

传统销售模式只聚焦于完成产品销售本身，并不考虑产品品牌和企业品牌。而全员销售模式拥有大量目标客户，对品牌的知名度、美誉度和忠诚度都有直接影响。

（二）“徐汇新城”住宅项目营销策略的具体方案

为突出“徐汇新城”住宅项目的核心特色，上海景秀置业发展有限公司聘请一流的营销策划专家，提炼项目开发主题，全方位包装和宣传项目，努力营造项目市场人气指数，确保楼盘高品质、符合中高档消费的需求。

1. 项目的市场定位

项目主体风格定位以现代西班牙风格为主题；项目建筑规划定位充分考虑绿化景观生态系统和娱乐休闲系统；项目户型定位采取面积紧凑的三房及两房作为主打房型。

2. 住宅项目的价格策略

通过对项目周边楼盘消费群结构调研分析，结合意向客户群问卷调查，发现结婚购房人士在购买总价较高的楼盘时，态度谨慎；外籍人士和企业高管对联排别墅楼盘较为感兴趣；外省市人群对房源有一定的面积要求，以便于出租。

“徐汇新城”住宅项目定价以一房一价为原则，根据影响价格的重点因素：所处小区位置、物态、楼层、房型、景观、面积、出入动线和噪音，结合各独立户别差异，综合定价。但房屋的最终价格仍需视综合情况及推盘时间为基准，并且价格随交房期的缩短而上升。

3. 项目的推广定位策略

项目坚持概念切入，不断深化生态主题，赋予个性鲜明和时尚先进的生活理念，差异化营销推广同质住宅项目，积极塑造差异化特色。在地段、基本规划、环境、产品设计等刚性因素基本不变的前提下，充分挖掘产品推广的概念资源，提高品牌形象和产品的文化价值。

在推广手法上，运用全面概念传播的长文案大版面，阐述“徐汇新城”住宅项目迎合国际化潮流趋势的生态居住观及健康住宅的实际内容，形成强势推广的市场占位优势。

（三）“徐汇新城”项目营销策略所采取的相关措施

1. 品牌定位——完全生态小区

在市场推广导入阶段，成功将品牌定位成纯天然生态小区，并制定相关的措施保障机制，确保营销策略有效执行。

2. 保障措施——建立售前、售中、售后服务营销系统

售前服务直接关系到开发的物业是否能销售出去，实现资金的变现和增值。售前服务包括接待潜在客户参观样板房和模型、倾听客户的意见，甚至让客户参与设计。

售中服务主要包括与目标顾客的沟通、引导客户向有利于产品销售的方向思考、协助客户做出购买决策等。这部分工作由公司的案场员工实施，公司可在很大程度上予以控制，包括积极耐心地帮客户解决购房过程中的各种手续和按揭贷款的申请办理，以及向客户宣传公司项目的比较优势。

售后服务是品牌优良的延续。在房地产商品的消费阶段，由于产品本身具有效用的后向持续性，服务在很大程度上决定消费者的满意程度。为此，在这一阶段，消费者更看重物业管理企业所能够提供的物业服务。

3.“徐汇新城”住宅项目的推广

为在消费者心中快速建立企业良好形象，采取整合营销策略，即通过运用各种媒体媒介如报纸、电视、路牌、灯箱广告、网络广告等，找准市场的兴奋点和刺激点，寻求与客户的双向沟通和交流，向客户传递项目的优质形象，实现短期内人气的迅速积聚，促进项目的快速销售和资金回笼。

综上所述，“徐汇新城”住宅项目营销策略的实现需要企业内部多部门的合作，需要对现有服务系统的改进，也需要营销推广策略来配合营销策略的实施。

随着人们对居住要求的不断提高，居住环境除了为人们提供可以生存的空间外，还要求具有完善的商业、生活配套设施、环境优雅的休闲和娱乐场所、优良的教育设施、清新翠绿的花园、便捷的服务功能设施等等，这就要求房地产企业通过细分市场、找到市场的空白点，推出极具特色的房地产产品来提高市场竞争力，努力实现“人无我有，人有我精”开发规划理念，把握营销的精髓，勇于开拓市场，树立良好的企业形象，打造极具美誉的企业品牌。

作者系上海景秀置业发展有限副总经理、

上海卓越管理中心第 32 期高级职业经理人班学员

老凤祥营销网络精益管理体系的探索与实践

惠　敏

"老凤祥"，作为中华民族的百年"老字号"、知名品牌，始创于1848年，历经三个世纪，是中国首饰行业历史最悠久、规模最大的首饰企业之一。拥有四个专业厂、二十多家子公司、上千家连锁银楼、近三千个销售网点，以及研究所、检测站、典当行、拍卖行、博物馆等。销售客户分布在本市及全国各大城市，以及香港、澳洲、加拿大和美国。公司主要经营黄金首饰、铂金首饰、钻石首饰、翡翠首饰、白玉首饰、珍珠首饰、有色宝石、白银首饰等八大类饰品，以及工艺美术品、象牙、珐琅、珠宝眼镜等产品系列。从专业设计、原料准备、制作生产到营销策划，实现了完整的产品生命线，建立了老凤祥独特的批发和零售业务的销售网络拓展线，为老凤祥品牌战略的实施奠定了扎实的基础。

一、"老凤祥"在传承中创新，在创新中发展

"老凤祥"坚持机制创新、观念创新、技术创新、文化创新、营销创新，并不断转型升级，坚持诚信经营，优质服务，使老凤祥持续保持稳定的发展。

（一）经济规模不断扩大，年销售额快速增长

从2003—2013年的10年间，老凤祥的销售从18亿上升到326亿；利润从2 750万增长到12.79亿元；从300余家特约银楼近千客户发展到上千家连锁银楼、近3千个销售网点。

（二）品牌影响力不断提升，品牌价值快速提高

上海市顾客满意度评价中心测评显示，老凤祥品牌产品质量及其服务的顾客满意度，近年来保持并处于同行业的领先地位。老凤祥的品牌价值由2005年的16.05亿元上升到2013年的116.72亿元。

（三）保持行业领先地位，传承技艺得到发扬

老凤祥曾获得了众多国家级的荣誉：中国驰名商标、中国名牌（黄金及贵金属镶嵌饰品）、国家商务部颁发的第一批中华老字号、全国用户满意企业、上海十大品牌，等等。老凤祥在珠宝首饰企业中率先通过了从生产到销售全过程的ISO9001国际质量认证体系，连续几届荣登“中国500最具价值品牌”榜，“亚洲品牌500强”，“老凤祥金银细工制作技艺”荣列国家非物质文化遗产保护名录。

二、“老凤祥”在实践中突破，在突破中继承

老凤祥坚持“创意拉动设计，文化创造价值”，依托品牌优势，依靠老凤祥独特的历史沉淀资源，取得了有口皆碑的成绩。面对营销领域的高速拓展和不断扩大的OEM合作团队，面对供应链网络的统一和规范，面对急待提高的管理能级及标准化的业务培训等诸多问题，在精益管理体系理论的指引和启发下，老凤祥通过实施推广“老凤祥营销网络管理信息系统”来探究在新形势下营销网络体系的建立、管理和发展。

（一）运用先进技术手段，创建无边界组织的运营系统和流程

上海老凤祥营销网络管理信息系统的项目建设是以先进成熟的计算机和通信技术为技术手段，建立和完善上海老凤祥有限公司的生产、销售及合作伙伴之间的业务往来和账务处理，建立一套全新的网络连接供应商和顾客，为生产管理、配送管理、营销管理、账务管理和领导决策提供服务，实现老凤祥营销网络管理的现代化和科学化。

系统建立在开放的网络应用平台上，与老凤祥分销管理系统、连锁金店管理信息系统、生产管理信息系统、财务管理信息系统等实行多方式结合接口，所采用的构架是基于组件的应用构架，从而保证系统的稳定可靠、便于扩展，显示出集成性和灵活性强的特点，并为老凤祥未来云计算的发展奠定基础。

老凤祥营销网络管理信息系统采用模块化设计，以高度的专业性、灵活性、易用性和稳定性在各个岗位中发挥着巨大的作用。通过此系统，可以了解各个营销节点的进货、出货、调拨、调换、调价、库存、制作标签等实时情况；可以有机调动营销网络中每个工作环节，及时响应市场的动态变化；可使库存变得最优，使资金更加有效的投入到物流循环中；可使老凤祥营销战略的实施运行更加流畅、富有效率。同时，系统打破了时间、空间的界限，创建了全新的无纸化办公理念，构成了老凤祥营销网络管理的供应链、销售链、库存链和资金链。

（二）重组产业价值链，建立新型的客户与供应商关系

1. 多维立体管理模式的运用

老凤祥营销网络管理信息系统在过去针对内部进行精准、即时、有效管理基础上，从原来单一的纵向管理模式发展为多维立体的管理模式，将供应商纳入管理体系中，通过管理信息系统建立的立交桥梁，将供应商和客户直接和间接地联系起来，使客户能及时精准地得到所需产品，减少备货时间和备货量，从而降低库存，加速资金周转，提高销售命中率。同时，供应商也能及时获得市场需求信息，按需生产，并能获得稳定的销售客户群。

2. 订单管理为桥梁实现共赢

客户与供应商的链接在系统中主要表现在订单管理模块中。通过订单管理，客户可以直接选款下单、成本核算、订单跟踪、统计，并能实现为顾客提供定制加工服务。通过订单管理，让投入大、难度高的款式管理工作变得更为急迫和重要，在获得产品直观信息的同时赋予了更大的意义。供应商在获得订单款式的详细信息后，更有利于开展适合市场的新产品、新材料的开发和研究。可见，为了实现双赢，供应商和客户之间通过老凤祥营销网络管理信息系统这个桥梁必将形成前所未有的紧密合作关系。

（三）多层级管理，形成物联网世界

老凤祥营销网络管理信息系统的多层级管理概念是为了适应老凤祥日益壮大的营销网络团队而建立的。随着老凤祥销售业绩不断刷新，销售规模不断扩大，营销模式也在不断创新，要有序高效地管理一个庞大的营销网络，分层级管理不失为一个有效的方法。通过不同模式、不同区域、不同业绩要求，对其进行经营范围、对象、产品和价格的控制，使得总部更加有效地进行货品物流的分配和管理，及时获得各方面的动态信息，为老凤祥营销战略的实现、营销战术的实施和调整提供客观的数据信息依据。

1. 权限体系的管理

系统采用终端加密狗方式，通过互联网访问服务器来实现统 管理、数据共享。系统权限分明，操作严谨，对不同的用户设定不同的权限，权限细分到用户的每一个操作细节和每一个敏感数据资料上，权限可以多级别处理，可以最大限度地保证经营资料不泄露。

2. 库房体系的管理

老凤祥营销网络管理信息系统对每一层级的出入库都有严格的要求，对产品的数量（包括件数和重量）以及分秤溢差产生的明细数据和原因都要记录。

系统将出入库分为三种情况：已发、在途和收货，真正做到事前、事中和事后的控制。

在输入方式上，告别了传统繁琐的文本框录入信息模式，采用全新单据表格的录入方式，并同时提供三种入库方法：①逐条录入；②与 Excel 表格交互导入；③与电子秤、条码打印机等外接设备自动连接生成数据。

在货品形态管理上，解决了批量包面和单价条码管理并存的难点。系统可以批量进货、发货；可以按照条码（在系统中每一件产品都有一个唯一的条码号）自由地出入库；也可以包面批量进货，分秤单件出库。做到了货品管理形态的灵活性，加速了货品周转速度，减少了不必要的环节，大大降低了管理成本。

在库存数据上共享，以最近节点为原则，实现数据共享，自由调配，大大简化了原来货品调配的繁琐流程，使货品流动变得直观、高速、准确。

3. 价格体系的管理

老凤祥营销网络管理信息系统在价格管理上采用了系统定价、自由定价和自助定价的灵活策略。通过对产品的成本形成的分析，跟踪每一件产品的材料、宝石、工费、配件、证书、包装等成本费用。而出厂价的制定是根据成本的每个项目，依据市场价值而制定的。零售价又会因地区、季节、产品等的不同而制定。因此，老凤祥营销网络管理信息系统已形成了严密、庞大、可行的价格管理体系，不仅对每一层级的进货价（即进货成本）、出货价（即出厂价、零售价）进行了规则控制，而且对每一件商品进行了全方位的跟踪，对销售业务的具体分析起到了关键性的作用。

需要说明的是，在制订零售价过程中，这个地区差等形成的差异倍率或差异绝对值又有一套繁复的设定程序，它可以设定不同的品牌、不同的层级、同一层级中的不同区域、甚至不同的终端零售商，每一种组织还可以根据产品的种类、成色、款式、主宝、材料重量规格、主宝重量规格，以及销售策略等的不同进行定义。

4. OA 系统的嵌入

老凤祥营销网络管理信息系统将日常工作所需要的信息、知识、数据集中在一起，并同计划、日程、任务相紧密连接，提高协同工作效率。提供双向、多种信息交流方式，建立内部信箱、信息反馈、进行调查问卷等，促进不同层次的员工之间沟通交流，使不同部门的员工之间可以在任何地点、任何时间进行即时通讯，真正实现企业内部沟通工作。在发布任务或消息时，系统会将即时消息传递给需要的终端，这样可以避免因为忙碌或其他原因耽误了重要的任务。同时，系统具备通知公告的查收功能，便于查看各员工查看通知情况。

通过 OA 系统模块的运用，建立了员工协同工作的平台，提高了资源的使用率，促进了老凤祥各个层级之间的内部协作，上下沟通渠道畅达，大大提高了工作效率。

（四）追求卓越，顾客至上

管理学大师彼得·德鲁克在其著作《巨变时代的管理》中曾预言，“中国大陆可能是第一个透过服务而不是货物贸易实现世界经济一体化的国家。”今天，“产品”已不再是利润的来源，而是提供服务的一个平台；“服务”也已不再是为了销售产品，而是获取利润的主要来源。

老凤祥营销网络管理信息系统将营销网络中的终端销售点管理作为直接面对顾客服务的有效窗口进行规划，全面系统地涵盖了所有与顾客相关的业务和流程，包含了顾客关怀、账务统计和员工业绩的评价等。

1. 营销网点业务管理的精益化提升

老凤祥营销网络信息管理系统采用了大量的业务流程，阐明了各个岗位在整个流程中所处的位置和作用，详细阐述了老凤祥营销网络日常业务的流程和操作。

老凤祥营销网点的业务主要表现在库房管理和销售管理。

“库房管理”是管理库房业务中所有的出入库业务，包括进货管理、退货管理、互调管理、库存管理、商品盘点和账务处理，不仅包含产品管理，也包含赠品和其他物料的管理。

“销售管理”是管理销售过程中所涉及的所有内容，包括销售业务、修理业务、调换业务、加工业务、收购业务、增值业务、顾客退货（调换退货、销售退货）、收银管理和现金管理。

2. 销售服务的全面升级

老凤祥在160多年的经营服务长河中，积淀了自身独特的十大服务理念。由于受到地域、通讯等诸多因素的影响，过去的销售服务：售前服务凭经验，售中服务在单点，售后服务受局限。营销网络的集成，将经验的结论和真实的数据相结合，将单点的销售演变成团队的服务，每一个顾客的诉求作为老凤祥的责任，每一件产品体现着老凤祥的价值。

Internet的到来使我们实现了能提供一个全程24小时服务的梦想。一些新型技术工具的运用，如老凤祥网站、E-mail、微信、微博等，已逐渐成为客户服务的关键应用之一。为顾客主动提供感兴趣的新信息，能针对同一顾客使用多种服务渠道，能最大限度地化解顾客抱怨，从而使流失客户再生，使我们集中力量服务于“最可能忠诚的顾客”。

3. 员工业绩的综合评价

老凤祥营销网络实行目标管理，将目标层层分解和细化，让每一位员工的绩效目标都与日常工作任务相关联，并对目标进度和执行情况进行跟踪分析，促使员工和各层级管理者准确把握业务核心，高效推进目标的达成。

老凤祥营销网络管理信息系统根据不同的销售业务性质、不同种类的产品、不同的促销手段、不同的付款方式等综合评价每一笔业务的业绩，系统将自动生成不同等级员工的提成份额，按照一定的分配方案进入数据表中，为今后的奖金分配和综合业绩评价提供重要依据。

（五）魔指办公，迎接大数据时代

截至2013年上半年，我国手机互联网用户为4.64亿，智能手机销售量居全球第一。手机在手，掌握所有！

老凤祥充分认识到这一革命性的时代变迁。在老凤祥营销网络管理信息系统中将苹果和安卓的手机操作系统作为终端用户，为管理人员提供所需层级的销售情况、库存情况、畅销款式、产品排行榜、销售排行榜等汇总分析报告，并可通过手机对产品条码的识别获取产品的相关信息，为品牌维护管理提供了便捷的手段和实质的依据。

三、“老凤祥”超越了一个半世纪的积淀，展开了新的启航

老凤祥营销网络管理信息系统是在全面总结、分析、提炼过去一个半世纪以来的管理经验和教训，结合当代业务运作与管理特性的基础上，针对营销网络的不同管理层次、不同管理与信息化成熟度、不同应用与模式特性的信息化需求而设计的。以高度的专业性、灵活性、易用性和稳定性充分迎合了各个管理层次的诉求，较全面地解决了营销网络迅猛壮大和未来拓展所面临的问题。使库存变得最优，使资金更加有效的投入到物流循环中。同时系统优化了物流的各个环节，压缩了各个环节所需时间，提高了工作效率，从商品采购、分货配送、终端销售各个环节，系统都进行了资源整合，使运行更加流畅、富有效率。并充分考虑了顾客的需要，对会员信息进行统计分析，更好地把握顾客的消费趋势，提高顾客满意度，从而加大市场占有率。对物流、信息流、资金流的集中高效管理，提高了运作效率，为老凤祥实行连锁经营、品牌战略和网络化营销奠定了坚实的信息基础。

目前，实践老凤祥精益管理体系战略主要覆盖到老凤祥营销网络管理，只涉及整个老凤祥集团管理的一部分内容，其本身还有很多不完善和需要深入探

究的地方。信息系统只是持续改善活动的一个良好开端，随着改善活动的深入，会面临更多新问题，需要进一步研究和解决，需要我们保持持续改善的文化和信念。随着大数据时代、魔指时代的到来，互联网的运用还亟待认知和开发，加速老凤祥集团的信息化进程已迫在眉睫。

作者系上海老凤祥有限公司首饰厂副厂长、

上海卓越管理中心第32期高级职业经理人班学员

宁波港集装箱海铁联运业务的市场拓展

段政焰

集装箱海铁联运(海上运输和铁路运输的一种联程运输形式)是国际贸易发展的派生需求。在国际运输方式中越来越占据主导地位。随着经济全球化进程的加快及国际贸易往来的迅猛发展,集装箱运输技术与管理的集合,海铁联运将继续引领世界交通和物流发展的方向。2011年以来,中铁集装箱运输有限责任公司上海分公司面对宁波港的市场环境和机会,在拓展集装箱海铁联运方面作了有益探索和实践。

一、发展集装箱海铁联运的意义

(一) 中铁集装箱运输有限责任公司上海分公司概况

中铁集装箱运输有限责任公司上海分公司(下简称上海分公司)成立于2004年,是全国铁路18个集装箱分公司之一。各分公司所辖区域对应全国18个铁路局。上海分公司地处沪、苏、浙、皖一市三省泛长三角区域,其中,沪、苏、浙一市两省的地区生产总值接近全国的四分之一,进出口贸易总额超过全国的三分之一;经济总量大,外向程度高,海铁联运集装箱货源较为充沛。

上海分公司下辖上海、杭州、南京、蚌埠和连云港五个运营部。主要承担上海铁路局所属货运营业站的集装箱运营管理工作;以中铁国际多式联运公司上海分公司的市场身份承接集装箱运输代理服务。在上海、宁波和连云港开发铁路集装箱海铁联运产品;在合肥、南京、苏州和义乌等地区开展集装箱国际联运业务。

(二) 发展集装箱海铁联运的意义

集装箱海铁联运是与进出口贸易发展密切相关的国际通行的一种货运方式。海铁联运的任务是要建立一种使参与集装箱海铁联运的各单位,能在一种制度安排下协调一致地更高效地工作,提高系统的整体输出功能和赢得协同效应，促进集装箱海铁联运又快又好的发展。

发展集装箱海铁联运，能为港口提供充足的集疏运能力，缓和港口城市当前面临的公路交通、环境污染等方面的压力。还可以使港口拓展覆盖面更广、辐射范围更大的经济腹地，运用铁路运输方式来拉动内陆地区经济发展，吸引更多货源，并提供高效率、低成本的物流通道。

二、在宁波港发展集装箱海铁联运的市场环境

（一）宁波港集装箱集疏运体系概况

宁波港是中国的第三大港。由北仑港区、镇海港区、甬江港区、大榭港区、穿山港区、梅山港区、象山港区、石浦港区组成，是一个集内河港、河口港和海港于一体的多功能、综合性的现代化深水大港。

宁波港的集装箱作业主要由北仑港区承担。集装箱集疏运条件较为优越，有铁路直通北仑港区。现有 6 000 多米的集装箱泊位群，港口配有 70 多台最大外伸距达 65 米的装卸桥，码头设施达到国内一流水平，能够满足 1 万 TEU 以上超大型集装箱的作业要求。宁波港集装箱航线已达 200 余条，其中远洋干线 126 条，近洋支线 50 余条，内支线 20 余条。

北仑港区公路由大石契、穿山疏港高速连接，水路与沿海和甬江内河相通，已经建成公路、水路、铁路多种运输方式并存的集装箱集疏运网络，形成水水中转、江海联运、海铁联运等多式联运共同发展的格局。

（二）上海分公司在宁波港发展集装箱海铁联运面临的形势

在发展宁波集装箱海铁联运业务上，上海分公司一方面面临着相对稳定的市场发展机遇，随国家对外贸易的增长，港口城市至腹地的集装箱海铁联运通道及运输产品呈现持续增长需求。浙江、江西、湖南、湖北等地外向型经济的增长，海铁联运集装箱货源生成总量较大，宁波港成为其必然的出海口；另一方面，国家高铁项目建设和投运对既有铁路货运能力释放和对节能减排要求不断提高，地方政府和货主选择更加环保的海铁联运方式的意愿不断增强，依托港口持续高位运行的集装箱吞吐量不断提高，发展海铁联运的市场环境正在形成，也为海铁联运产品开发和市场推广创造了有利条件。这就要求我们抓住市场机遇，夯实企业发展基础，协同集装箱海铁联运系统的各方创新宁波港的海铁联运产品，增强企业发展后劲，服务区域经济发展。

2009 年以来，宁波港集装箱吞吐量增长较快。不仅省内腹地集装箱生成量

大，更有铁路直接深入港口岸线，地方政府对于发展集装箱海铁联运抱有极大的热情，并且出台一系列发展海铁联运的扶持政策。宁波港口集团已在省内的义乌、金华、衢州、绍兴以及江西的上饶、鹰潭等地设立了“无水港”，充分发挥了腹地揽货组织和服务作用。近几年来，在铁路、港口、物流企业各方努力下，先后组织开行了义乌、温州、台州、金华、上饶等地至宁波港(北仑港站)等方向的集装箱海铁联运班列，取得了比较好的效果。

随着宁波港集装箱吞吐量的不断上升，以公路集疏运为主的港口集疏运结构不合理现象日益突出。2011 年上半年，公路、水路、铁路三种集疏运方式的结构比例依次为 83.8%、16%、0.2%。集装箱的陆上集疏运过分依赖于公路运输，造成公路交通拥堵和单侧路面下沉、开裂，从而带来安全隐患；同时，大量集装箱卡车的使用，导致了能源利用效率不高和区域环境污染加重。

（三）抓好内部资源调整

美国经济学家马克·莱文森在《集装箱改变世界》一书中指出：“没有集装箱就没有全球化，”集装箱改变了世界经济的形态；由于集装箱运输的标准化和模块化，提高了运输效率，降低了运输成本，促进了全球贸易和国际分工的发展，加速了经济一体化的进程。集装箱海铁联运也推动了世界运输装备的不断改进和发展。

宁波港海铁联运起步较晚，但发展很快。2009 年海铁联运仅 1 692TEU，经过短短几年的发展，辐射华东、西南、华南地区的集装箱海铁联运网络逐步形成。依托宁波港吞吐量的持续攀升和国家环保政策的调整，我们获得海铁联运发展机遇：即港口吞吐量提升、进出口贸易量增长和政府支持集装箱海铁联运发展的机遇，自 2012 年起，我们协同集装箱海铁联运系统的各方，夯实内部实力，在做强外贸集装箱海铁联运的前提下，集中优势力量突破内贸海铁联运业务。具体包含两方面的内容：一是基于技术发展、市场情况和货源地分析，对海铁联运进行发展分析和业务流程重构、调整生产布局。二是针对货源地的技术条件和满足货主交货期要求，在运输计划管理、生产组织运营方面加强过程监控，提升集装箱海铁联运产品运行质量，进而实现内外贸海铁联运的规模运量目标。

三、推进集装箱海铁联运的主要做法

（一）抓好海铁联运系统协同推进

集装箱海铁联运是指货物以集装箱运输的形式由铁路从内陆腹地运到沿

海港口再经船舶续运，或是由船舶运抵沿海港口再经铁路运至内陆腹地，只需“一次申报、一次查验、一次放行”就可完成整个运输过程的一种物流服务。在整个服务过程中，涉及港口、铁路，还有口岸、海关、国检、货代、船公司、集装箱堆场、内陆无水港等众多单位，各单位之间相互作用，任何一个业务信息变化将导致整个流程发生变化，影响海铁联运业务发展，因此必须坚持协同推进。近几年来，上海分公司牵头集装箱海铁联运的系统协同，涉及各参与单位的各个层面，我们将系统协同归纳为“点、线、面”三个层面的协同，即：点上协同，线上协同和面上协同。并按港口、铁路和政府部门三类在这三个层面协同中的作用，反复、持续推进协同内容。

点上协同：是业务操作层面的现场协同。主要指海铁联运集装箱运输业务在宁波港口、北仑港站（系中铁集装箱公司与宁波港务集团合资的位于宁波港的铁路车站）各项作业衔接，通常是日常作业流程、信息的协调、配合与沟通，作业组织与装卸机械安排等。

线上协同：是管理层面的推进协同。主要指集装箱海铁联运系统运作中相关运力增长与货源保障等可持续发展的能力配套，一般是指涉及船公司航线开辟、港口和铁路基础设施扩展，铁路对到港和出港集装箱班列运行组织等。

面上协同：是决策层面的发展政策协同。主要指集装箱海铁联运系统发展中，政府、港务、铁路等参与各方制定和实施相关规定而形成的政策支撑。并通过一定的形式（如联席会议等）研究相关子系统资源配置、政策配套等，形成阶段性的发展目标等。

（二）抓好公司内部业务流程重构

结合集装箱海铁联运产品开发，由上海分公司营运部牵头组织规划，落实推进在宁波港的运输代理业务流程重组。市场营销部对接宁波港务集团和其在内地所设立的无水港，掌握对外贸易进展及进出口货源情况，提出从港口至货源地开行集装箱海铁联运班列的初步计划报上海铁路局，由上海铁路局根据既有运行图能力，编制班列开行方案并统一发布；北仑港站协同宁波港口铁路运输公司，根据海铁联运班列出发和到达时刻及港站的作业能力，制定在港区专用铁路的列车调送时间和集装箱装卸作业组织计划；协调驻港口的海关等口岸单位按照规定时间对进出口集装箱实施日常监管、转关、清关和商检等；杭州营运部负责台州至北仑港站班列（在客运专线上运行）专用循环车组数量补给；中铁国际多式联运上海分公司作为集装箱海铁联运经营人，牵头组织与市场对接，加强货源地经济发展调查，落实集装箱海铁联运班列开行的有效货源；组织好港口港区涉及海铁联运作业相关单位的业务工作协调，理顺各自作业协同；

对进出口集装箱在海铁联运过程中的单证传递、费用结算等提供服务；根据班列开行的不同方向、里程等，向上海铁路局申请运价下浮，按照宁波市财政局文件的规定统计运量申领补贴等，使上海分公司在宁波港的业务发展具备持续性的动力。

（三）抓好海铁联运系统的日常生产组织方案

在组织海铁联运系统各方制定与宁波港发展意愿、环境相匹配的业务发展规划的同时，我们按照系统协同达成的共识全力推进海铁联运发展要素融合，解决好业务流程重组和生产布局调整所带来的各种问题，反复、持续推动“点、线、面”三个层面的协同发展内容，推进落实好港口、铁路、政府三方在发展宁波海铁联运业务的职责，突出抓好海铁联运班列台州至北仑港站的开行的巩固、上饶至北仑港站班列的惯性晚点整治和提高义乌至北仑港站班列的开行质量，在具体实施中不断创新，形成新的管理模式并进入常规工作轨道。根据无水港设置和货源生产地情况，综合港口作业、海关监管以及铁路运输能力状况，确定集装箱海铁联运班列开行方向、数量，逐步适应和满足市场发展需求。以市场需求变化为前提，加强点到点直达班列、小编组集装箱班列等运输产品的开发。实施上饶、新余、景德镇、台州、义乌、金华、绍兴、合肥、成都等 10 多个地区至宁波港(北仑港站)的集装箱海铁联运班列运输方案。

四、推进海铁联运发展的成效

（一）发展海铁联运资源要素得到集聚

坚持政府主导，协同港口、铁路、船公司、海关等部门、企业参与，积极推进“大通关”和电子口岸建设，宁波市多次组织铁路、港口、海关、国检等部门与腹地城市对口部门签署合作协议，增加内地“直通式”报关办理点 6 个，简化通关手续，促进口岸部门与政府相关职能部门联动，形成海铁联运口岸通关便利化长效机制。

宁波市出台了鼓励内陆无水港建设、货代及船公司参与推进海铁联运的财政扶持政策，并根据铁路运距和运量，对海铁联运经营人(中铁国际多式联运上海分公司等企业)给予财政补贴、增值税返还、提供免息贷款等具体优惠措施。

中铁集装箱运输有限责任公司与宁波市签署《关于合作发展宁波港集装箱海铁联运，推进宁波铁路集装箱枢纽站建设有关问题的会议纪要》，就多方合作加快铁路路网、场站建设和开通“五定”班列达成合议，为推进宁波集装箱海铁联运市场建设奠定了坚实的基础。

（二）海铁联运各方协同更加紧密

上海分公司加强与港口管理协同，形成定期就港口航线船期调整、港站集装箱班列运行接续等的协调机制；与各大船公司签订合作协议。适当延长用箱免费期限、增设内陆提箱和还箱点、优先满足海铁联运订舱、提高班轮准班率、加强班轮班列衔接。

上海铁路局协同宁波港开拓腹地货源和无水港建设，在10多个地区至宁波港的集装箱海铁联运班列，按运量与运价相统一原则，实施10%～15%的运价下浮，提高铁路运输在海铁联运中的成本优势。

宁波港在交通运输部的支持下，投入5 000万元，大力推进“宁波港集装箱海铁联运物联网应用示范工程”建设，努力建成具有网上受理、网上操作、网上查询、网上交易等功能完善的海铁联运公共信息服务平台，推行海铁联运单证操作电子化，实现港口与铁路之间物流信息的实时共享。

上海铁路局对宁波铁路枢纽功能布局进行优化，立项出资10多亿元分担进出港铁路(北仑支线30公里电气化改造和新建穿山港铁路29公里)扩能改造费用；投入1亿元改造义乌站铁路集装箱货场，并设立通关设施，减轻企业通关负担和海铁联运经营人运输成本，促进义乌国际小商品城货源集聚到海铁联运系统中来。

（三）实现运量的提升

宁波港发展集装箱海铁联运业务起步于2009年，晚于沿海各港口10年。当年宁波港集装箱吞吐量为1 042万TEU，海铁联运量为1 692TEU，仅占吞吐量的0.02%；2012年开始加速发展，当年吞吐量达1 618万TEU，海铁联运量为5.08万TEU，占比为0.31%；2013年海铁联运量达到9.49万TEU，开始超越上海、广州、厦门和青岛港；2014年集装箱吞吐量达到1 945万TEU，海铁联运量达到13.5万TEU，增幅分别达到12.1%和42.2%，双双列居沿海十大港口增幅第一；2015年上半年，海铁联运量为7.94万TEU，与上年同比增长32.3%，增幅继续领先沿海各大港口，短短几年时间实现了海铁联运量的跨越式发展。

海铁联运系统是港口服务能力的重要组成部分，而快速高效低碳的铁路集疏运系统，是港口与广大腹地相互联结进行一体化运输组织的关键，是港口赖以生存与发展的主要外部条件，是先进生产力的发展方向。目前，宁波港在加强与沿海沿江港口合作的同时，积极实施“北向”战略，扩大与北方的大连港、营口港合作，组织东北大米、玉米等到南方物资通过海铁联运的方式进行内贸集装箱运输，已取得比较好的成效。下一步，上海分公司将继续依托区域经济发展和路网规模，新辟海铁联运线路 4 条，主要方向在四川、湖南和重庆等省市。同时继续组织开行好苏州至华沙、汉堡，连云港至中亚各国，宁波、义乌至马德里，合肥、南京经阿拉山口至中亚各国等多趟国际联运集装箱班列，为“一带一路”国家战略发展作出贡献。

作者系中铁集装箱运输有限公司上海分公司运营总监、
上海卓越管理中心第 35 期高级职业经理人班学员

转型管理

上海华谊集团的人工成本管理实践

唐志犇

上海华谊(集团)公司是由上海市国有资产监督管理委员会授权,通过资产重组建立的大型集团公司。近年来,华谊集团充分发挥品牌、技术、管理、人才等优势,坚定不移地实施"走出去"战略,在资源丰富地区建设华谊新的生产基地,进行了新的生产布局。目前,华谊集团拥有员工近3万名,主营业务有"煤基多联产及清洁能源产品制造""轮胎橡塑产品及高分子材料制造""精细化学品制造""化工品物流及化工工程服务""生物医药及生物化学品制造"。2012年,华谊集团工业总产值已突破460亿元,实现销售收入450亿元。

一、人工成本的实践背景

上海华谊(集团)公司已经初步建立了一个较为完整的人工成本管理体系。从事前的预算分解下达、到事中的监督管控,再到事后的分析统计;从人工成本管理内容涵盖、相关部门管理责任、列支标准与渠道等方面均进行了明确界定。但与同业先进企业的人工成本管理在水平上还存在较大的差距,主要表现在企业人工成本占总收入比重过高、人工成本结构不合理、企业人工成本付出对员工缺乏有效的激励、人工成本的管理效果不明显等问题。当前,华谊集团的经营管理已由计划经济体制转型成为市场经济体制下的经营管理,面临着获取最大利益、取得竞争优势的压力,必须要有效控制人工成本。

二、人工成本管理的运用和实践

长期以来,华谊集团一直把企业人工成本管理作为一项重要的人力资源管理工作,并把人工成本预算管理指标列入下属各企业单位经营者的年度考核,这使华谊集团在机构设置、人员整合、绩效管理等方面有效控制人工成本,取得了显著的成绩,为华谊集团近年来在应对困境和调整发展做出了重要贡献。

企业人工成本管理是一项系统工程,华谊集团早在1998年就对各子公司开展全面运用人工成本管理手段，对下属各子公司企业人工成本进行全面管控，有效地提高了集团各企业人工成本管理水平。

（一）人工成本预算编制

人工成本预算编制是整个人工成本管理和控制的第一个环节，是对人工成本的资金使用计划的事前预测。华谊集团人工成本总目标层层分解落实至各个企业单位和部门，最终成为各企业单位和部门企业生产经营活动的标杆，人工成本预算也因此成了企业人工成本管理事前控制的依据。

（二）人工成本编制要求

在编制预算时华谊集团充分考虑未来因为内外部环境的改变而带来的要求的变化，在预算编制要求中明确要求应具有一定的超前性、先进性和准确性。为了达到上述要求，为了使各预算单位预算编制目标更为清晰，在预算编制的过程中，华谊集团在各单位开始编制预算前明确人工成本预算编制要求，尤其是对人工成本重点指标的要求。根据华谊集团实际经营环境和近几年的经营状况，华谊集团人工成本重点指标主要有：

1. 人事费用率

明确人事费用率指标在人工成本预算和管理中，必须年年下降，以此控制下属各企业的工资发展，并最终达到提高公司经营能力的目的。

2. 人工成本利润率

要求在企业生产经营正常的情况下，人工成本利润率应逐年提高，事实上这几年华谊集团下属各企业纷纷自主减员分流，减少人工成本的支出，与人事费用率和人工成本利润率的考核是密不可分的。

3. 人工成本工资含量

在人工成本总额中，员工的货币收入和企业的非货币支出之间应该有一个合理的配比，华谊集团在核定预算编制时，要求一般企业的人工成本工资含量应控制在55%以上，对于效益特别好企业可以适当放宽标准。

4. 人均工资

人均工资也是华谊集团控制得最严的一个指标，华谊集团严格将企业效益和职工工资相挂钩，对于预算效益下降的企业要求及时与工会沟通，结合本市工资指导线确定工资增幅水平，并将企业经营者的年薪按与职工平均工资倍率的关系纳入经营者年薪考核。

（三）人工成本预算目标确定

由于化工产品的市场不稳定性和化工产品间比较大的差异性，使得华谊集团下属企业的经营环境和经营状况有很大程度的差异性，这也为华谊集团人工成本预算的确定带来了极大的难度。因此，华谊集团人工成本预算在经济指标上因各企业而异，没有统一的标准值。为了使人工成本预算的确定更具科学性和合理性，每年底在确定人工成本预算之前华谊集团都要对下属企业的经营环境和经营情况进行了解、分析和预测，并充分研究相关企业的人工成本信息，结合行业特点和企业特征最终确定与预算年度经营指标相联系的人工成本预算指标。

（四）人工成本预算执行及执行情况分析

预算执行即预算的事中控制是整个人工成本管理和控制的难点，企业往往能够非常轻松地完成预算编制工作，但却不能很好地加以执行，这使得很多企业的人工成本预算执行偏差率较大。华谊集团在汇总各下属企业每月人工成本的执行情况时，会对一些指标进行动态分析，对照预算，且与去年同比进行研究分析，寻找存在的差异。为了更好地交流企业间执行人工成本预算的经验，提高华谊人工成本管理水平，华谊集团每月还组织 2 家下属企业对本企业的人工成本预算执行情况和人工成本控制交流。

（五）人工成本目标监控考核

考核监控是人工成本预算管理的事中和事后控制的有效手段，华谊集团在经营者的年薪考核项目中，明确规定了经营者的年薪必须和其所管理的企业员工的平均收入相挂钩，体现了华谊集团以人为本，创建和谐社会的人力资源管理理念。在人工成本预算考核监控过程中，经审批确定的各种预算指标，是考核和评价各个经济单位工作业绩的基本尺度，通过各个经济单位实际与预算的对比，考核各个经济单位预算指标的完成情况，分析实际偏离预算的程度，查找出现偏差的原因，划清责任，从而评价其预算期的经营业绩或工作业绩。

三、人工成本指标体系的构建

根据国资委预算管理要求，同时结合华谊集团实际，目前华谊的人工成本预算指标主要有：

（一）人工成本总量指标

近年来，华谊集团的人均人工成本水平接近上海市国有企业工资增长比例的幅度增长，2012 年职工人均人工成本达到了 11.27 万元。由于华谊集团下属部分企业亏损严重，人均人工成本水平远低于本市制造行业人均人工成本，但是华谊集团一直倡导有效益、有条件的企业要为员工增加收入，以确保华谊集团建设和发展的人力保证。2012 年华谊集团下属 14 家二级子公司其人均人工成本已达到或超过本市同类制造业国有企业人均人工成本 9.76 万元的水平。

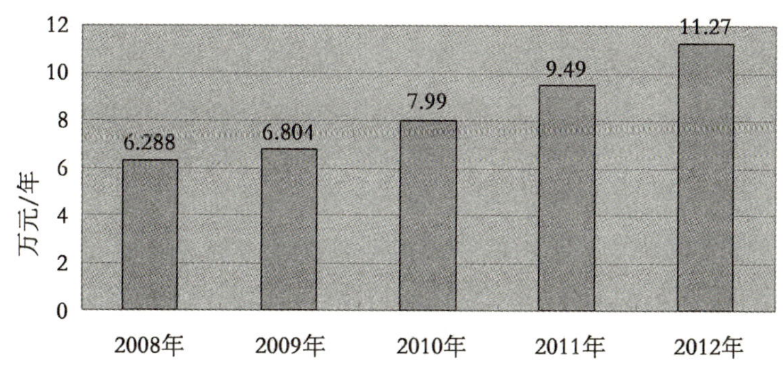

图 1　2008—2012 年华谊集团人均人工成本

（二）人工成本结构指标

华谊的人工成本预算管理体系中主要以“人工成本工资总额含量”来反映。总人工成本各组成部分所占比重指标说明各组成部分在人工成本中的结构比例关系的变化，通过对此项指标变动研究，企业可分析其中具体的结构性变动原因，并采取措施加以调整，使总人工成本各组成部分所占比重趋于合理化、科学化。

随着每年社会保险基数的提高和本市从 2011 年 7 月取消劳务人员综合保险后，人工成本支出结构中的社会保险和保障加大了比例，一定程度上降低了人工成本中的工资含量，但华谊集团自 2008 年以来人工成本中的工资含量却一直没有很大的下跌，而是始终保持在 56%以上，而 2012 年本市同类制造业是 66%的水平，体现这几年来华谊集团通过预算管理等方法对人工成本管理和控制的成效。

（三）效益（投入）分析指标

华谊人工成本预算管理中的人工成本效益分析比率型指标主要有“人事费

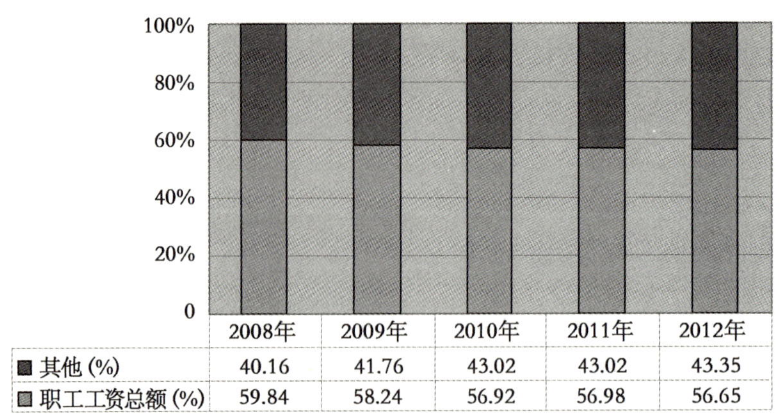

	2008年	2009年	2010年	2011年	2012年
其他 (%)	40.16	41.76	43.02	43.02	43.35
职工工资总额 (%)	59.84	58.24	56.92	56.98	56.65

图 2　2008—2012 年华谊集团人工成本工资总额含量

用率”“人工成本占总成本费用率”“人工成本利润率”和“百元销售工资含量”。

1. 人事费用率

自 2008 年至今，华谊集团人事费用率从接近 10%到 2012 年实际人事费用率已控制在 6.66%，低于本市制造业国有企业 6.8%的平均水平。人事费用率下降也从另一个侧面反映了华谊集团近几年来劳动生产率的提高。

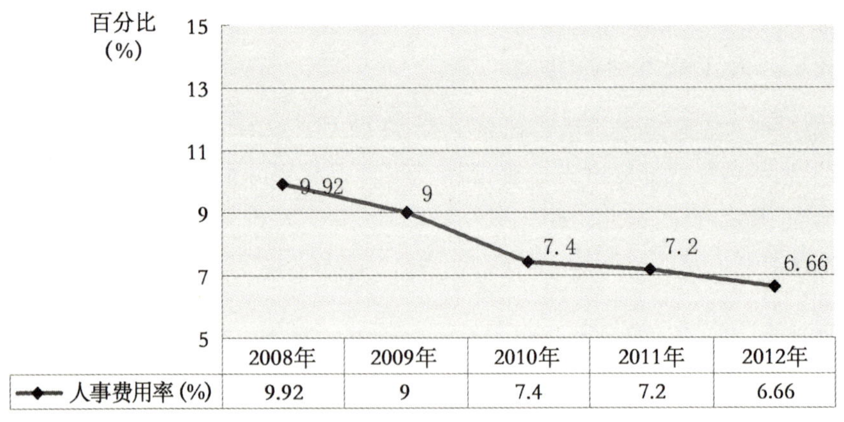

	2008年	2009年	2010年	2011年	2012年
人事费用率 (%)	9.92	9	7.4	7.2	6.66

图 3　2008—2012 年华谊集团人事费用率

2. 人工成本占总成本费用率

由于行业特性，不同的行业人工成本占总成本费用率的差异性是很大的，对于制造业企业人工成本占总成本费用率一般为 5.5%左右，而对于服务行业其人工成本占总成本费用率接近26%。整个华谊集团2008年人工成本占总成本费用率为12.4%，虽然还是偏高，但从纵向来看，“十一五”期间人工成本占总成本费用的比例下降幅度还是比较大的，2012年已降至7.87%，比2008年下降4.62个百分点，主要还是老的国有企业负担比较重，承担了相当部分的社会责任。

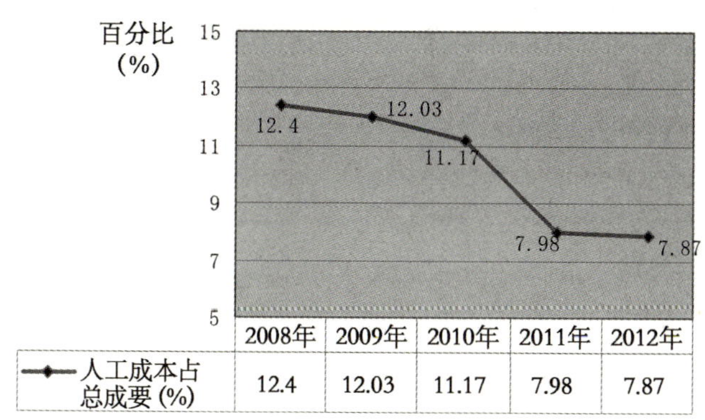

	2008年	2009年	2010年	2011年	2012年
人工成本占总成要(%)	12.4	12.03	11.17	7.98	7.87

图4　华谊集团2008—2012年人工成本占总成本费用率

3. 人工成本利润率

对企业主管部门来讲，人工成本利润率的变动趋势，基本可以说明企业经营状况环境的变动趋势。华谊集团由于各下属企业产品差异以及近几年市场和效益的差异，致使各企业间人工成本利润率的差异也很大，由百分之几到百分之几百都有，但总体而言，人工成本利润率一直处于稳步上升，无论是从产品经营还是人工成本控制都取得了可喜的成绩。

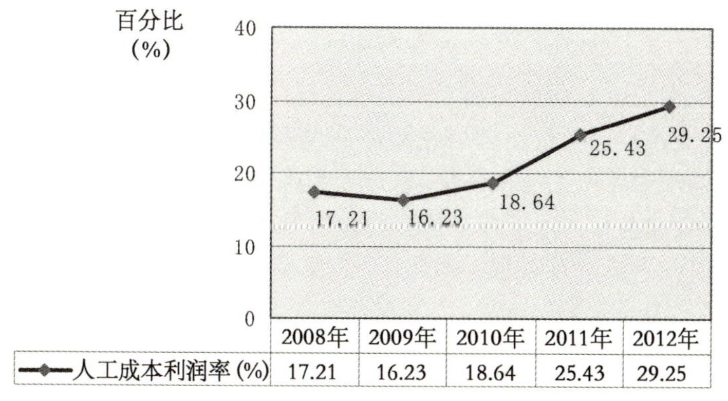

	2008年	2009年	2010年	2011年	2012年
人工成本利润率(%)	17.21	16.23	18.64	25.43	29.25

图5　华谊集团2008—2012年人工成本利润率

4. 百元销售工资含量

在人工成本构成中，工资是最基础的构成项目，因此工资含量也是反映企业经营活动中人工成本水平和人力资源管理水平的重要指标。

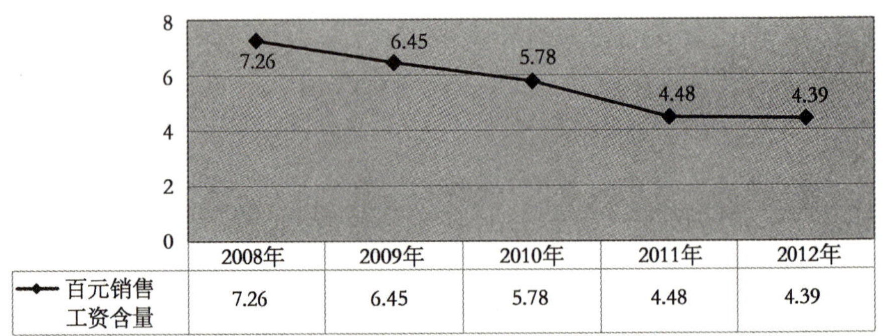

	2008年	2009年	2010年	2011年	2012年
百元销售工资含量	7.26	6.45	5.78	4.48	4.39

图 6　华谊集团 2008—2012 年百元销售工资含量

四、人工成本预算管理的具体措施和建议

实践证明，通过人工成本预算管理，企业的财务部门和人力资源部门可以及时、准确、完整地对人工成本进行对比分析和结算，有利于加强人工成本的管理和控制，有利于经营者建立相应的管理方针，有利于企业更好地实施管理和控制。因此，不断地完善和提高人工成本预算管理和控制水平是每一位管理者必须不懈追求的，具体措施和建议主要包括以下几点：

（一）领导重视，全员参与

对于人工成本预算，企业的人力资源部门只是人工成本预算的一个组织机构，负责组织人工成本预算的编制及汇总各部门或单位的人工成本预算并负责对预算进行监控。只有企业高层领导的高度重视才能让员工真正了解预算的意义，才能调动全体员工的积极性，参与到预算编制过程中。其次，人工成本预算管理需要全员参与。人工成本预算管理涉及企业的各管理层，与企业各个部门、各个阶层的人员都有关系。因此，人工成本预算管理需要全员参与，这样既可以体现出员工的主人翁精神，提高员工的工作积极性，也可以促进信息的更广范围内的交流，使预算编制中的沟通更为细致，增加预算的科学性和可操作性。

（二）建立信息反馈系统，实施预算管理全过程监控

人工成本预算是一个系统，预算目标体系应体现效益与规模兼顾、短期利益与长期发展能力均衡、内部效率和外部市场开拓并重，以及过程与结果的并重。人工成本预算管理其根本目的是为了有效执行和控制人工成本，预算的完成仅有一份好的预算编制报告是远远不够的，还必须要有强有力的事中监控和事后监控。因此，必须实施预算管理全过程监控，才能及时发现和揭露实际管理和预算执行过程的偏差和原因，不断改进管理，提升企业竞争力。

（三）建立有效的考评机制

建立有效的考评机制，对人工成本预算管理进行考核评价，有利于促进企业的人工成本预算偏差率的减少，从而提高企业的预算管理能力。企业主管部门应制订一些奖励措施，激励人工成本管理得当的单位，比如按照各单位增收节支的程度，提取工资总额的一定比例作为奖励基金，以调动各单位人工成本管理的积极性；对于人均人工成本水平过高，又同时出现人事费用率过高的单位，在年终结算时，应分析具体的原因，并采取措施加以调整。若是工资水平过高、增速过快的单位，可以对其工资额度作必要的核减，并对责任者进行处罚。对人工成本过高的单位要进行预警预报等。

（四）做好人工成本预算管理分析

预算的目的在于合理科学地安排人工成本的支出，因此做好人工成本预算管理分析对于人工成本管理是事半功倍的。企业应每年在编制人工成本预算的同时做好人工成本预算管理分析。分析和对比历年人工成本预算和实际发生的各项指标和比率、分析和对比行业内外的人工成本水平，这类预算管理分析对于提高企业人工成本的投入产出效益，以及提高人才的竞争力意义重大。

现代人力资源把人工成本纳入人力资本重要组成部分，通过对人工成本的管理，评价人力资源投入，考量企业的投入与产出。有效的人工成本管理与控制对企业人力资源的开发起着至关重要的作用，不仅有助于企业提升管理效率，优化人力资源结构，有助于企业管理层对生产单元的业绩考核，提高企业综合竞争力。

作者系上海华谊（集团）公司薪酬与福利经理、
上海卓越管理中心第 29 期高级职业经理人班学员

上海国际航运中心建设中的集装箱海铁联运发展研究

邹志征

集装箱海铁联运是基于国际贸易发展而派生出的海上运输与铁路运输结合的一种联程运输形式。随着经济全球化进程的加快及国际贸易往来的迅猛发展,集装箱运输技术与管理的集合,海铁联运将继续引领世界交通和物流发展的方向。上海铁路局面对市场环境和机会,在拓展集装箱海铁联运业务方面作了探索和创新,形成常态工作机制并取得初步成效。

一、我国集装箱海铁联运发展概况

(一)发展集装箱海铁联运的意义

集装箱海铁联运是指货物以集装箱运输的形式由铁路从内陆腹地运到沿海港口再经船舶续运,或是由船舶运抵沿海港口再经铁路运至内陆腹地,只需"一次申报、一次查验、一次放行"就可完成整个运输过程的一种物流服务。

就我国沿海港口的集装箱集疏运体系而言,公路集疏运比例大致占到80%以上,水路次之,铁路集疏运比例在1%左右,也就是说,我国集装箱海铁联运总量,仅占港口集装箱总吞吐量的1%。可见在港口集疏运结构中,"集卡运输"占绝对优势,导致在城市交通、公路运能、土地利用和环境保护等方面的压力越来越大,港口集疏运结构性问题越来越突出。因此,积极发展海铁联运,发挥铁路高运力、低能耗、全天候等技术经济特征,这不仅是铁路集装箱运输发展的必然方向,也是保障港口集装箱运输快速发展的必由之路。对促进我国集装箱运输的健康发展,降低供应链成本,建设资源节约型和环境友好型的交通行业,具有十分重要的现实意义。

(二)我国集装箱海铁联运的发展历程

我国集装箱海铁联运起步于20世纪90年代中期。2001年起,上海港、天津港、青岛港、大连港、连云港、深圳港等港口陆续开通了至内陆城市的集装箱五定班列，开展集装箱海铁联运业务。至 2013 年，全国沿海十大港口（营口、大连、天津、青岛、连云港、上海、宁波、厦门、广州、深圳港）集装箱海铁联运量有了较快增长，总量达到 156.54 万 TEU，占当年全国铁路集装箱运量 441 万 TEU 的 35.5%，但与对应港口集装箱吞吐总量 14 676 万 TEU 相比，比例仅占 1.07%。

上海集装箱海铁联运起步较早，但发展极其缓慢。早在 1996 年，铁道部就批复同意建立上海铁路杨浦集装箱港站和军工路集装箱港站，实现了路港业务"一个窗口，一票结算"，开始了海铁联运一体化经营的尝试，但由于发展理念和规划布局的原因，港站在物理形态上至今依旧处于"港"和"站"分离状态。20 年来，铁路进入港区一直停留在规划上，集装箱在"港""站"之间依然需要转运。使得货物在港在站停留时间变长，降低了集装箱的中转效率，同时还增加了两次装卸作业和一次短驳作业，增加海铁联运集装箱中转成本，增加了货主负担，没有得到市场的认可。集装箱海铁联运量一直处于低水平徘徊，比重全球最低，与集装箱吞吐量世界第一港的排名极不相称。

2008—2014 年上海港集装箱海铁联运量　　　（单位：万 TEU）

运量 年份	2014	2013	2012	2011	2010	2009	2008
吞 吐 量	3 528	3 362	3 253	3 174	2 907	2 500	2 801
海铁联运	9.37	8.59	10.99	10.29	7.19	8.47	9.97
比　　重	0.27%	0.26%	0.34%	0.32%	0.25%	0.34%	0.36%

二、上海国际航运中心建设中的海铁联运问题

（一）上海国际航运中心建设发展历程

上海国际航运中心始建于 1996 年。上海港是上海国际航运中心建设的主体和核心组成部分。2009 年，《国务院关于推进上海加速发展现代服务业和先进制造业、建立国际金融中心和国际航运中心的意见》（国发〔2009〕19 号）提出，上海国际航运中心建设是以上海为中心，浙江、江苏为两翼的港口群建设。首要任务就是优化现代航运集疏运体系，适应区域经济一体化要求，增强港口综合竞争能力。继 2005 年货物吞吐量达到 4.43 亿吨，成为世界第一大港后，2010 年上海港集装箱吞吐量达到 2907 万 TEU，又成为全球第一集装箱大港，2014

年集装箱吞吐量达到 3528 万 TEU，继续领先全球各大港口。随着上海自贸区建设推进，意味着上海港集装箱吞吐量仍将持续高位运行。

（二）港口集疏运体系结构问题

当前主要承担上海港集装箱作业的外高桥集装箱港区和洋山集装箱港区都没有设置铁路专用线。上海港的集疏运现状是以公路为主，水路次之。公路集疏运量达 62%以上，水路承担了上海港 37.5%集疏运量，即水中转量，铁路所占比例非常小，不到 0.3%。

当前公路集装箱集疏运系统存在的主要问题：一是公路集装箱集疏运的单一性不利于集装箱集疏运系统运行的稳定和安全。在上海港公路集装箱集疏运网络中，有些节点或路段具有很强的单一性，比如东海大桥是洋山港公路集卡集疏运的唯一通道，外环隧道（S20）是外高桥港区向外集装箱集疏运的唯一通道，这种单一性对于已经结构失衡的集疏运系统来讲，更显运行中的脆弱与不稳定。二是公路的交通压力越来越大，拥堵越来越严重，公路拥堵里程逐年上升，拥堵范围不断扩大；拥堵时间段延长，拥堵类型由时段性拥堵向持续性拥堵恶化；集卡运量上升加剧拥堵，外环隧道等路段呈现异常拥堵状况，伴随拥堵的是集卡尾气排放十分严重，空气质量趋向恶化。

（三）上海港集装箱海铁联运发展现状

上海地区办理集装箱海铁联运业务的铁路车站主要有杨浦港站和芦潮港站。从铁路集疏运路线来看，外高桥港区的海铁联运箱要从码头通过公路短驳 37 公里到杨浦港站装火车，再经上海铁路枢纽接入沪杭、沪宁两大铁路干线运往内地省市。洋山港区的海铁联运箱由集装箱卡车从港口经东海大桥驳运 36 公里到达芦潮港中心站装火车，再通过浦东铁路进入国家铁路网。由于铁路没有直接通入港区，从而导致了通过铁路运输的出口集装箱必须通过集卡短驳到码头，相反的，海铁联运进口集装箱需要从码头通过集卡短驳到铁路车站装车发运。铁路的集疏运通道没有真正形成，这也反映出集疏运发展规划不合理，规划未与时俱进、没能担当起发展的责任，致使规划、决策和建设滞后，以致运作模式不协调、不可持续的问题。近 20 年来，上海国际航运中心建设方兴未艾，上海港的吞吐量，基础设施建设发生了翻天覆地的变化，港口集疏运系统建设重机动性、轻低碳环保性，致使有型的公路桥隧建设大行其道，成绩斐然。而在铁路集疏运通道的规划建设上患得患失，步履艰难，海铁联运基础设施几乎没有改善。

三、提升上海集装箱海铁联运量的途径

（一）所处区域经济和集装箱运量情况

上海铁路局地处沪、苏、浙、皖一市三省泛长三角区域，其中，沪、苏、浙一市二省的地区生产总值接近全国的四分之一，进出口贸易总额超过全国的三分之一，经济总量大，外向程度高，是其显著特点。上海铁路局在发展推进上海港集装箱海铁联运业务上一方面面临着相对稳定的市场发展机遇，随着国家对外贸易的增长，港口城市至腹地的集装箱海铁联运通道及运输产品呈现持续增长需求。另一方面，国家高铁项目建设和投运，有线货运能力的释放和对节能减排要求的不断提高，地方政府和货主选择更加环保的海铁联运方式的意愿在增强，沿海各个主要港口依托持续高位运行的集装箱吞吐量，发展海铁联运的市场环境业已形成。近10年来，上海铁路局依托区域经济发展和路网规模扩充，在全路集装箱运输领域取得较好的经营业绩，集装箱运输量、经营收入由2005年的30.3万TEU，8.75亿元增长至2013年的57.0万TEU，15.91亿元，分别增长88.1%和81.8%。先后组织开行了苏州至华沙、连云港至中亚各国、宁波至杜伊斯堡、义乌至杜尚别等多趟国际联运集装箱班列，增强企业发展后劲，服务区域经济发展，取得较好的市场声誉。

（二）确立先进的发展理念

港口集疏运系统是港口服务能力的重要组成部分，而快速高效低碳的铁路集疏运系统，是港口与广大腹地相互联结进行一体化运输组织的关键，是港口赖以生存与发展的主要外部条件，是先进生产力的发展方向。近年来，关注维持和运转城市交通系统所需的资源、能源以及城市交通系统排放的污染物等问题越来越受到关注，人们开始反省传统发展观念的局限性，反省传统发展的目标与途径的正确性，也意识到如果交通对城市环境和生态的影响超越了生态环境本身的承载能力，城市交通系统显然是不可持续的。在上海国际航运中心建设中，海铁联运作为运力大，污染小的绿色运输方式，符合低碳经济的发展要求，符合港口经营发展和内陆腹地拓展的需要，理应得到大力发展。这也是业界多年来一直呼吁铁路“上岛进港”（建东海二桥上洋山岛，建专用铁路进外高桥港区）的缘由。

（三）加强对上海港集疏运方式研究

依照中央对上海发展的战略定位，至2020年，上海国际航运中心将以建成综合资源配置中心为规划发展目标，逐步由腹地型向复合功能型发展，成为全球重要国际航运中心之一。根据相关预测分析，上海国际航运中心经济腹地范围内的集装箱生成总量将超过6 900万TEU，上海港集装箱吞吐量可达到3 900万TEU，上海港集装箱集疏运体系内交通运输模式将发展成为：公路运输模式下降至47%，水中转运输模式上升至45%，铁路运输模式提升为8%。因此通过研究改变当前集疏运结构严重失衡，优化现代航运集疏运体系，发展海铁联运这一经济环保的运输方式，显得尤为现实和紧迫。这是实现上海国际航运中心建设目标、确保上海枢纽港地位的当务之急。

四、当前港站分离状态下的推进集装箱海铁联运发展举措

（一）协同海铁联运系统各方能力

上海铁路局在上海港发展集装箱海铁联运相对于在宁波港、连云港而言，存在诸如铁路与港口分离制约因素。而上海港集装箱吞吐量的持续攀升和国家环保政策的调整，也使我们面临良好的发展机遇：即全面运用港口吞吐量提升、进出口贸易量增长和规划支持集装箱海铁联运发展的机遇，协同集装箱海铁联运系统的各方，夯实内部实力，使上海铁路局在上海港的业务发展具备持续性的动力。具体包含十方面的内容：

一是上海铁路部门继续保持对海铁联运项目的运价下浮政策，履行企业的社会责任。按照量价统一的原则，适度扩大运价下浮比例和范围；提高海铁联运中的成本优势和与公路集卡运输的抗衡能力。建立适应市场、灵活高效的运价管理机制，推动集装箱海铁联运全程报价机制的形成。

二是继续优先安排海铁联运业务在车站的各项作业，对重点集装箱海铁联运车站设备设施进行专题调研，并制定相应的改造方案；提高集装箱海铁联运站场设备的作业能力，同时对铁路货场的通关设施按国家相关标准要求进行改造，满足车站通关能力需求。

三是改变铁路集装箱不能下海（出境）的状况。上海铁路车站研究落实铁路总公司实行的铁路集装箱下海（出境）的具体操作办法，加强市场宣传，缓解海铁联运市场中集装箱运用紧张状况，

四是关注外贸和港口发展动态。在国际贸易形势和港口集疏运通道建设

与发展政策框架下，相对准确的分析海铁联运市场需求，依托上海港吞吐量的提升和航线开辟特征，以期为海铁联运班列更多开行进行能力配套和价值流分析提供基础。

五是加强港口、船公司、铁路运输企业和海铁联运经营人等之间协调，不断收集、整理和积累腹地集装箱生成数据，根据无水港设置和货源生产地情况，综合港口、海关以及铁路运输能力状况，确定集装箱海铁联运班列开行方向、数量，逐步适应和满足市场发展需求，使上海国际航运中心的建设成就更多的辐射内陆经济发展。

六是与上海海关、蚌埠海关、合肥海关等建立定期会晤机制。优化蚌埠—合肥—芦潮港海铁联运班列开行组织。与内陆无水港、腹地货源地政府、货主等建立协调机制。同时围绕开行集装箱海铁联运班列目标，牵头海铁联运系统各方，抓好业务流程优化和各方协同，实现与海运能力的对接。

七是与中铁集装箱运输有限责任公司对接项目进展，取得集装箱运力资源（修箱、新造箱和空箱运用）的合理安排；组织并指导芦潮港站的海铁联运业务开展、路港作业衔接和铁路作业安排。

八是结合集装箱海铁联运产品开发，由上海铁路局货运营销中心牵头组织规划，落实推进业务流程重组，重点抓好洋山港区与芦潮港站间集卡驳接的过程管理；同时对接上海港务集团和其在内地所设立的无水港，掌握对外贸易进展及进出口货源情况，提出从港口至货源地开行集装箱海铁联运班列的初步计划。

九是上海申铁投资公司与芦潮港站协同洋山港区，根据海铁联运班列出发和到达时刻及港站的作业能力，制定在港区与铁路的集装箱装卸作业组织计划；协调驻港口的海关等口岸单位按照规定时间对进出口集装箱实施日常监管、转关、清关和商检等。

十是中铁国际多式联运上海分公司作为集装箱海铁联运经营人，牵头组织与市场对接，加强货源地经济发展调查，落实集装箱海铁联运班列开行的有效货源；组织好港口港区涉及海铁联运作业相关单位的业务工作协调，理顺各自作业协同；对进出口集装箱在海铁联运过程中的单证传递，费用结算等进行代理；根据班列开行的不同方向、里程等，向上海铁路局申请运价下浮。

（二）海铁联运协同推进与取得成效

坚持问题导向，坚持协同推进，涉及集装箱海铁联运系统协同的各单位的各个层面，按港口、铁路和政府部门在这三个层面协同中的作用，反复、持续推进协同内容，使发展海铁联运资源要素得到集聚。

上海铁路局与中铁集装箱运输有限责任公司、中铁联合国际集装箱有限公司、上海港务集团等单位就多方合作为加快铁路路网、场站建设和开通“五定”班列，推进上海集装箱海铁联运市场建设形成会议纪要，为下一步发展奠定了坚实的基础。

坚持政府主导，协同港口、铁路、船公司、海关等部门和企业参与，积极推进上海的“大通关”和电子口岸建设。驻上海的海事、海关、检验检疫和交通等相关口岸单位就进一步改善通关环境签署合作备忘录，建立三方联席合作机制，改进海关、国检对集装箱出入境监管工作，提高通关效率。

会同上海港务集团，组织与腹地城市对口部门（政府、海关、企业）签署海铁联运合作协议，增加内地“直通式”报关办理点 6 个，简化通关手续，促进口岸部门与政府相关部门职能联动，形成海铁联运口岸通关便利化长效机制。

以市场需求变化为前提，加强点到点直达班列、小编组集装箱班列等运输产品的开发。实施合肥、蚌埠、常州、无锡、苏州等多个地区至上海杨浦、芦潮港站的集装箱海铁联运班列运输方案。

在服务市场、服务客户方面做到便捷、高效，努力建成具有网上受理、网上操作、网上查询、网上交易等功能完善的海铁联运公共信息服务平台，推行海铁联运单证操作电子化，实现港口与铁路之间物流信息的实时共享，提高运行效率。

（三）实现集装箱海铁联运量的提升

由于集装箱海铁联运系统业务流程重组和港口、港站生产布局调整所牵涉到的面广点多，而且系统内部处置较为复杂，需逐步协同推进，以达到预期效果。

2015 年 1～6 月上海港集装箱海铁联运量 71 208 TEU，与上年同比增长 5.2%。下一步，上海铁路局将新辟海铁联运线路 4 条，主要方向在四川、湖南和重庆等省市。

当前，基于可持续发展理念的港口集疏运体系通规划，已经开始注重协调交通运输机动化与运输方式高运力、低排放之间的矛盾关系。上海铁路局在推进海铁联运发展中，基于港站分离形态下的业务流程重组和生产布局调整，并在实践中不断创新的工作理模式，为市场所接受。

作者系上海铁路局货运营销中心副主任、
上海卓越管理中心第 35 期高级职业经理人班学员

强化供应链管理，提升企业核心竞争力

徐新灏

上海日用一友捷汽车电气有限公司（以下简称“日用”）是一家中外合资企业，主要生产乘用车散热器风扇总成。1998年4月1日上海电气（集团）总公司以原上海日用电机厂的全部资产与国际电机业巨头德昌汽车电气有限公司合资成立上海日用一友捷汽车电气有限公司。合资10余年来，公司综合效益连续10余年位居全国同行业前列。在稳固南北大众、上海通用和长安福特马自达为主的优质客户群的基础上，瞄准国际一流标杆，不断开拓海外市场，先后成为德国大众、福特、通用、Delphi、Behr、Denso等国际汽车业巨头全球战略合作供应商体系中的一员。

日用的管理团队始终坚信，依靠技术创新和持续改进来提高客户满意度，进而最大限度地开拓市场是企业生存、发展的硬道理。随着国内汽车工业的发展，10多年来，公司的销售量逐年上升。特别是2005年以后，随着公司市场拓展力度的不断加强、产量的快速增长及客户个性化要求的不断提高，此前拟定的供应链战略和有关项目实施进度已经很难适应公司供应链需求的现实情况，甚至在一定程度上制约了公司的进一步发展。因此，企业必须结合以市场分析为基础的企业竞争战略对原有的供应链战略实施调整，即在公司的正常运营中强化供应链管理，以配合企业竞争战略，提升核心竞争力。

一、供应链管理的战略选择及中远期战略规划

核心竞争力是企业借以在市场竞争中取得并扩大优势的力量。核心竞争力不仅表现为关键技术、关键设备或者企业的运行机制，更重要的表现为它们之间的有机融合，是各种能力的提升。

近年来，汽车散热器风扇市场的竞争完全可以用“惨烈”来形容。面对国际汽车零部件大鳄及国内低成本供应商的挑战，如何做到“三分天下有其一”？作为国内最大的汽车冷却风扇生产制造商，日用必须努力做到“提升市场份额、巩固市场地位”。根据企业市场分析，在2006年将公司战略定位为“加强型战略

之中的市场开发战略”。同时，也向营运团队提出了要求：基于供应链管理战略必须与公司战略保持高度一致的原则，要根据企业当前的供应链现状进行细致的分析、客观的评估，并在此基础上设定企业未来的供应链管理战略。

综合企业竞争战略分析、供应链战略理论以及 TQRDC 和 SWOT 分析，经管理团队反复讨论后决定，设定三个“两年计划”：

第一个两年计划（2009—2010 年）：组建采购部，梳理、整合供应商资源；引进 ERP 系统，改善原材料、在制品及产成品仓储管理；以 ERP 信息系统为依托，实施内部供应链的业务流程重组。

第二个两年计划（2011—2012 年）：组建物流部，结合先前已经整合完毕的供应商资源，与采购部协同实施外部供应链整合；利用 ERP 远程控制系统和 RFID 系统（无线电射频识别系统）提高总部、分公司仓储和国内 15 个 RDC 仓库（区域配送中心）的管理绩效。

第三个两年计划（2013—2014 年）：总体规划、管理、调整企业供应链战略，包括供应战略、生产运作战略和物流战略；完成由销售部、采购部、生产制造部和物流部组成的、全新供应链的搭建；选择合适的供应链成员企业，建立战略合作伙伴关系，全面启动内部供应链和外部供应链的整合。

二、供应链管理战略的改进和实施

在内部供应链管理优化的工作上主要以原有的资源、能力为基础，通过转变供应链管理理念，管理创新和先进控制手段的实施，提高各个环节的运行质量和效率，以用户需求和高质量的预测信息来拉动内、外部供应链的运作，提高企业快速反应能力，并提高终端用户的服务水平。

（一）组织机构调整和业务流程重组

供应链管理作为一种新兴的管理观念和管理技术，实施中最主要的障碍来自各组织、各部门的传统观念。要实施供应链管理，就要对企业进行机构重组和以 EDI 系统为基础的业务流程再造（BPR），在组织架构上为实施供应链管理提供组织保障。

2009 年，管理团队组建采购部，开始整合供应商资源。采购部建立后，将原先各个职能部门的采购权限均合并到“大采购”范围内。所有采购业务均以采购部为操作核心，包括直接物料、行政采购、模具、设备、MRO 零星物料，这一改进使采购工作得以标准化、流程化，采购工作的效率获得极大的提高。同时，将原先隶属于质量保证部的“供应商质量管理”职能划归采购部，使原先纷繁复杂的供应商选点、评审、定点管理和供应商绩效管理的业务流程得以简化。这一系列的举措为此后外部供应链整合奠定扎实的供应商基础。

2011 年 8 月，根据第二个两年计划，公司组织机构再次调整。随着物流部的建立，开始新一轮业务流程重组。原来分别由采购部负责的供应商订单、要货计划管理职能、由销售部负责的成品仓储、发运和各地的 RDC 仓库管理、生产制造部负责的直接生产物料仓储管理及生产计划的职能全部划归物流部管理。物流部的管理职能在 ERP 系统的支持下，囊括从客户订单开始到成品交货的整个供应链过程。至此，日用在内部供应链整合过程中的组织机构调整和业务流程重组基本完成。

从 2009 年至 2012 年，日用的经营规模和生产规模爆发性的增长。采购部和物流部的建立和与之相应的业务流程再造所获得的效率提高使整个供应链在面临产能、零部件供应和产成品供货及时性的连番挑战中得以从容应对。组织机构的调整和业务流程再造捋顺公司内部供应链上的各个流程。各个职能部门在标准流程的基础上最大限度地发挥各自的专业能力，真正体现出各部门独特的竞争力。

（二）信息系统升级——ERP 及 RFID 技术应用

出于对供应链管理升级的迫切需要，日用在原有 MRP II 的基础上，于 2009 年引入 ERP 系统，为供应链管理带来新的变革。通过 ERP 系统的导入，供应链的业务流程重组得以顺利开展和实施。“信息共享”让企业在市场需求爆发性增长的情况下，有效避免了“牛鞭效应”对库存的巨大压力。原材料、在制品和产成品的三段库存资金管理得以准确预测、提前管理和有效控制，极大程度上降低企业运营成本；通过 ERP 远程控制，企业成品库存、各地 RDC 仓库库存得以实时监控，既满足客户日益多变的需求，物流成本也随之大幅下降。

在 ERP 系统的基础上，日用在 2012 年初建立“紧固件 RFID 系统（无线射频识别技术）”，简称为“自动补料系统”。该系统通过周转箱内置的 ID 卡，自动识别零件的品名、产品代码、最小包装量和库存在手可用量等相关数据、信息，并通过 ERP 网络实时传送到供应商的终端上。供应商根据此信息，及时将所需零件及时送达。这样，企业能有效降低零件安全库存，供应商也能高效处理客户的要货计划，及时满足客户的及时供货要求。

（三）“3P”管理技术提高制造能力

在提出供应链战略管理目标后，日用在制造流程中推广“3P”理念，以转变以前只关注产能的传统生产运作模式。

这是一种系统的生产改善方法，是在汲取“精益生产”方法及经验基础上，通过“二次创新”，形成具有日用特色的生产管理技术。以项目管理为运作方式，以团队协作为运作基础，围绕“Prepare（生产准备）”、“Process（过程）”、“Produce（生产）”三个关键环节，运用标准化的改进、控制工具，以工序作业时间、库存、单位面积生产率等绩效指标来考核生产过程的能力。通过生产流程优化、生产工艺和装备改进、人机工程运用、物料控制等活动，持续提高生产效率。“3P”不仅关注产能，更专注于通过对生产流程的优化、对产品质量的高水平监控、对工装的设计和改造来提高生产效率。

“3P”管理技术在日用的生产制造环节已连续推行近 10 年，每年都为企业创造可观的经济效益。2006—2008 年，运用“3P”管理技术，通过对各个车间内关键生产过程的改造，提高产能，缩减场地，节约人工。仅以上 3 年，“3P”就为公司节约 2 100 万元。更为关键的在于，“3P”的实施为供应链的整合提供改进的方向，并为此后供应链管理的整合奠定坚实的基础。

（四）整合外部供应链资源

长期以来，日用是业内为数不多的“小而全—纵向一体化”厂商。企业拥有加工电机转子冲片、刷盆、风叶、风罩注塑成型、转子绕线到电机、风扇总成的全套加工、装配能力。

2011 年下半年，在完成整体搬迁工作后，整个内部供应链整合工作也已经告一段落，公司随即与供应链中多家供应商开始意向性接触。经过近一年的工作，日用与本地一家专业电机部件制造商就该项目达成了一致，并签订长期战略合作协议。供应商在距我司不到 1 公里的范围内设立制造基地，承担企业相关零部件供应商体系和生产制造流程的整体外包业务，至此企业开始“战略性非核心业务外包”。由此节省下来的厂房、电力配额和现场管理人员则用以发展日用的新一代产品的生产。将“非核心业务”彻底外包，降低标准成本，节省有限的工作场地、人力资源和资金，利于企业将有限的资源投入到核心业务当中，加速企业核心竞争力的形成。

（五）整合物流运输资源，创新管理，提高客户满意度

2011 年 8 月，管理团队敏锐地发现，尽管公司内部对于每个项目的物流运输保障都有应急预案和相应的紧急应对措施，但在预防紧急情况的发生上却缺乏手段。

首先，是理念上的转变，即化“危机管理”为“问题管理”。管理团队将产品设计过程中的 FMEA（Failure Mode and Effects Analysis/失效模式及后果分

析)方法运用到物流包装设计和运输流程的分析中。简单地说,就是建立"经验教训数据库",并对每条物流路线的运输方式、每个物流运输节点,甚至于运输工具和产品包装上可能出现的各种瓶颈、故障模式及产生原因进行分析和评估,并制定措施予以提前应对。将"FEMA"导入外部供应链中的物流运输方案评估这一管理模式,不但获得包括大众和福特在内的多家客户的认可和高度赞赏,还在物流成本节约方面贡献良多。

(六) 内、外部供应链的整合

内部供应链与外部供应链的整合是一个动态的过程,以提升企业核心竞争力为最终目标。

在日用的实践过程中,管理团队根据内部供应链的需要,通过采购部、物流部对外部供应商实施整合和优化,并凭借整合后的结果来进一步优化公司的运营体系,即内部供应链。由生产制造部提供内部供应链的现状分析及要求,由采购部、物流部对外部供应链的成员企业进行筛选和考核,将公司内外部供应链有机地结合到一起。同时,在进行外部供应商整合的过程中,又将外部供应链成员或潜在成员的新技术、新工艺和新材料导入内部供应链,为内部供应链的优化和整合提供"新支持",汲取"新的养料"。

三、实施效果

管理团队根据"三个两年计划"的战略规划,分步对内外部供应链资源实施了整合,通过信息系统的不断升级,强化供应链管理,打造出一个具有日用自身独特竞争力的供应链,为企业降低运营成本,提高供应链各个职能部门的效率,提高企业核心竞争力。

经过供应链整合和管理,企业原材料库存下降30%,成品库存下降5%,库存盘点差错率下降10%,零部件配料速度提高50%。2012年全年平均成品日发运量12 500套,同比增长10%,而运输总成本比预算下降18%,全年零部件、原材料与产成品的及时到货率均保持在99.8%以上。

2012年,在原材料和产成品仓储面积比原先分别缩小9%和25%的基础上,全年产量达到520万台,同比增长8.4%,库存周转率从原先的4.5提升到5.6;2013年,内部供应链各个部门继续强化供应链管理。在场地、人员与上年持平的情况下,全年产量同比增长15%。不但完成原材料、产成品JIT到位率100%的指标,物流部还通过持续改进整理出400m^2的备用仓储面积。

2014—2015年,继长春工厂建立之后,日用根据"就近供货原则",在成都、烟台先后设立全国第二、第三个冷却风扇总成生产基地，并就近整合供应商资源，辐射面涉及整个西南及东部沿海地区。此举不但提高公司在业内的竞争力，也在很大程度上降低物流运输成本和人工成本。

在内外部供应链整合方面，我们已经与三家供应商签订了长期的战略合作协议，使"非核心业务外包"整合的价值链更为有效，为日用乃至以日用为核心企业的供应链其他成员企业创造价值。

作为供应链管理团队来说，必须继续坚定不移地贯彻公司竞争战略，转变观念，进一步推进采购、物流和制造流程中的管理创新，通过强化内外部供应链管理和资源整合，形成自身独特的供应链竞争力，使企业在激烈的市场竞争中得以生存、壮大。

作者系上海日用—友捷汽车电气有限公司营运总监、
上海卓越管理中心第26期高级职业经理人班学员

上海吴泾永通副食品有限公司生存和发展实践与思考

庄福生

上海吴泾永通副食品有限公司是一家自20世纪50年代发展至今、从事副食品市场经营的老企业。本文通过阐述企业创建成长、成熟以及面临困境的各个阶段，以变应变，抓住机遇，趋利避害，发挥企业自身优势，不断调整经营方式，推动企业多次突破生存和发展的瓶颈，焕发新活力和生命力，实现健康、可持续发展，努力为社会价值的创造、社会两个文明的建设奋斗。

一、企业基本概况

上海吴泾永通副食品有限公司地处闵行区吴泾镇东南角，与该地区最大的紫竹工业园区相毗邻。2002年经区政府批准，由国营闵行区商贸有限公司下辖海通、永德、吴泾三家菜场组合转制后成立股份制民营企业。永通公司有职工67人，退休人员150名。公司经营场地面积6 000m^2；建筑面积8 000 m^2；配备运输车辆16部，副食品冷库六座，库存容积120立方。主要经营肉类、水产、蔬菜、豆制品以及各类调味品等几百种日常食用消费品。常驻各类大小专业、综合批发、零售蔬菜、主副食品商户近四百家。2014年销售额达5 000万元。企业毛利润近500万元。企业的使命和愿景是发展成为一家关系民生幸福指数、以经营食用消费品为主的中型商业企业。

二、企业创建和发展历程

永通副食品公司成立于1958年。作为一家菜市场公司，目的是为吴泾化工提供食堂配套供应，同时后又对外开放供应吴泾地区5万多居民日常主、副食品，至今已延续20多年。

1990年吴泾地区居民激增，原吴泾菜场已无法满足当地居民的消费需求。为此，开设永德副食品商场，经营面积达2 000m^2，大大缓解吴泾地区蔬菜、主副食品供应状况。

1991 年吴泾化工基地市政府上马氯碱化工总厂工程，由项目出资兴办海通菜场。海通菜场经营面积 2 000m²，有移动和固定冷藏库 60 吨。

1995 年三家菜场的上级管理单位闵行商贸有限公司，将三家菜场资产重组，优势互补合并组建成立上海吴泾永通副食品有限公司，统一管辖吴泾、永德、海通三家菜场经营管理。

2002 年 3 月 31 日作为企业转制的基准日，区政府对永通公司实行全面彻底的改革，由全民、集体转制为产权明晰、自负盈亏的民营股份制企业经营至今。

三、企业面临不同经营环境条件下的三次极点突破

（一）计划经济市场垄断时期极点突破

作为上海市政府 1950 年代后期实事项目吴泾菜场，企业没有自主定价权力，由政府实行主、副食品指导定价和价格补贴政策。吴泾菜场凭借地理位置人口多、收入高、消费能力强的特点，年销售额、利润始终保持全市同行业领先水平，并多次荣获政府部门的高度评价和表彰。80 年代后期，国家宏观经济政策由计划经济转向商品经济，逐步取消副食品零售的价格补贴，在保证居民节日平价供应产品的基础上，实行议价供应及半议价。菜场在吴泾地区的独家经营垄断地位直到 90 年代初期才被打破。随着地区经济的发展和上海氯碱总厂的建成投产，周边地区人口由 5 万增加到 8 万。为保障周边居民主、副产品供给需求不受影响，政府又相继投资建设永德和通海两家菜场，形成三家菜场相互竞争、“三分天下”的局面，经营结果是三家菜场共同亏损 60 万。为此，上级部门整合三家菜场合并成立“上海永通副食品有限公司”。企业合并后，面临三大困难：一是企业有 210 名员工，人员包袱繁重；二是银行借款 800 多万，财务资金紧缺；三是应收账款、企业费用各 400 多万，企业入不敷出。经外部市场环境和内部企业条件分析，摆脱企业困境的突破口主要有以下几点：一是充分利用自身的场地优势引进香港百佳超市和农工商超市，既获得稳定的租赁收入，又安排劳务输出增加员工就业；二是将原来以副食品为主的五大类经营项目扩大为烟酒、粮食、调味品批发零售；三是成立应收款催讨小组，及时回笼资金；四是实行内部包干超额提成制，调动职工工作积极性。各项措施的落实促使企业逐步摆脱困境、扭亏为盈，保证职工收入稳定，保持资金流通顺畅，推动各项工作上一个新台阶，实现企业在管理上的第一次突破。企业发展的良好势头一直

保持到1999年。

（二）商品经济政策扶持时期极点突破

2000年企业维持盈利的收入占比为：依靠政府优惠政策占经营费用40%；企业资产运作的收入占30%；自营销售、扩大经营占30%。伴随着商品经济的到来，政府取消对于主、副产品的各项优惠政策，企业必须自行解决这部分收入的空缺。公司经营决策层通过市场调研和发动员工献计献策，开拓思路，形成一致共识：要从企业内部挖潜力，寻找突破口，调整企业经营模式。主要措施是重新规划菜市场布局，划分三大区块：本场员工经营承包区块、引进外省市品牌经营客商专营大类副食品和引进当地自产自销农民户进场交易区块。在实施过程中，要加强监督控制，防止出现执行偏差，确保预期效果实现。对外来经营客商，要把好品牌信誉关，亮证经营，设立举报电话。在严格管理诚信经营的同时，采取措施扶持资金实力较弱的外来经营户，培养优质经营户，实现同成长、同发展、共繁荣。对自产自销当地农民自营户采取柜台租赁优惠的办法，降低经营成本和产品价格，吸引居民消费者进场购买，既解决当地农民在场外乱设摊和影响市容的难题，又为当地居民提供福利。上述举措降低企业经营成本，扩大市场知名度，提高企业销售额，填补政府部门资金扶持的空缺，遏制企业效益下滑，达到收支平衡略有盈利的效果。这样的发展模式一直维持到2002年。

（三）市场经济激烈竞争时期极点突破

2003年国家宏观经济向好，市场经济进一步开放，各项基础建设步伐加快，各类开发区建设如雨后春笋纷纷涌现，大批外来务工者涌入上海。吴泾地区常住人口由10万人不到增加至10多万人。人民币价格升值，土地等资产价格上涨，企业在享受经济繁荣的同时，也同样面临经营成本和人工成本上涨的压力。企业利润率随之降低，濒临亏损，企业的生存再一次面临严峻考验。在国有资本退出竞争领域的背景下，区政府出台转制政策，永通公司在2003年转制成为民营企业。在无任何社会资源支持的条件下，分析企业外部环境和内部条件，明确企业的突破点：一是改造永德副食品商场，经营面积增加500m^2；二是加大外来经营户引进力度；三是加强人力资源方面的改革力度，对4050员工实行内退制度，腾出空地实行再就业，并建立市场安全卫生、店容店貌督察队伍，在加强市场日常管理的同时，增加职工就业减少人工成本。由于决策正确和措施有力，改制10余年来始终保持经济效益的上升趋势和旺盛的生命力，成为吴泾地区设施完备、菜食品优良的公司化管理的市场。

四、企业实施极点突破的感悟和体会

（一）要在不断否定自身中，才能不断突破

作为市民百姓日常生活的“菜篮子、米袋子”，企业产品需求弹性小，受宏观经济影响微乎其微；食品类产品创新度小，技术革新、品种变化影响不明显。但随着市场经济的放开和政府行业扶持政策的取消，外围竞争者不断涌入，企业面对外部环境的剧烈变化手足无措。例如：2002 年“SARS”时期，原本大清早灯火通明、人头攒动的景象变得门可罗雀。公司市场销售额大幅下滑 50%，原有的 10 个活禽经营摊位全部退出市场，企业经济效益由上年 56 万元的盈利转变为三个菜场全部亏损红字，企业成本不降反升。回顾当时企业面临的困难，深切体会到如果在事情发生之前，尽早培育发展企业新的增长点，就能增强抵御经营风险的能力。因此，企业的决策层要不断否定自我，超越自我，眼观四方，耳听八方，高瞻远瞩，才能带领企业团队始终向着设定的目标前进。

（二）创新是实施突破管理的关键

纵观企业发展之路，每一次成功的突破都是再创新的一个过程。例如：2012 年公司在将经营场地扩大至 1 500m^2 后意识到，企业今后的发展战略方向不是在“大”上做文章，而是应该在“强”上下功夫。“强”意味着要提高企业核心竞争力，而核心竞争力是由它的行业性质所决定。公司认为菜场的核心竞争力在于搞好全方位的服务。因此，将企业创新落实于服务，并明确服务的“十二字方针”：食品安全、环境整洁和诚信服务。主要措施是：加强食品安全品牌化管理，引进知名品牌如“五丰”“金锣”“雨润”“双汇”等，在做好专人负责商品进销台账的同时，建立 IC 卡电子追溯系统，保证食品进销质量安全；在销售中实行过期肉类食品就地销毁程序，杜绝过期肉类流向市场；根据菜市场经营项目，结合经营环境，划分区域，分别设立蔬菜、果品、水产、肉类、禽类销售点；保证顾客通道整洁、灯光明亮，做好基本设施的定期检测，开展“信得过摊位”“文明诚信商户”“党员示范户”等评选活动。通过实行精耕细作的管理服务，提升企业核心竞争力，确保永通公司主营业务在吴泾地区占有率达 60% 始终处于领先地位。

（三）在任何条件下，极点突破始终是中小型企业发展的必由之路

作为一家中小企业，如何提高企业品牌知名度，结合当前市民关心健康热

点，寻找突破，是企业提高核心竞争力的关键所在。为此，公司分别同浦东市郊的二个蔬菜农业合作社联合，实行三定，即定点、定品种、定时安排蔬菜供应，监控蔬菜下种、生长到分理的全过程，并统一集中采样检测。此外，推出有机蔬菜深加工中央厨房，每天定点向附近工厂、学校供应20多吨蔬菜，提高集团销售额，收获良好的经济效益和社会效益，促进市场占有率、扩大企业品牌影响力。

五、在为客户创造价值的同时，践行社会责任

以服务为战略发展导向，成立专业化市场部，从软、硬件两方面提高市场服务水平。硬件上以提高市场环境和综合设施为主。考虑外来经营业主都是携家带口来沪工作，公司投资500多万元修建“开心公寓”，以低于市场价格解决经营户住宿难题。软件上，针对经营业主多为外来务工人员的特点，提出“你投资，我服务；你发展，我铺路；你发财，我保护；你有难，我帮助”的服务理念，为业主办理证照、纳税、子女入学难等问题提供协助服务。

企业改制以来，由于坚持以提供优质客户服务为核心，以践行社会责任为己任，取得的成果得到社会各界的一致认可与肯定。公司通过“三次突破”实现三次质的飞跃，推动企业可持续良性发展。

作者系上海吴泾永通副食品有限公司董事长、总经理，
上海卓越管理中心第35期高级职业经理人班学员

太太乐原材料食品安全预警系统的研究与建立

余兆好

食品安全长期社会舆论关注的热点。造成食品安全问题的原因很多,但原材料的安全是最关键的影响因素之一。本文结合公司原材料供应环节的食品安全环境,在遵循食品安全逻辑预警与约哈里窗口理论的前提下,建立了原材料食品安全预警系统,分析了其运行效果,并对不足之处提出改进方向。

一、公司原材料面临的食品安全挑战

太太乐原材料种类多、数量大。目前,原材料共有 180 多种,每天需采购原料 500 吨,其中鲜肉鸡约 3 万只,鸡蛋约 17 万枚,包材约 220 万只。

众所周知,由原材料所带入的污染物和有害因素绝大多数在后续加工过程中无法消除或降低。因此,要确保如此数量庞大、种类繁多的食品原材料的安全,对太太乐来说是一个巨大挑战,稍有不慎,都将给企业带来巨大损失。

为保证原材料安全,太太乐基于逻辑预警和约哈里窗口理论,建立了自己的食品安全预警系统流程(见图 1)。

二、信息采集

信息采集主要指给信息源系统持续的信息输入,而信息源系统又是食品安全预警系统分析的数据基础。公司原料食品安全预警系统中的信息源主要包含以下几方面。

(一) 法规标准——食品安全的起点

为确保及时、准确收集最新、最全的法规标准,公司建立了多渠道、全方位的法规标准收集机制:设立专职法规管理岗位,收集并发布法规信息;不断拓宽渠道,持续完善“常用食品法规信息检索网站表”;积极参加中国调味品、食品工

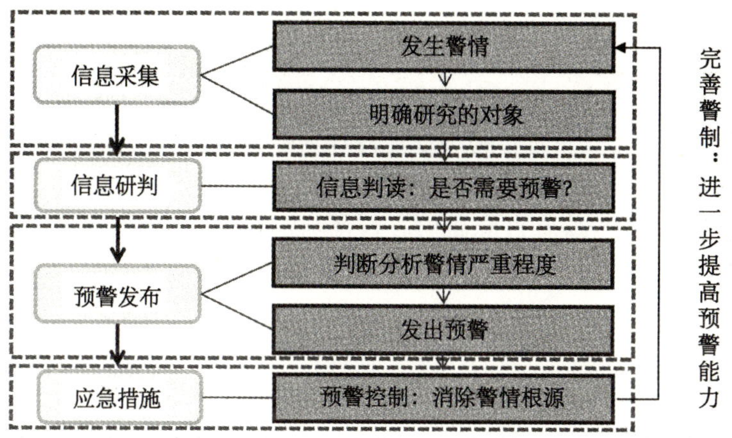

图1　食品安全预警系统流程图

业等专业协会的活动；主动参与标准修订并反馈意见；密切沟通食品监管部门；充分利用雀巢内部法规信息资源。

通过以上机制，对我司所需食品法规标准进行系统、全面地收集、整理、发布，确保公司在法规标准起点上的优势。如已从公布的303项国标中整理出与我司相关的标准包括9项基础标准、3项食品添加剂标准、2项产品标准等。今后还要密切跟踪尚待整理的4 934项标准。

此外，公司也十分关注进口国的法规标准，为此，我司专门设立国际业务部在做好产品出口服务的同时，也持续收集进口国法规，如获取的重要信息有美国不允许进口含畜禽肉的调味料，欧盟不允许大米含转基因成分等。

（二）供应商审核评估——食品安全的基础

对供应商的审核评估是原材料食品安全信息采集的重要一环，是对警源的充分挖掘和分析。公司建立了系统的供应商审核评估机制，包括审核员资格认定、审核小组组成、审核前准备、现场审核、审核频次、审核跟踪等方面的具体要求。

(1) 审核人员资格认定：须具备在品管或采供部门工作3年以上，具有良好知识技能和个人素质，经食品安全管理的相关培训和审核技巧培训并通过考核。

(2) 审核小组组成：组长由经过国家认可的质量工程师或食品安全师担任，组员由跨部门成员担任，还可引进第三方审核人才。

(3) 审核前准备:审核员根据已知信息,结合产品工艺分析,提炼出特别关注的质量安全指标。在此基础上制定审核计划,并与供应商进行沟通。

(4) 现场审核:现场审核覆盖食品安全管理的所有要求,同时结合原料生产特点考察重点环节。审核员须到供应商生产相关所有场所,并使用“三角审核法”,确保得到的信息和证据相符。

(5) 审核频次:所有供应商均进行现场审核,对于重点和风险较高的供应商,每年甚至达到 2 次以上。除常规的事前通知审核外,还进行突击审核。

(6) 审核跟踪:对于严重的食品安全隐患定为不合格供应商,并立即向采购部门发出预警,对该供应商不予或暂停采购。供应商有良好合作意愿并可在短期内改进的,在其改进后再次评估,并予以帮助。所有审核都指定专人进行跟踪,直到全部整改完成为止。

(三) 质量监测(QC)——食品安全的眼睛

质量监测(QC)是信息采集重要组成部分,也是企业获取原材料食品安全信息直接、快速、有效的途径。公司建立了一支专业的质量团队,覆盖了从原材料标准的制定、质量监控计划实施到检测等原材料控制的全过程。

公司 2000 年就开展了致病菌监测,2006 年建立了原材料污染物管理程序。基于风险评估原则、依据法规要求、结合预警信息和历史数据确认每种原材料中可能出现的污染物,并对每种原材料中的污染物进行风险等级评估,结合供应商等级评估情况,确定监控频次。

表 1　原料化学危害监控频率矩阵

<table>
<tr><td rowspan="4">原料化学污染物风险等级</td><td>高</td><td>每年至少检测 1 批</td><td>每年至少检测 3 批</td><td>寻找代替供应商,使用前批批检测放行</td><td>使用前批批检测放行</td></tr>
<tr><td>中</td><td>每年至少检测 1 批</td><td>每年至少检测 2 批</td><td>使用前批批检测放行</td><td>每年至少检测 2 批</td></tr>
<tr><td>低</td><td>不要求检测</td><td>每年至少检测 1 批</td><td>使用前批批检测放行</td><td>每年至少检测 2 批</td></tr>
<tr><td>可忽略</td><td>不要求检测</td><td>不要求检测</td><td>不要求检测</td><td>不要求检测</td></tr>
<tr><td colspan="2" rowspan="2"></td><td>高</td><td>中</td><td>低</td><td>未知</td></tr>
<tr><td colspan="4">供应商污染物合规等级</td></tr>
</table>

矩阵中原料污染物的风险评估等级根据 HOMOLOGA 和 PHAM 等数据库信息，分为高、中、低和忽略四个等级，供应商污染物合规等级划分如表 2。

表 2　供应商污染物合规等级划分

等级	标 准 描 述
高	➢ 供应商已被评估，且持续满足原料采购标准 ➢ 最近 5 批次监测表明化学污染物在标准规定的限量之内
中	➢ 供应商已被评估，纠正措施在进行中 ➢ 最近 2 批次监测表明化学污染物在标准规定的限量之内
低	➢ 供应商已被评估，纠正措施在进行中 ➢ 最近 2 批次监测表明化学污染物超出标准规定的限量
未知	➢ 新供应商或现有供应商未经评估

2013 年对原材料中的各项污染物，总共进行了 1 533 批次，3 393 个项目的原材料监测，具体见表 3。

表 3　原材料监控项目统计

项目类别	污染物	致病菌	农药残留	兽药残留	天然毒素	食品添加剂	非法添加物	其他	合计
项目数	1 036	70	1 459	588	54	53	8	125	3 393
不合格数	2	1	0	3	0	0	0	1	7

从表 3 得出，原材料监测不合格率 0.21%。表明原材料存在较高风险，如农产品中的无机砷，动物类原料中兽药残留等，所有监测结果都为食品安全预警系统提供信息。另通过对监测数据的统计分析，可预测原料中污染物风险水平的变化趋势。

（四）市场食品安全信息——食品安全的焦点

市场食品安全信息一种是通报、公告或通知形式的预警信息，如政府机构的通报、贸易预警等，另一种是爆发的食品安全事件相关信息，如行业报道、媒体曝光等，无论是何种形式，对于企业来说，只要有相关信息，我们就必须关注。公司建立市场安全信息立体监控网，包括食品伙伴网每日一报的食品安全信息、质量安全中心信息员的搜索信息、公关部网络舆论监控系统的监控信息，三个方面各有侧重，形成互补。

三、信息研判

在逻辑理论指导下，太太乐设计了预警矩阵表和信息研判流程（见表 4），以指导具体操作。

表 4　预警矩阵表

<table>
<tr><td>信息源</td><td colspan="2">法规标准信息</td><td colspan="2">供应商审核信息</td><td colspan="2">质量监控信息</td><td>市场信息</td></tr>
<tr><td>警素
（关键因素）</td><td colspan="2">增加新项目或调整指标限值加严</td><td colspan="2">系统性、安全性项目不符</td><td colspan="2">禁有类检出或限有类污染物超标</td><td>有食品安全问题相关性及严重性</td></tr>
<tr><td>警源
（根本原因）</td><td colspan="2">政策调整</td><td colspan="2">管理不善</td><td colspan="2">管理不善或环境污染</td><td>存在安全隐患</td></tr>
<tr><td>警兆
（表现特征）</td><td colspan="2">标准公布，专业人士了解</td><td colspan="2">不能采购，可能无合格供应商替代</td><td colspan="2">到厂原料不合格，需退货</td><td>媒体、消费者关注，政府介入</td></tr>
<tr><td>警度
（严重程度）</td><td colspan="2">严重</td><td colspan="2">严重</td><td colspan="2">严重且紧急</td><td>严重且特别紧急</td></tr>
<tr><td>解决难易程度</td><td>易</td><td>难</td><td>易</td><td>难</td><td>易</td><td>难</td><td>难</td></tr>
<tr><td>通报/预警</td><td>通报</td><td>预警</td><td>通报</td><td>预警</td><td>通报</td><td>预警</td><td>预警</td></tr>
<tr><td>范围</td><td>生产单元</td><td>总经理/相关部门</td><td>生产单元</td><td>总经理/相关部门</td><td>生产单元/质量中心</td><td>总经理/相关部门</td><td>总经理/相关部门</td></tr>
</table>

通过对信息源警素、警源、警兆、警度的分析，以及对食品安全问题解决难易程度来决定是否需要发出预警。若较易解决，采取内部通报，互通信息，完善制度，无需上升为预警发布信息。若难解决，则需预警发布，以求得相关部门的支持协作，甚至总经理亲自召集相关部门会议，统筹综合解决，如更改配方、产品回收、启动应急预案等。相对而言，对市场食品安全信息的研判比较复杂，需综合考虑行业、原料、地域、污染类别来判别。

四、预警发布

根据预警信息的影响力、破坏力等因素，将预警划分为 3 个等级，分别为轻警、中警和重警，分别对应着不同级别的应急响应(见表 5、图 2)。

表 5　警情等级与警情对照

警情等级	警 情 描 述	应急程序
轻警	① 供应商评估不合格且难以替代、法规标准变化难以适应的 ② 连续三批出现安全指标不合格，但未造成产品安全问题；或监测出由原料引发产品存在食品安全问题，但未扩散信息 ③ 由行业引发，在非主流媒体中出现含本公司的负面新闻，但影响力小、阅读量不高，但个别消费者致电询问	Ⅲ级
中警	① 确认产品存在食品安全问题 ② 部分媒体中出现公司负面新闻 ③ 相关政府及行业机构介入调查 ④ 公司售后服务、媒体关系等人员多次收到质询	Ⅱ 级
重警	① 媒体负面报道与日俱增，社会关注度高 ② 产品面临下架，销量明显下滑 ③ 公司售后服务、媒体关系等人员每日频繁收到质询	Ⅰ级

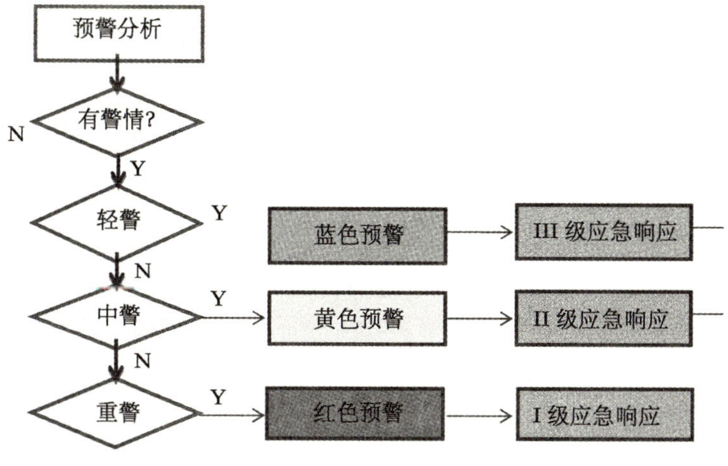

图 2　预警响应流程图

五、应急措施

发出预警后，按照不同预警等级，采取不同的应急响应。

（一）法规标准变化——创造条件，采纳遵循

对新法规标准中难以达到的条款，需立即发出预警，通过增加投入、修订产品配方、选择新供应商加以解决。新法规标准中确实有不合理之处，通过行业协会、主管部门沟通，以期给予必要的过渡期，对其中可能争议之处，希望主管部门给予明确，以减少分歧。

（二）供应商审核不合格，且难以替代——多管齐下，确保安全

在供应商审核评估不合格时，应维持低量采购，原料到厂批批检验合格后放行；对供应商发出限期整改通知，并通过企业高层接洽，加快整改进度；派出资深人员帮扶指导整改；研究新配方，做原料替代准备；不能确保产品的食品安全时，暂停采购和生产。

（三）原材料质量监测异常——加强监测，帮扶整改

对于原材料质量监测异常的情况，通常可采取以下措施：一是立即暂停该供应商的原材料采购，或者在加严监测的前提下进行低量采购，进行批批检验等，同时开展对该原料其他供应商的抽检；二是发出限期整改通知，必要时协助供应商查找异常原因。

（四）市场食品安全负面信息——密切关注，危机管理

市场反馈的食品安全信息具有紧迫性、严重性和不确定性等因素，要求在预警信息发出后做出快速反应，往往会启动危机管理。为此，公司成立了以总经理为组长，生产系统、质量安全中心、公关部等部门负责人为成员的企业危机管理小组。根据对危机的影响力、破坏力，将危机分为 3 个等级：轻、中和重，对应的应急措施分别为：Ⅰ级响应、Ⅱ级响应和Ⅲ级响应。

轻警由生产系统、公关部、质量安全中心协同合作，立即查明原因、范围，合理解释，追溯产品流向。中警由总经理及相关部门负责，高度重视，妥善解决，必要时启动召回程序。重警由总经理主持召开紧急会议，建立公共关系危机执行小组；建立新闻发言人制度，有效代表公司发言；启动产品召回程序；对消费者诚恳道歉，必要时启动赔偿程序；若危机属明显恶意导致，公司可通过法律途

径进行维权。当公关危机处理后，需及时总结经验和教训，对企业新的公关危机预防提供参考。

六、预警系统初有成效

太太乐原材料食品安全预警系统经不断改进和完善，已初有成效，在公司的食品安全控制方面发挥了重要作用，下面简单介绍几个实例：

（一）预警法规标准变化，抢得市场先机

2009年，美国开始全面禁止禽肉制品进口。禁令一出，公司经评估，启动蓝色预警和Ⅲ级应急响应，由总经理部署协调相关部门。迅速启用无鸡肉配方，仅一个月就完成了无鸡肉配方产品的投产和报验准备，产品抢先登陆美国市场，全年销售额达384万美元，出口量达1 300吨，2015年出口美国产品达到3 000吨。而台湾同类产品则应对不及时，失去了原有市场，至今仍一蹶不振。

（二）慎重选择供应商，避免重大危机

某上市公司是中国最大的鸡肉加工企业之一，也是某知名快餐企业最大的鸡肉供应商之一。公司在审核中发现其自有鸡场数量不能满足需求，质量管控和食品安全意识也不符合我司理念，存在安全隐患。尽管该司给出行业内相对较低的价格，公司审核评估后毅然将该供应商拒之门外，避免了食品安全危机事件的发生。

（三）质量监控，确保原材料安全

2012年根据监测结果，在对不合格原料作退货处理时，公司进行内部通报，及时采取控制措施，对涉及供应商的合规等级进行重新评估，停止了5家供应商，调整了6家供应商的合规等级，同时对该供应商的原料污染物指标进行批批检验，合格后放行。

（四）关注市场信息，迅速消除安全隐患

2011年，台湾塑化剂风波爆发后，公司立即对相关信息进行评估并采取“预防措施”。通过检测并研究发现某个原料有异常，立即与供应商进行交流并派员到现场，通过现场检查、取样检验发现：供应商处的塑料软管是罪魁祸首，便立即通知供应商更换该软管，迅速解决了原料的异常问题，消除了安全隐患。

鉴于国内在食品安全预警系统的研究和建设上整体处于初级阶段，虽然太

太乐建立的原材料食品安全预警系统，有效降低了原材料对终产品的风险，在一定程度上保障了产品安全。但还不够完善，如预警指标还没有实现全部量化，预警系统内各部门相互交流、部门协同有待加强。故提高太太乐原材料食品安全预警系统的运行效率和有效性，是今后研究的重点。

作者系上海太太乐食品有限公司生产系统副总监、
上海卓越管理中心第 30 期高级职业经理人班学员

以光明集团和益民集团的互动探索大型企业资金集中管理

胡洪芳

随着全球经济一体化特征的日益突出，我国企业集团在国内外市场竞争日益激烈，提高企业集团竞争力的关键是要提升综合管理水平，而资金集中管理对大型企业集团来说尤为重要。在全球500强中80%以上的企业集团，均建立集中式的现金管理模式，而我国企业集团对资金集中管理起步较晚，多数大型企业集团尚未建立起有效的资金集中管理体系。

上海益民食品一厂（集团）有限公司（以下简称“益民集团”）是光明食品集团旗下最大的综合性大型食品集团。拥有光明牌、梅林、冠生园、大白兔、9685（八）一只鼎等家喻户晓、名扬海内外的中国驰名商标和上海市著名商标。公司注册资本12.805 5亿元。

益民集团上级公司光明食品（集团）有限公司（以下简称“光明集团”）是一家以食品产业链为核心的现代产业集团，是现阶段上海市规模最大的食品产业集团，拥有上海梅林、金枫酒业、光明乳业和海博股份等上市公司，拥有光明、大白兔、冠生园、梅林、石库门 、金枫、和酒、天喔等众多中国驰名商标、中国名牌产品和上海市著名商标、上海市名牌产品。光明集团注册资本34.30亿元。公司拥有全资、控股的二级子公司19家，合并户数710家。

一、资金集中管理实施前存在的问题

（一）资金分散，造成资金沉淀及闲置

截至2008年底，光明集团下属企业共开设三千多个账户，分布在20余家银行。各账户基本都留存部分沉淀资金和闲散资金。从集团层面看，资金总量相当可观，长期闲置，机会成本高。

（二）资金“存贷两头大”现象严重

光明集团在2009年之前资金尚未采取集中管理的方式。分散的资金管理模式是资金层层沉淀的主要原因，“存贷两头大”现象十分严重。根据2008年光明集团合并报表显示，整个集团银行存款余额高达134亿元，贷款余额高达166亿元（其中，短期借款124亿元，长期借款42亿元），全年利息净支出为4.6亿元。而仅益民集团2008年银行存款13亿元，贷款余额34亿元（其中：短期借款24亿元，长期借款10亿元），利息净支出高达1.82亿。整个集团拥有大量闲置资金，却依然向银行借款并支付高额利息。

（三）信息传递不及时，资金监管不到位

由于光明集团下属机构多、管理链条长、监督成本高，集团始终采用事后资金管理的模式。资金监控不到位，无法有效防范经营风险。“小金库”、“违规出借资金”等现象频繁发生，形成资金监控的“盲区”。

二、资金集中管理体系的构建

（一）制定资金集中管理战略

2009年，光明集团制订《光明食品（集团）有限公司发展战略规划（2010—2012年）》。在规划期内，将推进全产业链经营模式，强化产业单元专业化发展水平。销售规模将从2008年的470亿元发展到900亿元，归属母公司净利润从2008年的6亿元增加至16亿元。为实现总体战略目标，光明集团制定子战略规划——资金管理战略，即本着合规、高效的原则，盘活集团沉淀资金，提高资金使用效率，实现集团内部银行的资金管理模式。

同时，作为光明集团旗下最大的综合性食品制造集团公司，益民集团的规划是到2012年，实现主营业务收入80亿元，力争100亿元，确保实现净利润1.5亿元，力争2亿元。为减少益民集团的财务管理成本，光明集团决定将益民集团及旗下具有一定资金量的39家骨干企业纳入光明集团的资金集中管理体系中。

为确保集团资金集中管理规划的权威性、科学性和实用性，光明集团邀请金蝶软件、新世纪咨询以及浦发银行分别作为此次资金集中管控项目的软件实施方、内控咨询方以及财务顾问方，积极打造一支素质全面的顾问团队，并依托金蝶软件成熟且灵活的EAS平台产品，构建高效的资金集中管理的体系。

（二）搭建资金集中管理体系

1. 成立资金运作管理平台

在工商管理部门的支持下，光明集团成立“光明集团财务管理中心”。该中心是光明集团总部下设的具有独立核算主体的分公司。依据国家有关法律、法规，为集团所属单位或部门提供资金服务，并负责全集团资金管理模式规划、业务设计和专业管理。

2. 搭建统一的资金信息化平台

建立集团统一的资金信息化平台，是实现集团资金集中管理的重要手段。光明集团采用成熟的资金管理软件及商业银行银企直联通道，选用先进的设备，保证资金结算的“安全、快捷、方便、准确”。

2010 年，益民集团本部及下属 39 家骨干单位在光明财务管理中心的统一部署下成功加入光明集团资金管理平台，为网上银行支付与资金查询提供便捷。

3. 建立与完善资金管理内控体系

通过对资金事前、事中及事后的控制，建立和完善资金监控体系，有利于数据的深度挖掘。

1）事前控制

实行资金预算制度：光明集团的资金预算按成员企业预算流程规定权限审批，通过金蝶 EAS 资金管理系统报集团财务管理中心。集团财务管理中心负责制定一级预算项目，各单位可以根据实际业务需要向财务管理中心申请增加下级预算项目。

控制授信及担保：引进商业银行信贷管理机制，利用集团资金管理系统及财务报表系统，结合企业现金流量、经营状况、内部履约状况等指标，以年度为单位，对集团所属子公司开展内部信用等级评定，并定期公布各成员单位的信用评级。

2）事中控制

加强预警体系的建设，通过金蝶 EAS 的信息平台，增强对资金流的监控，防范集团资金短缺风险，如银行账户资金限额提醒、大额资金支付提前通知、集团与银行签年度融资信用额度使用情况等。

3）事后控制

完善内部资金管理报表体系，及时提供决策信息，建立一系列奖惩制度和激励政策，吸引各成员单位主动执行资金集中和资金预算政策。

根据光明集团的激励政策，益民集团要以资金使用效率、资金预算考核和资金风险控制综合考核企业高级管理层，并与成员单位的年终考核相挂钩。

4. 建立与银行的战略合作关系

在银行账户的建立和使用上，目前光明集团与7家银行实现银企直联。针对不同的商业银行制定不同的风险应对预案。在贷款授信方式上，光明集团将原先分散授信，确立为由集团统一授信。

（三）资金集中管理实施效果

1.“存贷两头大”矛盾逐步缓解，资金使用效率提高

随着光明集团资金集中管理工作的逐步推进，截至2011年底，成员单位进入资金平台正常运转的单位已有168家，涉及银企互连账户302个，现金池归集账户达186个。通过使用资金管理系统，总部实现面向部分成员单位点对点的资金集中，点对点委贷累计达46笔，金额51亿元。2011年，光明集团合并报表借款金额为291亿元，如果光明集团没有实施资金集中管理，则整个集团贷款金额将增加至342亿元。按2011年一年期贷款基准利率6.58%计算，资金集中管理减少集团利息支出3.36亿元。

根据光明集团操作模式，从2010年开始，益民集团也尝试做好下属子公司上海市食品进出口公司、一只鼎、上海益民一厂、96858网络公司和外经公司间资金调配的有偿使用。同时试行光明集团内部的资金调配工作，如2012年，益民集团本部向光明食品集团借款1亿元，贷款利率按基准利率下浮10%；益民集团的下属单位外经公司将自有资金2亿元借给农工商房地产集团（光明食品集团下属）的下属公司，由农房集团担保，借款利率按10%收取。资金集中管理的实行提高行业内资金使用效率，财务费用也随之相应增减。

2. 融资结构变化显著

资金集中管理有利于光明集团取得更多金融机构的授信额度，提高整个集团与银行谈判的议价能力，获取低成本的金融资源。自2009年3月光明集团以2.1%的中标年利率发行一年期40亿元短期融资券（当时贷款年利率为5.31%）以来，已累计发行5期40亿元短期融资券和3期40亿元中期票据，中期票据利率3.99%。截至2012年6月底，光明集团有70亿元尚在存续期的债券，其中三年中期票据60亿元，短期融资债10亿元。目前光明集团低息借款已占80%以上，在贷款总量同比增长30%的条件下，集团融资结构的改善为集团每年减少近1.5亿元财务费用。光明集团合理的资金结构为下属困难企业带来福音，如益民集团下属企业益民一厂于2012年3月取得光明集团3年无息借款1 900万，扶持困难企业走出逆境，并为集团实现中长期发展战略奠定扎实财务基础。

3. 增强风险防范与财务监管能力

逐步将资金的运用权集中到二、三级公司，纵向收缩管理层级，克服投资层级过多的弊端。通过实施资金集中管理，将各子公司的资金尽可能集中到集团层面，提高子公司资金收支透明度。同时加强对资金动态的监管，特别是对大额资金拨付情况予以实时监控，确保每一笔大额款项的支付具有合理性和必要性。

三、资金集中管理体系的内部环境建设

（一）选择与战略发展相适应的资金管理模式及组织结构

在选择资金管理模式时，要根据企业的现状及战略发展目标及未来规划，将财务管理体系、资金管理体系纳入企业整体战略规划和组织架构变革规划中，形成统一的企业组织模式和规划体系。

（二）创新理念，推动系统的启动

资金集中管理对大型国有企业提出更高资金管理能力的要求。为此，光明集团召集核心集团及其重点子公司的总经理和财务经理，召开关于集团财务管理中心建设进程与功能定位的沟通研讨会。益民集团则根据光明集团的会议精神，召开资金集中管理指导与宣传会议，充分了解子公司关注的核心问题，并明确是否与光明集团资金集中管理的设想方案相一致，做到集团上下统一思想。

（三）选择合理的资金集中管理方式

为实现资金集中管理的目标，企业要采取合理的资金集中管理方式，考虑的因素主要有三方面：一是资金集中管理的范畴；二是资金集中管理层级问题；三是分步实施。

在光明集团的操作要求下，益民集团要求除上市公司、外资企业、外地企业和参股企业，其他下属企业财务管理均要逐步纳入光明集团的资金平台系统，并要与光明集团指定的 7 家银行签订网上银行业务。通过资金平台系统，网上银行业务的运用帮助及时了解和掌握各企业的资金动向，促进各企业间闲置资金的有效利用。

（四）完善资金集中管理体系的风险评估和防范机制

资金集中管理的实行将子公司的经营风险和资金风险逐步转移到母公司，在获得可观经济效益的同时，也大大增加母公司资金运营的潜在风险。

光明集团要根据不同类型的风险，主动采取与之相应的措施防范。针对第一类资金使用风险，应加强资金流监控，通过设置银行账户资金限额提醒、大额资金支付提前通知、集团与银行签订年度融资信用额度使用情况等预警提示予以防范。针对第二类资金内部运作风险，要根据各家银行实时数据进行分析、归类、汇总及加工，定期编制动态监控表，反映整个集团的资金流情况，并引入商业银行信贷机制，规范贷款发放及贷款收回制度。针对第三类信息安全风险，要积极采取各种数据备份措施。

（五）完善资金集中管理体系的控制活动

1. 完善内控流程，加强制度约束力

光明集团在已有机制如银行账户管理制度、事权审批制度、银行票据管理制度、现金管理制度、内部信用评价管理制度、担保制度等的基础上，进一步加强制度约束，细化实施细则和业务流程。益民集团则认真严格执行光明集团资金管理制度，明确重大资金流出如企业借款必须经过董事会讨论通过的决定，大大提高资金流转的安全性。

2. 细化资金预算管理，加强预算控制

光明集团成员单位必须于每月上报次月的资金预算，并经各级领导审批后，次月才能按审批立项后的预算项目进行支付。企业将资金预算编制质量和执行情况作为集团考核下属成员企业全面预算综合得分指标的项目之一及任免下属成员企业财务负责人的考核因素之一，并与企业经营者的绩效考核挂钩。而益民集团对资金预算管理的要求是下属单位上下结合、分级编制、逐级汇总、下达目标、编制上报、审查平衡、审议批准和下达执行，特别规定重大财务事项需上报具体金额的要求。

3. 建立有效的绩效评价体系

光明集团成立资金管理考评小组，人员由人力资源部、财务部和财务管理中心共同组成，集团财务总监为考评小组负责人。资金管理工作考核内容主要分为制度执行力、资金预算管理、资金风险控制和资金使用效率四项内容，综合考评计分。益民集团则是严格执行光明集团要求，由集团总经理挂帅，财务部配合，共同对下属单位资金管理情况进行综合打分，并根据考核结果，对被评估人员及成员单位相关负责人采取相应措施。

（六）完善资金集中管理体系的内部监督

通过对资金集中管理体系的内部监督，实时评估资金集中管理体系的内部运行质量，管理层可以根据实际情况的变化，采取必要的修正措施，确保资金集中管理体系的稳定健康运行。

随着经济全球化和竞争的加剧，国有大型企业集团对资金管理的要求不能仅仅停留在原有的模式上。利用现代网络技术，将资金管理纳入企业整个业务和管理流程中，真正实现资金的事前计划、事中控制和事后反馈的全过程管理，并与企业的采购、销售和会计进行无缝对接，是多数大型企业集团实现由资金分散管理到集中管理的转变的必由之路。作为光明集团旗下最大的综合性食品制造企业的益民集团，资金集中管理推动企业实现在集团内部及集团与集团间实现资金调配的有偿使用，降低整个集团贷款规模，提高行业内资金使用效率，节省财务费用支出，资金有效配置使用，实现健康、稳定、可持续发展。

作者系上海益民食品一厂（集团）有限公司财务部经理、
上海卓越管理中心第 26 期高级职业经理人班学员

企 业 管 理

对混合所有制下法人治理结构的研究
——长江置地的实践

倪沈冰

党的十八大届三中全会提出，要大力发展国有资本、集体资本和非公有资本等参股的混合所有制经济，实现投资主体多元化，使股份制成为公有制的主要实现形式。混合所有制在国民经济发展中的地位提升到前所未有的高度。本文从实践出发，选择法人治理结构视角，力图通过对混合所有制下法人治理结构的有关理论做初步探讨，希望对下一步国有企业推进混合所有制改革有所裨益。

一、混合所有制与公司法人治理结构的内涵

（一）混合所有制是当下中国经济体制改革的大势所趋

所有制在经济运行中处于核心地位。美国哈佛大学教授罗德里克在分析世界各种市场经济模式时发现，大凡是运转良好的市场经济，必是国家与市场的混合物，他从中得出这样的结论：混合经济是20世纪最宝贵的遗产之一。

混合所有制的出现，是基于单一所有制及公有产权的内在矛盾冲撞。改革开放以来逐步深化的市场化改革，对我国计划经济时代形成的所有制结构造成了巨大的冲击，由此推动多元所有制经济结构的生成，非国有经济在市场化进程中快速发展，所有制演变与市场化的总体进程是一一对应的。改革的进程从某种意义而言就是混合所有制生成的过程，混合所有制在中国改革进入深水区后出现是历史与逻辑的必然与统一。

（二）公司法人治理结构的由来

公司治理自20世纪90年代以来，一直都是全球关注的热点问题。英国是全球公司治理运动的主要发源地。1991年5月，一系列公司倒闭事件促使英国成立了世界上第一个公司治理委员会，其任务是推荐与公司治理有关的“最佳作法”，包括但不限于“董事向股东和其他利益相关者检讨和报告业绩的责任”

等。1992 年 12 月，该委员会发表题为《公司治理的财务方面》和《公司董事会最佳做法准则》的报告，即通常所称的 CDABURY 报告。该报告提出的一系列原则成为今天各种不同“版本”公司治理原则的核心内容。

进入 21 世纪，美国惊爆出安然、世通等一系列公司治理丑闻，世界上许多证券交易所对上市公司的监管越来越强调公司治理结构的完善。

我国的公司治理研究与实践起步较晚，在积极学习国外先进经验的基础上，近年来取得了一定的成绩，但仍有许多待解决的问题，尤其是混合所有制公司的法人治理问题更为复杂，能够实现高效治理就显得尤为重要。

（三）当前公司法人治理结构的一般模式

公司治理结构自 20 世纪 90 年代在西方发达国家兴起以来，主要有两种模式：美英模式和大陆模式。前者以美英为代表，后者以德日为代表。由于社会、文化、传统等方面的差异较大，也有人把大陆模式细分为德国模式和日本模式。美、英、德、日四个国家也被视为公司治理结构的代表性国家。近几年来，随着东南亚公司治理结构的发展和相关理论的兴起，家族模式也开始被国际上广为关注。

1. 美英模式

美英公司治理模式又称外部监控型的公司治理模式，是指在公司的治理框架中，主要依靠外部的市场体系对公司各相关利益主体进行监控。美英模式的最大特点是股东高度分散，并且流动性强。公司治理结构依赖于企业运作的高度透明和相应完善的立法及执法机制。美英模式的公司治理把股东财富最大化视为公司经营的最高目标，注重分工和制衡。管理人员即职业经理人的选择本身也是市场行为，流动性较大。

2. 大陆模式

大陆模式的公司治理更着眼于公司的长远利益，综合考虑各方利益相关者，强调协调、合作，往往又称为内部监控模式，最大特点是股东相对集中、稳定。

德国公司治理结构的一个重要特点是双重委员会制度，即有监察委员会（监事会，相当于美、日的董事会）和管理委员会。在德国，最大的股东是公司、创业家族、银行等，所有权集中程度比较高。

日本公司的治理结构也呈股东大会、董事会和经理层三位一体式的纵向治理模式。日本公司的股东会形同虚设，大多数是仪式性的。日本公司董事长多为退休总裁或外部知名人士，董事会往往是被由总经理和高级董事组成的高层管理委员会所控制，董事长对公司决策过程影响不大。

3. 家族模式

以韩国等东南亚国家为代表的家族监控模式是受儒家家族主义的传统观念的影响，建立在以家族为代表的控股股东主权模式基础之上，其赖以存在的条件是家族直接控制公司的发展。从整体上看，家族及其控制的高级经理层全面主导企业的发展，主要表现为高度的集权模式。

二、长江置地在混合所有制法人治理结构设计上的实践

长江联合置地有限公司(以下简称“长江置地”)是长江经济联合发展(集团)股份有限公司的主营房地产业务板块的全资子公司，近年来确立“以平台经济为主要运营模式，强化资产经营、资本运作”的战略方针，公司若干个重大项目开发均采取联合社会资本合作开发模式，这其中涉及不同所有制属性的资本利益诉求差异、经营理念的冲撞、企业经营管理范式的磨合等等诸多问题。长江置地作为一家处于完全竞争的房地产开发领域的国有公司，通过多年的摸索与实践认识到：公司治理并不是为了制衡而制衡，公司治理的核心在于保证企业的决策科学和提高公司业绩，权力制衡只是手段。建立在决策科学观念上的公司治理不仅需要一套完备有效的公司治理结构，更需要治理机制的有效运作。公司治理机制既包括通过股东大会、董事会和监事会等发挥作用的内部治理机制，也包括通过职业经理人市场来发挥作用的外部治理机制。

(一) 混合所有制下法人治理结构的有效性

长江置地旗下项目开发公司均采取多元合作制，从项目合作调研开始，到股东合作协议谈判、项目开发、公司运营等各个阶段，充分认识到公司法人治理结构设计及运行的有效性是各方合作能否取得双赢的重要基础之一，因此尤其重视公司的法人治理结构的设计，在有效性的考量及设计方面，重点考虑以下三点：

1. 协调利益诉求

企业目标决定了激励和约束高层经理人员的行为目标。长江置地作为国有股东代表的是国家，因此其主要目标是国有资产的保值增值兼顾履行社会责任。而非公有性质的股东代表其主要目标是企业利润最大化，因此由于其不同的目标函数，如何协调公有产权和非公有产权的不同目标在混合所有经济下的股份公司治理中就变得非常重要。

2. 建立决策机制

由于混合所有制的合资公司中各方股东对董事会都有一定影响力，但都需

顾及其他股东的诉求，因此如何建立科学高效的决策机制尤其重要，特别是当股东之间产生矛盾时如何解决、由谁牵头协调便会对最终的决策产生重大影响。

3. 健全监控机制

混合所有制公司内部治理的监控机制尤其重要，若发生缺失，将使各相关利益主体间失去相互的制衡，股东大会、董事会、监事会与经理层职责划分不清，造成股东大会、董事会、监事会形式化，经理层内部控制或者单方股东侵占对方股东权益的现象，最终造成公司利益损失。

针对以上三点，长江置地为提高旗下混合所有制子公司的法人治理结构有效性，确立了五项原则：

(1) 合资公司具有清晰的股权结构和资本结构，并明确相关股东和债权人的权利、责任和义务。

(2) 对小股东权利的保护必须在章程、议事规则等治理结构的设置中体现出来。

(3) 建立合乎国资管理规定、法律规定及市场一般原则的决策机制，防止合资被单方所操纵。

(4) 形成公司清晰的战略、决策和执行治理机制，以防止单方股东或经营层短期行为。

(5) 通过独立第三方审计或咨询，实现监督董事会和经营层的目的。

（二）基于“委托—代理”机制的“三会”架构

混合所有制企业有两个显著特点：企业法人资产制度和股东有限责任制度。长江置地在多个混合所有制合资子公司运作经验中总结认为，混合所有制公司作为整体，其终极所有者为全体股东，而公司财产的主体则是企业法人，无论是国有还是非国有股东均不能绕开法人代表机构直接支配公司资产的运营。在合资企业法人资产制度和股东有限责任制度的前提下，全体股东是股份公司的终极所有者和终极控制权拥有者，而非单个股东。因此长江置地代表国有股东方与非国有股东对企业的所有权和控制权也是表现为对公司作为独立法人的所有和控制。

从理论上来讲，以经营管理者为主的内部人控制是两权分离下的现代股份制企业的特征之一，这点对混合所有制企业同样适用。在两权分离的情况下，企业的经营者成为事实上的企业控制权所有者。长江置地近年来项目运作的实践经验也证明了这点，即使是合作的非国有股东直接担任合资公司法人代表（或董事长），公司总经理一般均由长江置地派出，而对方派出的副总经理等也是职业经理人,自然人股东无法完全统揽经营责任,因此仍存在自然人股东与其委托代理人之间的委托代理关系。

长江置地向合作方股东提出,在所有权与控制权分离的情况下,建立在委托代理关系基础之上的股东和经营者之间的关系要充分考虑到三个风险:一是所有者股东与经营者之间的利益冲突;二是所有者股东与企业经营者之间存在着信息不对称;三是所有者股东与经营者在企业经营风险承担方面的责任不对称。

合作股东充分认同长江置地提出的观点,以上这些潜在风险点都有可能导致经营者利用其拥有的公司控制权侵蚀作为外部人的股东利益行为的发生。如果没有相应的机制克服这类代理问题,合资企业也就难以获得长足的发展。尽管所有权与控制权分离下的委托代理问题始终存在,但是混合所有制本身包含着克服其委托代理问题缺陷的内在制度机制。长江置地在实践中主要是加强“三会”的架构设计:

(三)制衡的股东会

股东会作为公司最高权力机构,长江置地在设计混合所有制合资公司的股东会结构时首先考虑的权力制衡,通过相对均衡的股权比例使表决权形成一种相对均衡,这种均衡的优势在于:一是各方股东之间相互存在监督,使控股股东侵损其他股东的情况比较难以发生;二是股东有较大的动力去监督公司经理,因为监督成本往往大于进行较好监督所获得的收益。

(四)高效的董事会

鉴于长江置地旗下混合所有制合资公司的股权结构基于项目合作,因此董事会与股东会重合度较大,董事会成员均由各方股东委派。董事会的议席分布基本体现了股权结构比例。

(五)有效的监事(会)制度

考虑到公司运作效率,长江置地旗下的混合所有制公司基本不设董事会,但设监事履行监管职责,作为董事会功能的延伸。

三、长江置地的公司内控机制构建与探索

除前文所述的法人治理的沟通决策机制和“三会”结构以外,以风险控制为核心的内控制度也是长江置地法人治理结构的重要组成部分。

（一）风险评估与管理的实时监管系统

由于房地产行业的资本杠杆效应以及受宏观政策及市场形势的影响较大，从某种意义上而言，房地产项目的运作就是在不断变化的环境下对风险的识别与管理，也即识别各个重要拐点的风险机遇，选择下一步行动的方向。对于混合所有制的合资公司而言，实时监控并管理其关键节点的风险显得尤为重要。因此，长江置地通过几年时间建立起基于风险评估与管理的公司内部治理机制，利用突破管理理论分析，风险评估与管理的实时监管系统的建设也同样包括四阶段：信息获取、战略环境分析、战略决策和战略实施。

公司首先根据对合资公司不同目标实现产生影响的因素，将风险分为战略风险、财务风险、市场风险、运营风险、法律风险等，根据对风险做出应对策略所在层面的不同，可以将风险分为总体层面风险和业务流程层面风险，再进行风险评估与相应的管理

（二）公正专业的第三方审计

为使混合所有制的合资公司中各方股东有共同认可的基础，长江置地提出，由于第三方独立审计与企业无直接的利益联系或冲突，能够站在较为客观的立场，其观点和看法更能抓住公司治理的实质，特别是公司治理之中存在问题的根本。主要出于三个考虑：

一是各方股东诉求与利益的平衡点。第三方独立审计单位不代表任何一方股东的利益，立场公允，这从长远来看是合资公司健康可持续发展的基石；

二是国资监管的需要。长江置地作为国有企业，必须接受国资严格监管，公司对外投资的混合所有制企业情况更为复杂，引入具有国资认可资质的第三方审计可以更好地对合资子公司真实运营情况做深入剖析，也可回避诸多潜在的国资监管风险；

三是有效评估委托代理关系的需要。如前文所述，混合所有制企业中存在着众多的委托代理关系，如股东与经理，经理与雇员，企业与债权人、客户、供应商等。委托人和代理人是两个不同的利益主体，他们之间的利益存在着一定程度的冲突。长江置地可以通过委托第三方独立审计评估作为代理人的经理层行为合规性和业绩真实性，经理层也需要独立的第三方审计为其验证经营业绩。

对所投资的混合所有制子公司进行第三方审计的核心是财务报表，因为它最能真实反映公司的内部治理水平和经营状况。同时，由于利益冲突、复杂性、非直接性等因素的存在，股东、债权人等会计信息的使用者常面临信息不真实、

不正确、不完整的风险。

四、展望

在当前国资国企改革将混合所有制改造作为重要方式之一的背景下，规范高效的法人治理结构有助于提高我国混合所有制公司治理的效率，有助于企业提高核心竞争能力，提升盈利能力，对于国有资产保值增值意义重大。

通过回顾总结长江置地近年来的实践经验，我们认为混合所有制企业在日后的法人治理结构实践中可以从以下几个方面进行探索：

一是结合国资国企改革的大背景、市场经济发展的大趋势以及企业自身具体情况，充分权衡各种影响因子，大胆创新、小心求证，不断探索混合所有制企业法人治理结构前行的正确方向和路径；

二是国有控股集团与下属经营实体在推行混合所有制时股权结构设计及管控模式应有一定不同，它们之间的法人治理结构关系如何理顺需要在实践中不断探索；

三是国有与社会资本组成的混合所有制有限责任公司在国有股东整体上市中如何协调各方利益，根据《公司法》及《证券法》相关规定健全完善法人治理结构。

作者系长江联合置地有限公司投资总监、
上海卓越管理中心第 35 期高级职业经理人班学员

上海汽轮机厂实施CTG项目管理的实践与思考

陈　旭

在过去的30年中，中国经济一直处于快速增长阶段，在这发展过程中，汽轮机电力设备制造行业作为关系国计民生的国家重点机械装备成套制造业，起到了重要的支撑作用。上海汽轮机厂是国家装备制造业大型重点骨干企业，建厂已超过半个世纪之久，是国家装备制造业大型重点骨干企业，是国内最早建成的汽轮机制造基地，担负着电站设备制造的重任。

一、汽轮机制造行业情况及CTG项目背景

对于汽轮机电力设备的制造商而言，20世纪末汽轮机产品市场的“跳楼价”还历历在目，2003年市场却又呈现出严重的供不应求的局面，电力设备市场的需求一改低迷状态，很快呈现出“井喷”状态，价格节节攀升，中国的汽轮机制造业迎来了50年来最好的发展机遇。而随着2008年金融危机的影响，国内的电力市场面临着诸多严峻的考验，行业总体利润水平低、发电企业负债率过高、火电投资大幅下滑、煤电价格矛盾导致电力供需紧张局面等都是导致市场呈下降态势的主要因素。上海汽轮机厂作为国内最重要的发电装备制造企业之一，也不可避免地受到了冲击。

上海汽轮机厂于1999年与德国西门子成立合资公司，10余年间双方合作的深度和广度不断扩大。为了更好地适应市场的变化，不断提高核心竞争力，提升公司整体管理水平，上海汽轮机厂于2010年9月启动了“Close the Gap——缩小差距，改善提高”项目（以下简称CTG项目），旨在提升质量、降低成本和缩短交货期，借此提高自身能力、增强自身产品的国际竞争力。

二、上海汽轮机厂现状分析

在市场激烈竞争的情况下，如何提高上海汽轮机厂的竞争能力，并对其现

状做出正确的分析，我们将运用波特五力模型进行深入分析，以明确工厂发展战略与改进目标。

五力分析模型是迈克尔·波特(Michael Porter)于20世纪80年代初提出，对企业战略制定产生全球性的深远影响。用于竞争战略的分析，可以有效地分析客户的竞争环境。五力分别是：供应商的讨价还价能力、购买者的讨价还价能力、潜在竞争者进入的能力、替代品的替代能力、行业内竞争者现在的竞争能力。五种力量的不同组合变化最终影响行业利润潜力变化。

(一) 行业竞争对手

行业内竞争对手的情况将是电力设备制造业长期关注的重要内容，其中，上海汽轮机厂、东方汽轮机厂、哈尔滨汽轮机有限责任公司三家之间的竞争尤为激烈。目前，这三大主要制造商都具备了独立自主地开发生产超临界600MW、超超临界1 000MW、核电、燃气轮机的开发和制造能力。在市场竞争规则尚未规范形成并发挥主导作用的情况下，各汽轮机设备制造商为了充分获取市场份额，往往单独行动，不惜大幅降低售价，排斥其他竞争对手，相互造成强大的竞争压力。

(二) 潜在进入者

大型汽轮机电力设备属专有技术，进入壁垒较高，近年来，随着中国国内电力设备市场的爆发增长，加上从支持民族工业的角度出发，国家有关部委相继出台了一些保护国内企业的政策，只要用户没有特别声明或电厂建设资金主要以国内投资者为主时，则国外公司较难介入。对于国内中小汽轮机制造商这类潜在进入者而言，包括北京重型机器厂、南京汽轮机厂、杭州、武汉、青岛等汽轮机制造厂，由于受到技术水平和资金的限制，3至5年短期内难以具备大容量、高参数的汽轮机研发和制造能力，也就无法形成这些类型的汽轮机产品的“首台业绩”，而这正是用户所关心的，因此，他们难以构成对上汽、东汽、哈汽三大动力集团的威胁。

(三) 替代品

蒸汽轮机产品的替代品主要包括水电、风力发电、新型能源等。中国仍将发展以燃煤为主的电力设备，并配以部分核电。对于水电而言，由于受自然条件季节性的影响，遇到枯水期时发电量大为减少，其等效年利用小时要小于火电，因此，在装机容量的结构配置和规划时，还要考虑到这些因素并相应增加火电汽轮机的产品配置比例。

新能源方面，为减少对国际石油市场的依赖，中国正在着手打造自己的“能源版图”,针对不同地域特点加快开发风能、太阳能、地热和潮汐能等新型能源,但仅仅在局部领域有少量应用。

(四)买方

在当前中国的汽轮机制造业分布格局下,从长期的汽轮机电站设备市场的供求关系来看,总体会呈现出供略大于求的状态,即便出现类似于目前的供不应求或者严重的供过于求的现象,也仅仅是短期的。因此,总体而言,买方的产业竞争手段是压低汽轮机产品的市场采购价格,并苛求较高的内在产品质量和服务质量。此外,国内电站设备的投资主体主要是从国家政府机关向五大电力公司、地方电力局、少量民营企业等过渡,投资主体非常注重投资回报率,且设备价格越低越能满足项目预算,因此,给汽轮机电站设备制造商供应商提出了非常苛刻的要求,特别表现在销售价格上。

(五)供应商

在汽轮机电力设备的销售成本中,材料采购占据了约60%的比重,因此,材料价格和采购情况对产品成本影响很大,最终也会影响公司的运营效益。近年来,随着公司日常管理的规范化建设,供应商管理和采购流程作为制造业的重要内容也重点进行了规范运作,诸多大宗采购业务更多地采用了公开招投标的方式开展,公司也已经搭建了ERP-SAP平台进行采购业务操作,在这样相对规范的采购管理环境下,对于规范采购业务员的采购行为,减少供应商利用非正规手段进行调价起到了积极的作用。因此,从总体条件来看,供方的议价能力还是较为有限的。

通过运用波特五力模型,我们对上海汽轮机厂的竞争环境做了深入的分析,明确了竞争相当激励,特别是三大企业的主要竞争在于质量、成本和交货期。

三、CTG项目实施的思路和方法

(一)对标企业西门子概况

上海汽轮机厂的合资方是作为全球第一集团企业之一的西门子公司,其业务领域包括了工业、能源、医疗和跨领域业务,其中能源板块的销售规模占据西门子的近30%。西门子能源板块主要包括火力发电、可再生能源、石油与天然气、能源服务、输配电等。在其长期的发展过程中,西门子公司在保证产品质量、控制成本和产品交货期上创造和积累了先进的理念和管理经验。

上海汽轮机厂由于长期受计划经济管理体制和运行机制的影响，以往在谈及企业的竞争力时，往往更加注重企业生产能力或产品设计能力，而较少考虑企业的管理能力，精细化管理的能力和水平与西门子相比有很多不足之处。

（二）CTG项目主要思路和方法

CTG项目主要以对标西门子、缩小差距为目标，因此在项目实施过程中选择西门子分包产品作为载体，在成本、质量和交货期三个方面全面对标西门子。

1. 成本控制

汽轮机西门子分包产品在成本控制方面主要从以下几个方面进行改进：

(1) 积极开发新供应商，降低采购成本。如叶片毛坯、焊接材料等。叶片原材料原先西门子只认证了德国伯乐公司一家供应商，采购成本较高，后经西门子同意，由四川六合进行试制，最终试制成功。

(2) 一揽子锁定采购价格。如转子和片原材料采用一揽子订购方案，获取价格优势。如叶片原材料采购方面，工厂与德国伯乐公司采用框架协议的形式进行批量采购，成功地降低了采购成本。

(3) 加强和西门子的技术交流，固化工艺，降低制造成本。如叶片生产过程中，经与西门子工艺专家沟通，固化加工工艺，使之可靠稳定，降低叶片报废率，指定资深叶片工程师负责叶片加工相关沟通接口，要求加强项目叶片技术人员的参与，通过这些措施，缩小差距，固化工艺，叶片报废率控制在正常水平之内，降低制造成本。

(4) 加强制造环节的成本控制。如调整转子校调加工车间；使用自定参数完成转子轴颈滚压工艺，攻克了轴颈滚压的难题；转子动叶装配过程中采用了自制工装完成中低压转子本无法测量的两级叶片扭转量测量；采用车间派人到外协厂借用机床加工的方式，外协中压内缸及中压持环粗加工道序，解放立车瓶颈。通过上述措施单台加工合计缩短周期近50天，节省费用15万元。

2. 质量改进

汽轮机西门子分包项目在执行过程中的质量改进工作主要从四个方面着手，覆盖了产品生产的全过程控制和分包项目执行过程中体现出的质保薄弱环节：

(1) 供应商质量改进。通过对项目供应商质量控制水平分析，确定供应商的制造水平、过程控制、文件质量、能力改进项目，于是通过每个改进项目组专人与供应商沟通促进以及提供支持，完成改进目标。

(2) 厂内过程控制改进。西门子分包项目在执行过程中NCR数量较大，而其中一些NCR是可以通过厂内的过程控制改进避免发生的。在制造过程质量控制改进项目中，积极根据生产实际情况找出NCR的根本原因，根据原因制定对应的纠正预防措施，并将纠正预防措施推广开，真正做到了避免类似问题的再次发生。

(3) 质量文件改进。在分包项目执行过程中，产品质量文件作为产品的一部分提供，产品质量文件的质量也代表着产品的质量。通过消化吸收西门子的质量文件模板，对相关人员进行培训，提高了质量文件的形成效率，质量文件得到西门子释放所需时间减少了70%。

(4) NCR管理改进。分包项目NCR处理过程需要西门子的参与，往往处理周期较长，对生产造成不良影响，质保部认真总结分析了在分包项目中NCR管理上存在的问题以及改进的地方，通过改进项目组的努力，将分包项目NCR流通效率大大提高，H30项目第一台平均每条NCR处理时间为48.53天，第二台为11.38天，下降了76.55%。

3. 缩短交货期

在缩短交货期方面，工作分为三个方面：项目计划、技术工艺、供应商管理。

(1) 项目计划方面，对于关键资源的到货计划，坚持围绕框架计划来指导生产计划、采购计划。不论是客户要求或是项目执行过程中其他因素导致的项目进度变更，项目团队和计划处及时的协调响应，从核心的框架计划的着手，带动厂内各部门相应地对项目进度变更做出及时响应与调整，保证信息的有效传递和资源的重新调配。

(2) 技术工艺方面通过技术质量文件这个媒介，让西门子在审核技术质量文件的时候发现差异。同时，通过完善技术质量文件，使加工工艺和见证点等信息更加准确、更加流畅地传递到各个生产部门。

(3) 供应商管理方面重点是质量和进度控制。在分包项目中形成逐渐成熟的供应商开发、审核程序，从供应商的选取上就严格把关。评估供应商资质，提出改进措施，使其生产的产品能够满足我厂的需要。在进度控制方面完善对物料采购周期及采购完成情况的考核机制；加强技术部门与采购部门的内部控制。通过这些措施，保证厂内总的框架计划所衍生的采购计划可以得以准确的实施和保证。

四、CTG项目取得的成果

（一）成本控制的成果

通过积极开发新供应商、一揽子锁定采购价格、加强与西门子的技术交流以及加强制造环节的成本控制等措施，实现西门子分包项目降本总计 349 万元，降本率达到 25%。

（二）质量改进方面的成果

随着各项质量相关项目的改进，显著地减少了 NCR 的数量和相应的成本。同时，许多项目对成本和交货期也起到了积极的作用。例如，“与西门子沟通”该项的改进对交货期改善作用明显，经过抽查统计，在第三台时，单张 NCR 的所花时间仅为第一台的三分之一，极大地缩短了交货期。到第五台执行时，NCR 处理成本仅为第一台的五分之一。

（三）改进交货期方面的成果

交货期的改善也是效果显著，以毛坯交货期为例，毛坯是缩短交货期的重要一环，大部分毛坯会占该部套生产时间的一半，甚至是大部分的生产时间，所以毛坯的交货期缩短对整个交货期的不断改善贡献巨大。通过 CTG 项目转子、汽缸、持环以及叶片方钢等毛坯周期平均压缩 40%以上，尤其是汽缸毛坯交货周期从 16 个月压缩到 8 个月，取得了明显的效果。

通过质量方面与交货期方面各项改进措施的共同作用，交货期改善十分明显，工期从第一台的 23 个月到第六台执行时缩短到 14 个月，缩短交货期达到 40%。

五、CTG 项目实施经验总结

通过整个项目的成功实施，在改进产品成本、质量和交货期方面取得了显著的效果，回顾总结整个项目，我们有以下几点体会：

（一）做好现状分析，查找自身不足，分析面临困难

项目启动之后，项目组按成本、质量和交货期分条线查找自身不足，分析这些不足存在的原因，找出瓶颈所在。在成本、质量和交货期三个方面分别查找出 5 项、19 项和 3 项不足，针对每项不足都进行了细化分析。

（二）明确改进方向，制定有针对性的整改措施和改进方案

针对上述不足，项目组分条线召集相关部门运用 CTG 工具，制定整改措施，所有措施汇集在一起，形成了整体的成本、质量和交货期的改进方案。

（三）制定考核目标，责任落实到具体部门和责任人

每项整改措施都明确了具体的负责部门和责任人，同时细化了整改时间节点。针对整改项目，也制定了具体的考核目标，确保每项措施都在考核范围之内。

（四）跟踪执行情况，确保措施落实到位，及时沟通反馈

项目组定期跟踪各个整改方案的执行情况，确保措施落实到位。对在手订单机组的降本落实情况按月进行跟踪，执行过程中若出现差异要求相关部门进行分析，确保降本指标的完成。

（五）加强横向沟通，部门之间分工协作，形成合力

项目在执行过程中，部门之间的分工协作非常重要，成本、质量和交货期三个方面的工作其实也互相影响的，项目组及时协调部门之间沟通协作，定期召开部门内部例会和跨部门专题协调会，对主要问题的主要方面进行剖析，细致分析流程中的问题，有效地保证了部门之间形成合力。

（六）加大考核力度，确保指标完成

项目组在项目执行过程中，加强对各个条线和主管部门的考核力度，确保整个项目执行可控有序，为最终完成指标提供有效抓手。

作者系上海汽轮机厂财务部部长、
上海卓越管理中心第 26 期高级职业经理人班学员

上海家化国企改制的实践与思考

周黎明

上海家化的改制是上海市落实国企改制的第一家，可以说是国企改制的成功典范。岂料在改制短短一年之后，公司管理层与大股东平安集团之间隐藏良久的分歧全然浮出水面。上海家化、平安集团，本是一场甜蜜的联姻，如今却落得反目相向；本是一场皆大欢喜的双赢，如今却落到不可调和的地步，令多少热爱和关心上海家化的人们为之惋惜和焦虑。

现以笔者的实践为视角，探讨上海家化在企业创新变革道路上遇到的问题和解决思路。

一、国企改制之路

家化公司主要经营和开发生产化妆品、日用化学制品、清洁制品等。作为中国近代最具影响力的民族企业，公司经过百年的风雨洗礼，从广生行到上海家用化学品厂再到上海家化集团，从当初仅 400 万资产，销售额 9 000 多万的小厂到年收入 45 亿元，净利润 8 亿元的中国日化龙头企业，家化公司不断地创新求变，寻找着自己新的定位和方向。

早在 2000 年之初，公司就开始酝酿和筹划国企改制事宜，并拟定《上海家化(集团)有限公司整体改制框架》，且多次向上海市委市政府及上海市国资委提出改制的愿望。

2003 年，在征得国资委同意的前提下，家化集团上报了改制方案。却因在《国资内参》上作为国资流失的反面案例被不点名批评，改制的步伐戛然而止。

2008 年，上海市出台的《关于进一步推进上海国资国企改革发展的若干意见》中明确提出，要推动一般竞争性领域国资的调整和退出，有着良好的口碑和清晰的资产结构的家化，成为当时国资改制的首选企业。

2010 年，上海国资力推国企集团整体上市，推进开放型市场化联合重组。基于家化集团改制的可操作性，改制方案再次被提上日程。

2010 年 12 月，家化集团按照上级部门的精神筹划国资改革事宜并发出停牌公告。

2011 年 4 月,上海市人民政府同意上海市国资委对家化集团实施整体改制;家化集团随即进入审计和评估环节。

2011 年 9 月,家化集团 100%股份由其控制人上海市国资委在上海联交所挂牌出售,挂牌价格为 51.09 亿元。其中,家化集团持有上海家化约 1.2 亿股,市值约 44 亿元。

上海联合产权交易所 2011 年 11 月发布家化集团整体转让竞价结果通知,平安信托旗下公司平浦投资为家化集团 100%股权受让人。

至此,家化股权花落平安。

二、改制指导思想及内、外部环境分析

(一) 改制的指导思想及原则

(1) 在兼顾国有资产的保值增值的前提下,使家化公司的国有资本从竞争激烈、市场化程度较高的日化行业中完全退出。

(2) 意在摆脱国企体制,引入充沛的民营资本,通过资本的重组建立更为清晰的产权结构和高效的资源配置模式,实现企业市场化运作和可持续发展,为企业新一轮的飞跃提供了发展杠杆。

(二) 内、外部环境分析

党中央、国务院历来高度重视国有企业改革工作,近年来先后出台了一系列推进国有企业改革的政策,指导国有企业改革不断向纵深推进。从 2011 年 3 月家化集团正式启动改制,到 2011 年 11 月股权交易完成,时隔不到一年。2014 上半年,上海市委审议并原则通过《关于推进本市国有企业积极发展混合所有制经济的若干意见(试行)》,与国务院国资委的指导意见进行了对接,延续了十八大、十八届三中全会精神。意见指出:"以促进各类所有制经济相互融合、共同发展为导向","与推动国资有序流动,盘活和用好国有资产相结合","完善公司治理结构、建立健全现代企业制度相结合"。

从行业内部来看,我国日化行业近年来发展迅速,且具有相当大的发展潜力,年均呈现十位数的增长,到 2015 年市场销售总额达到 2 500 亿元。

日化行业庞大的市场需求、高额的利润空间以及良好的开放程度,吸引了众多企业的进入,民族名牌受到外资品牌的冲击。国内市场几乎被宝洁公司、联合利华等外资品牌占据,成为上海家化面临的主要竞争对手。

要与外资竞争,公司光靠大众消费品的力量是微乎其微的。民族日化品牌

呼唤着“明星”产品的降临。1990—2000 年,公司创立了“清妃”、“佰草集”品牌。并且成功打入国际市场。

在成功实施多品牌差异化竞争战略的基础上,家化的管理团队清醒地认识到,虽然“佰草集”品牌已通过化妆品零售商丝芙兰进入巴黎香榭丽舍大街,初步打开了国际市场的大门,但是与外资品牌相比,还有较大差距。为此,公司将自身定位为“综合性的时尚产业集团”,将其纳入 2015 年公司的总体战略目标中。并于 2007 年 12 月,在向上海市政府递交的报告中,系统地提出“牢牢打造时尚品牌,推动上海消费品行业向时尚产业优化升级”的建议。

但是,在国有资产的体制下,公司被法人财产权责利关系不明晰、薪酬激励机制受政策制约、行政审批制度过于严苛这三个问题所困扰着,改制对公司而言势在必行。所以,当市政府和国资委选择了公司作为国企改制试点企业的时候,公司有一种被释放的冲动和冲劲。

三、家化改制的机遇与挑战

SWOT 分析已有多年被用于分析行业环境,那么根据上海家化企业改制的内外部环境,其优势和劣势又在哪里呢?

(一) 机遇

(1) 洋品牌化妆品频频曝出质量问题,使得消费者对品牌的选择更趋于理性化,有利于企业将消费者的注意力从洋品牌转移,挖掘和维护更多本土品牌的拥护者。

(2) 外资品牌的涌入给国内企业带来了学习的机会。先进的管理手段、营销方式、品牌建设等,都是其学习和借鉴的重点。

(3) 国内外市场的需求还有很大的上升空间,到 2015 年市场销售总额达到 2 500 亿元。

(4) 引入充沛的民营资本,满足企业发展在资金上的需要,推动时尚产业发展。

(5) 通过资本重组建立更为清晰的产权结构和高效的资源配置模式,实现企业市场化运作和可持续发展。

(二) 压力与风险

(1) 高端化妆品竞争激烈,公司要面临来自多个世界知名品牌的竞争。无论从资金实力、管理和经营经验、科研技术、品牌运作,还是客户资源等,公司都处于弱势地位。

(2) 跨国公司对中低端市场的渗透和争夺加大了国内品牌所面临的威胁，国内日化行业面临着重新洗牌。

(3) 在中低端市场还受到了本土企业的冲击，其中最具代表性的有隆力奇、相宜本草等为代表的新兴民营企业，它们最大的竞争优势就是体制的灵活性和营销覆盖面广，在国内的二、三线市场都有明显的优势，并且有的企业在中草药护肤品领域成绩斐然。

(4) 随着通货膨胀的持续，原材料、能源、劳动力成本等持续增加，产品生产成本呈上升趋势，削弱了我公司产品的价格竞争优势。

四、公司国有体制下的管理缺陷

改制前，公司的企业管理工作已趋于成熟，包括企业战略的制定、全面预算及监控、项目投资决策、物流、科研、零售管理、培训、财会高效的运作等。然而，在国企体制下公司的管理中仍存在以下缺陷：

(1) 非市场化干预制约着企业自主经营管理。体制的缺陷造成了所有者与经营者之间的“权责利不对称”，企业的发展战略目标得不到保障。

(2) 行政审批制使项目投资管理大打折扣。企业的投资决策权还是在上级部门，依照公司法成立的董事会却没有真正的项目审批权。往往导致企业错过了项目启动的最佳时机，严重地影响了企业的市场竞争力。

(3) 股权激励政策限制了企业的绩效管理。国有企业推股权激励，一方面需要证监会的无异议备案，同时也要求得到国资委的原则性批复，企业面临着双重监管。

(4) 两权分离使经营者与股东存在财务冲突。由于国有企业产权关系主体不清晰，所有权与经营权的分离，引发了产权主体虚置和所有者缺位的现象。

(5) 信贷融资过分依赖银行制约企业发展。由于国有企业扩张中只能依靠贷款，不存在其他的融资渠道，相当一部分国有企业的债务与自有资本比例越来越大，从而形成了国有企业难以清偿的巨额债务和国有银行的大量不良资产的恶化。

五、公司改制管理模式的转变

(一) 明晰产权关系，完善法人治理模式

改制后的公司，脱掉了“国资的帽子”，就公司与实际控制人之间的产权及

控制关系有了明确的界定，从而为建立真正意义上的董事会铺平道路。由董事会行使股东权益，包括审批公司长期经营战略、选聘经营者、管理者的激励机制、投资决策、资产处理和财务管理。

平安公司作为100%控股的新股东，按照母体公司控股模式，向新一轮董事会派驻股东代表，完善法人治理模式。这在上海家化的历史上是一次重大转折。它彻底打破了所有权和经营权分隔的坚冰，使权责利达到完全的统一，为高效的资本运作扫除障碍。

（二）提高审批效能，建立投资促进模式

改制后的公司，在投资和经营决策方面被赋予更多的自主权和选择权，使企业成为自主决策和经营的主体，摆脱了对行政机构的依附。

在遵循法人治理的前提下，公司建立起统一管理、逐级审批的投资项目审批体系，确保审批流程运作通畅，审批职权明确到位。

（三）深化股权激励，实现绩效管理模式

在平安公司的助推下，2012 年 4 月，上海家化发布股权激励草案，公司拟以市价的一半价格，向 38.1%的员工定向发行不超过 2 840 万股的限制性股票。本次激励的力度是上次的 5 倍，激励覆盖的范围是上次的 2 倍。

长效激励模式的构建，使市场价值、企业价值和个人价值在股权分配上得到统一。

（四）规范经营行为，强化财务监管模式

规范经营行为，是公司改制后续财务监管的重心。在大股东平安的掌舵之下，形成所有权制衡机制，按照体制来选拔和约束经理人的经营行为，避免个人职权的过度膨胀，规范了企业的经营行为。

（五）多元化金融服务，优化资金管理模式

国企改制当初上海国资委、公司最终选择平安公司作为战略投资主体，有它必然的逻辑轨迹。平安公司的金融优势（金融全牌照、行业间的协同效应、优质的金融服务）正是公司发展所需依赖的可靠资源。

六、公司改制的启示与反思

公司成功的改制具有时代的代表性，基本完成了“去行政化、激励到位、公

司治理”三项改制的初衷。然而，股权易主容易，企业文化融合难。资本的相处之道，涉及了战略、组织、文化这三个层面的整合和磨合，如何使双方协调和妥协，达到相互包容、相互融合，是一个值得不断探索的课题，无论从正反两方面来说对后继者都具有启示意义。

（一）公司改制的启示

在国企体制下，公司从当初资产仅400万的小厂，发展到年收入45亿，净利润8亿的大型国有企业，在中国日化产业的历史墙上写下了骄人的一笔。然而，沉淀于国有运行体制中的种种弊端，使企业效能始终滞后于市场经济的要求，牵制了公司业绩进一步腾飞的步伐，公司不得不直面突破管理瓶颈的历史难题。

在我国转轨经济的历史背景下，公司顺势把多年来企业改制的夙愿付之行动，成功完成了国企改制任务。这种大规模市场化出售优质国有资产，引进金融资本作为新的控股股东，在国企改革的历史进程中堪称里程碑。

公司的改制，成功地突破了国有体制的束缚，基本上完成了“去行政化、激励到位、公司治理”三项改制的初衷，使其成为一家具有现代市场特质的现代化企业。

在现有的收购兼并的案例后，大多数企业的发展并没有加快，并且有不少还陷入了困境。原因也很简单：股权易主容易，企业文化融合很难。平安公司以保险业起家，其商业模式和家化的实体经济行业关联性低、业务领域跨度大。因此无论在企业文化还是治理理念方面，多少和公司存在些许差异。改制后必须找到股东和创业者在资本和管理经营之间的平衡，否则双方之间爆发矛盾几乎就是不可避免的，其结果往往是两败俱伤。

（二）对公司改制初衷的反思

回顾2011年公司改制之初，拒绝了海航集团开出的57亿元收购要约，力挺出资51亿元的平安公司，媒体曾报道称家化和平安有着一样的做企业的价值观和理想。

股东方与创业者，从改制之初的惺惺相惜，到蕴藏的矛盾发展成为一系列的纷争，更多的后继者们和评论家们，从公司改革进程中的事件、初衷、路径、变化、探索，都留下了自己的观察和思考，以为后事之师。

(1) 产业和资本的融合，是两者在文化、利益、立场、思维、机制上融合的过程。

(2) 作为一个创业者，在他选择企业的创新变革之时，就应该知道或明了创业者与资本的共处之道并不平坦。

(3) 导致家化事件发生的另一个主要因素是产权转让协议关键条款的滞后和缺失。

(4) 对投资者而言,为实现金融资本和实体经济的共赢,就要树立起共担风险、共享收益的战略联盟思想。

产业和资本的矛盾,绕不过也躲不开。在波澜壮阔的历史长河,要成就一个长盛不衰的企业,都需要经历承前启后的过程。公司的故事有其偶然性,也有其内在的必然性。但有一点可以肯定,公司的故事一定会被载入中国企业史史册。公司同许许多多在中国土地上成长起来的企业一样,正在被创新管理的力量召唤着、鼓舞着、推动着。每一次改革的声音,每一次管理的突破、每一次角色的转换,都会留给后人更多的智慧。

作者系上海家化(集团)有限公司财务部总监、
上海卓越管理中心第 35 期高级职业经理人班学员

上海太太乐食品有限公司食品安全管理的实践与启示

荣耀南

随着我国社会经济的迅猛发展，食品工业已成为我国的第一大产业，但由于生态环境的污染、食品添加剂的滥用、检测装备技术的落后、法律法规建设的滞后等弊病，导致近年来食品安全事件频发，食品安全问题已成为当今社会关注的焦点。本文结合企业实际，系统剖析了太太乐在食品质量安全方面的现状，运用突破管理理论，阐述了将潜在的食品安全隐患遏制在萌芽之中，确保产品高质量的预防措施和解决对策。

一、太太乐食品安全现状分析

（一）SWOT分析的概念

所谓SWOT分析法，就是将与研究对象密切相关的主要优势(S)、弱点(W)、机会(O)和威胁(T)因素，通过调查罗列出来，并依照一定的次序按矩阵形式进行排列，然后运用系统分析的思想，把各种因素相互匹配起来加以分析，从中得出一系列相应的战略。

（二）太太乐食品安全SWOT分析

如表1所示。

表1　生产系统食品安全SWOT矩阵分析

• **SWOT分析**	优势： • 质量安全体系较完善 • 三部门检查制度较全面 • “三师”人员辅助监督 • 员工执行能力强 • 建立应急预案制度 • 安全培训课程丰富、全面，氛围浓郁 • 检测技术和设备先进	弱点： • 工人流动性较大 • 新员工经验和安全意识不足

（续表）

机会：	增长型	扭转型
• 政府部门对食品安全监管越来越严格，督促上游供应商规范 • 原料供应商技术、管理水平的不断提高 • 生产、检测设备的不断提高、完善	• 加强与上游供应商的合作，双方不断在质量控制上提高 • 加强设备维护、引进和使用 • 继续保持专业人员优势，不断培训后备人才	• 加强文化建设，使员工有归属感 • 加大新员工内训
威胁： • 人员流动导致的不稳定隐患 • 原料供应商层次良莠不齐 • 大量使用生鲜原料的微生物风险和添加剂风险 • 原料过敏源及交叉污染风险 • 顾客对质量安全越来越重视 • 包装材料引起的污染等风险	**多种经营** • 挑选行业前列、安全管理控制有效的供应商 • 建立农副产品种养基地	**防御型** • 加强质量、公司文化等培训，开展多样的文化活动 • 加强新人安全培训，以老带新 • 提高内部自动化硬件条件 • 推行标准化、操作简单化 • 加强现场监控

通过 SWOT 分析图，进一步确定公司存在的质量安全风险，具体分析见图 1。

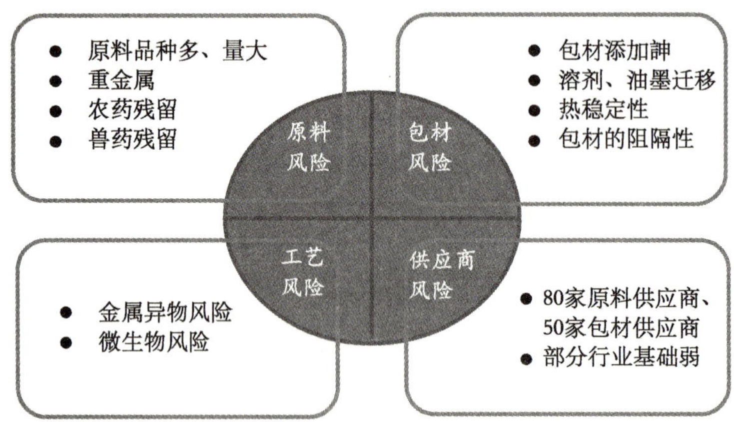

图 1　生产系统的质量安全风险分析图

二、太太乐食品安全管理的实践

公司根据内外部环境分析，滚动制定质量关键绩效目标(QKPI)，以指标结果为导向，制订考核方法，对质量控制全过程进行测量、分析和改进。以公司2012—2014年第二发展战略阶段为例，实现QKPI目标值见表2。

表2 2010—2014年质量目标QKPI

质量指标	目标	2012年	2013年	2014年
一次放行率(%)	≥99.00	99.92	99.88	99.85
最终放行率(%)	≥99.50	99.95	99.95	99.97
准时放行率(%)	≥99.00	99.80	99.70	99.75
重大质量事故	0	0	0	0
质量成本(%)		0.70	0.79	0.96

公司在2006年达成了鸡精类产品年产能5.6万吨的一期目标，面对下阶段18万吨的年产能目标和质量目标，企业无法规避各类外部环境因素，为此分析了突破管理的四种方式，具体见图2。

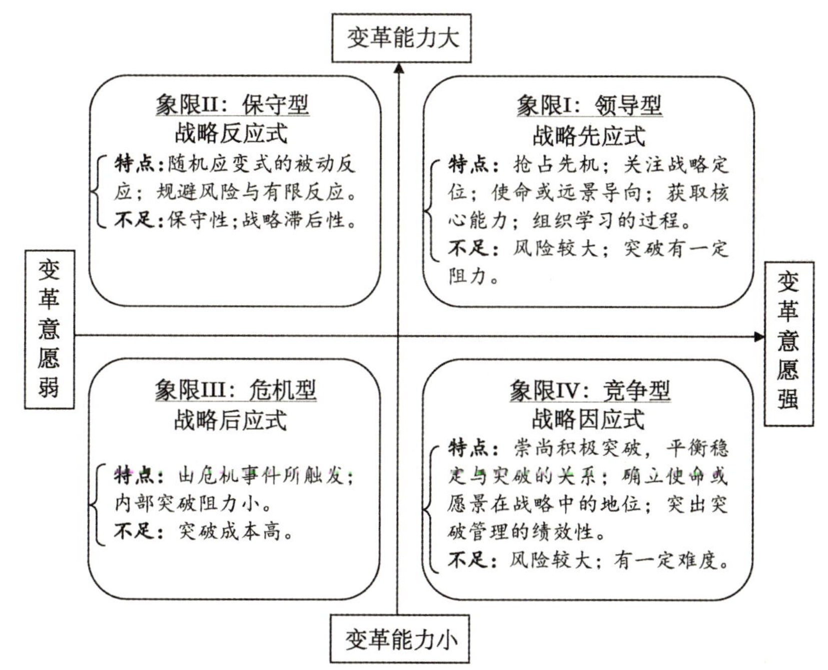

图2 突破管理分析矩阵

综合分析上图，选择战略先应式的进取型方式，着眼于对不确定的食品安全问题，以领导行业突破，使不确定性的问题变成具有行为的可预期性。结合实际，从体系着手创造性地将食品安全、标准化、诚信管理三个体系有机地融合运行，以雀巢 FSMS、ISO22000 、ISO9000 作为管理基础，以标准化管理体系作为抓手和导向，以诚信管理体系作为扎口和约束，充分发挥质量安全文化的凝聚和辐射作用，从制度、过程、人文等多角度、全方位把控食品质量安全。

（一）中西合璧的食品安全管理体系

2010 年公司引进雀巢全球执行的“Food Safety Management System(食品安全管理体系)”，审核条款达 586 条，细化且利于实施，在此基础上还融合了 ISO22000 和 ISO9001，建立了适合大规模生产的中西合璧的食品质量安全体系。在坚持以 HACCP 分析为主线的基础上，加强了“法律法规标准”、“前提方案”、“质量控制计划”的工作。正是因为这种中西合璧、互补互融的模式形成了太太乐独具特色的食品安全管理体系，20 多年来公司没有发生过一次食品质量安全事故。

（二）构建防御性组织框架

公司于 2009 年 12 月新成立了由总经理直接领导的质量安全中心，分两期投入 1 577 万元筹建食品安全分析实验室，构建了完善的食品质量安全组织框架(见图 3)。

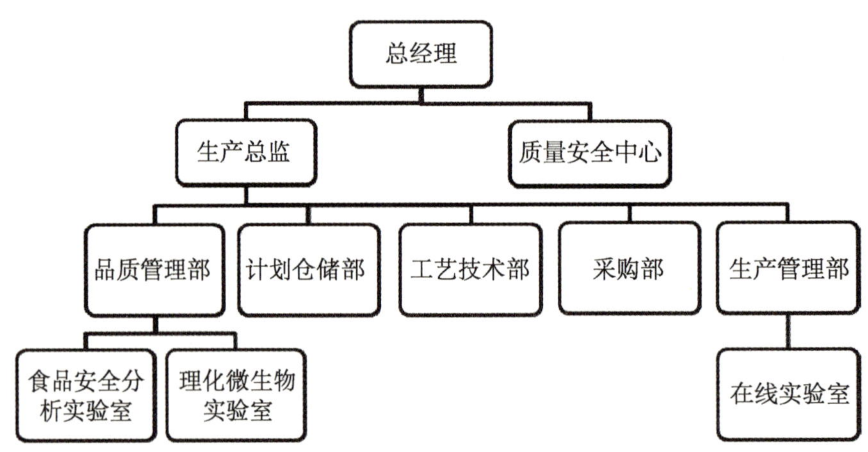

图 3　太太乐食品质量安全管理组织框架图

总经理作为太太乐食品质量安全第一责任人，亲自制定公司质量方针、质量原则，细分并明确各部门食品质量安全职责，为质量安全配备必要资源。各部门各司其职，协同保障公司食品质量安全管理体系有效运行。

（三）以“圣人治未病”为理念，策划与实现安全产品

太太乐一直坚持以“圣人治未病”的理念，并落实在原辅料供应管理、到货检验管理、产品生产过程管理之中。

1. 原辅料供应商管理

公司原辅料的使用需要通过四方会审，具体职责如表 3 所示。

表 3　太太乐部门职责表

部门	职　　责
工艺技术部	确保使用原辅料的合规性、原辅料标准制定、感官放行
采购部	对原辅料供应商进行资质审查与评估
品质管理部	在原辅料使用前进行 HACCP 分析，评估原辅料在生产前、生产中的质量安全风险，对到厂原辅料进行检测、验收；与采购部一起对供应商审核
生产管理部	在生产过程中进行质量安全管理与控制

原料供应商良好的合作态度、国内领先的规模优势、持续稳定提供产品的能力以及先进的质量保证能力，都是在选择供应商中关注的基本条件。对已选择或备选的供应商实行现场审核，现场审核内容见图 4。

由于原料农残、兽残、重金属、污染物在后续工艺控制中极难控制，故在现场审核时会重点关注其原料上游、质量控制等是否满足要求。通过定期培训供应商并建立“信息数据库”，为后续评级奠定基础。对已批准的供应商业绩进行考核，实施分级动态管理，对收货验收、生产、供应商质量审核过程中发现的原材料质量问题，及时反馈给供应商并督促整改，不断提高供应商的质量保证能力。

2. 原辅料到货管理

原辅料到货管理按照原料标准进行检验、放行、分类存储，具体流程如图 5 所示。

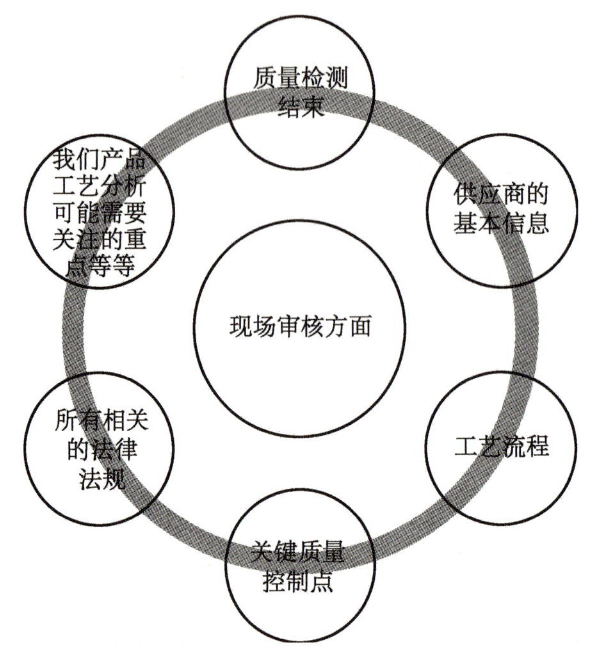

图 4　供应商现场审核内容

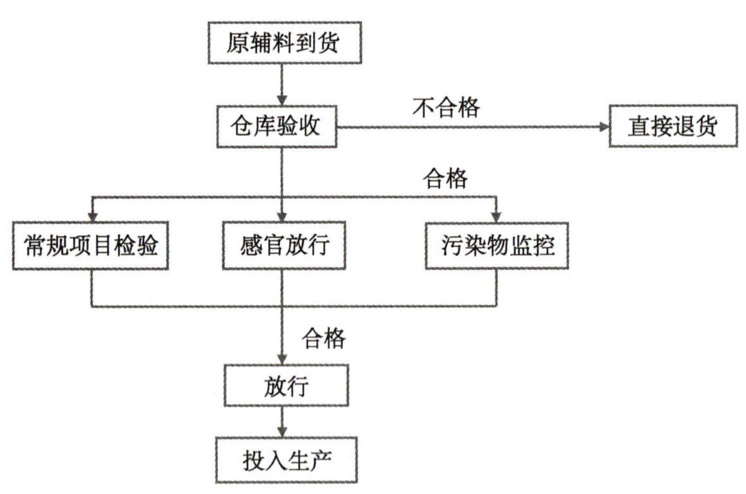

图 5　原辅料到货管理流程图

对供应商到货的原辅料，按照原料标准进行检验、放行、分类存储，所有原辅料需在仓库验收、常规检验、感官放行、污染物监控结果全部合格后才能放行投入生产。仓库验收过程主要侧重对原料的运输条件和基本的感官特性进行检查，若有任何不符则直接现场退货。

公司拥有一支专业的原料品尝队伍，每天组织对到货原料感官性质进行品尝甄别，综合评估原料的色、形、味、香，合格后放行。此外，还将污染物指标检测作为原料能否放行的依据，充分利用食品安全实验室，对近 180 种原料 400 多种污染物进行监控。

3. 生产过程管理

为实现产品的安全性和高品质，公司通过合理的工艺参数设计、工艺装备、标准化作业、统计过程控制等多方位的过程控制，为产品的质量安全设置了“多重栅栏”，进一步保障了产品质量安全。

太太乐自主设计的胶体磨超细粉碎处理工艺有效地控制了生鲜物料本身带来的高微生物风险，生鲜原料超细粉碎处理前后的微生物变化情况见表 4。

表 4　生鲜原料经胶体磨超细粉碎处理前后的微生物变化情况

指　标	菌落总数/cfu/g	大肠菌群/MPN/100g
胶体磨超细粉碎处理前	$10^6 \sim 10^7$	不可计
胶体磨超细粉碎处理后	$10^2 \sim 10^3$	<30

半湿法造粒后，颗粒经自主研发的连续两级流化床超低水分快速干燥系统可迅速将物料温度上升到 100℃，有效控制产品水分在 1.0%以内(行标 3.0%)，延长产品保质期。

为了减少物料与外界、人工接触，生产中采用密闭的磨粉气力输送系统将粉碎后的原料输送到下步工序，降低了原料及半成品被污染的风险。此外，还设有中央控制室，40 个屏幕 120 多个关键点可实现全程监控与可追溯。

（四）贯穿全过程的食品质量安全标准化管理体系

遵守法律法规是企业食品安全质量管理标准化的第一重要环节，但更重要的是企业如何将遵守法律法规和标准工作落到实处才是关键，以确保大规模工业化生产的产品合规。

1. 符合法律法规是保障食品安全的第一道门槛

符合法律法规的要求是食品安全生产经营的大前提，是保障食品安全的第一道门槛。工艺技术部负责全面分析和落实法律法规和标准，建立法律法规标准数据库，层层组织识别与相关法律法规和标准要求(国标、行标共计约 5 000

份，公司识别出近 1 000 份)，并及时向各部门传递最新动态，还要做到内部定期培训，保证全员参与法律法规和标准的学习和实施，营造出浓厚的学习氛围。

2. 执行食品安全标准是保障食品安全的第二道门槛

食品安全标准是对食品中各种影响消费者健康的危害因素进行控制的技术法规，是食品生产经营者生产经营食品时应当遵守的强制性技术要求，但并非唯一的要求。目前国家行业标准共计 4 945 份，太太乐识别出与产品相关的近 1 000 份。此外，太太乐在制定标准时还要充分考虑国家及当地的部门规章、农业部公告、国内外食品安全预警信息、当地标准、行业标准、供应商标准及终产品的特性等因素，特别是在没有食品安全标准的前提下，作为公司食品安全技术支撑的工艺技术部还要对产品的全过程进行风险评估，在科学依据充分的前提下制定出合理有效的食品安全标准，具体包括原料标准、包材标准、辅料标准、半成品标准、生产操作标准、成品标准共 6 套体系文件。

制定标准是前提，实施标准是关键。为了确保标准的有效性，2011 年推行雀巢可视化 GMP 标准管理，将 GMP 要求转化为 560 张照片，附上简单文字说明，使操作员工对所负责区域所要达到的标准一目了然。为了确保标准化的合理性，在制定标准的过程中，结合生产实际，充分收集和听取采购部、品管部、生产部等部门的意见，制定便于操作的标准化文件。

3. 建设富有文化底蕴的诚信管理体系

太太乐始终坚持“至尊、至味、至诚”的企业文化，在此前提下，公司提出了“以诚信为基石，以合规为前提，以高品质为目标”的质量安全文化，主要体现在质量方针、目标、理念、价值观、行为准则等各环节。

2011 年太太乐被食品协会推荐为上海调味料行业 2 家试点企业之一，以 QBT4111－2010《食品工业企业诚信管理体系(CMS)建立及实施通用要求》和 QBT4112《食品工业企业诚信评价准则》为指导文本，开展诚信体系建设工作。2012 年，以 973 分(1 000 分) AAA(最高级)通过第三方征信评价。2014 年，又作为上海第一家调味品企业接受国家认监委认证认可技术研究所现场审核，获“诚信管理体系”证书。

三、太太乐食品质量安全管理的启示

公司经过多年探索与实践，建立了具有“太太乐”特色的食品质量安全管理体系，使得企业多年来无一食品安全事件发生，为政府、客户和消费者交出了一份合格的答卷。总结实践，给予我们诸多启示。

（一）企业的食品安全文化必须以顾客为关注焦点

遵循顾客至上，把顾客的健康和利益放在首位，树立公司的一切行为都以顾客为关注焦点的企业食品安全文化，并将这种文化理念贯穿于企业的质量方针、目标、理念、价值观、行为准则等各环节中。

（二）企业领导在食品质量安全管理中起主导作用

企业领导对食品质量安全工作的观念、态度直接左右食品质量安全管理工作的执行力度，从组织架构到资源分配，从规则制定到内部协调，领导的重视是企业食品质量安全管理体系规范运行的必要保证。

（三）食品质量安全管理必须全员参与

在领导重视的基础上，还必须做到全员参与，通过建立从“要我做”到“我要做”的长效激励机制，调动全体员工的积极性和主动性，提高员工的质量安全管理意识。

（四）食品质量安全管理必须采用科学系统的方法

食品质量安全管理是企业全方位的系统工程，充分理解各体系各过程之间的相互依赖关系，建立使过程协调和整合的方法，不断改进和完善各体系标准的实施。追求卓越流程，持久改进和创新才能使企业立于不败之地。

食品质量安全，不仅关系到民生、经济发展和食品企业的兴衰成败，还关系到社会的稳定和政府的公信力。太太乐作为中国驰名的调味食品企业之一，本着让“十三亿人尝到更鲜美的滋味”的企业目标，始终视“质量安全”为生命线，以产品质量保证作为第一诉求，依靠360度全方位的先进生产工艺和严格的质量管理保障体系，始终致力于生产“高品质，好滋味”的调味食品，从而源源不断地为消费者带来健康美味的新一代调味料。

作者系上海太太乐食品有限公司生产系统总监、
上海卓越管理中心第30期高级职业经理人班学员

快乐集团董事会公司治理的实践与探索

李嘉佳

2009 年普陀区国资委设立以来，系统内企业董事会建设取得了重要进展。2013 年 6 月，快乐集团再次整合，成为普陀区国资委所属九大集团之一。重新整合以后的快乐集团对各企业深入调研，发现在改革发展方面存在营业收入以网点租赁为主，自营业务市场竞争力弱；下属企业产权结构不清晰、法人治理结构不健全；企业选人用人机制和激励约束机制空缺等问题。集团董事会结合公司实际情况，进一步完善法人治理结构，加强集团本部及下属企业决策运行体系建设，积极探索一条不断完善和优化国有企业的法人治理结构、实现国资国企深化改革的新路子。

一、集团董事会的工作实践

为适应国有资产管理体制改革发展的需要，新组建的快乐集团董事会以公司治理理论和法律法规为指导，以健全协调运转、有效制衡企业法人治理结构为目的，从制度体系、人员选派、机制体制等方面入手，积极推动完善集团和子集团法人治理结构，全面维护国有出资人的权益。

（一）建立完善制度体系

董事会要充分发挥在公司治理结构中的核心作用，发挥完善公司治理、行使决策权、承担委托责任的职能，就必须注重建立规范有效的管理制度和监督机制。整合重组后的快乐集团重新修订了公司章程，进一步明确了快乐集团董事会决策、经理层执行、监事会监督“三位一体”的科学管理机制；完善了董事会会议制度和议事规则、总经理室的工作细则，细化了董事会、总经理室的工作职责与权限，规范了会议决策程序；审议通过了会计、内部审计、预算管理、不动产管理、不动产租赁、合同管理等一系列重大管理制度 83 项，确保了快乐集团公司治理的程序规范化、工作流程化、操作标准化。

（二）严格规范选聘程序

整合伊始，快乐集团董事会办公室在董事会的指导下，对各子集团法人治理结构及运行情况进行调研，了解到有的子集团董事因到龄退休、岗位调整等原因，已不在原企业任职，致使履职困难，董事会工作无法正常运行。董事会办公室参照《关于加强普陀区国有企业法人治理结构建设的实施意见（试行）》，对各子集团决策机构设置、董事任职要求和选聘程序做出明确规定，促进了集团在运营体系上更加有序、决策程序上更加规范、管理监督上更加到位。

1. 机构设置

针对快乐集团经营生产范围广、主业多的情况，快乐集团董事会办公室在董事会的指导下，对各子集团分类指导，基本明确了各子集团决策机构的设置原则。一是以代理成本理论定位，董事会作为快乐集团委派到国有企业履行决策的产权代表，与监事会和总经理层按照《公司章程》以及其他各项基本管理制度的规定，共同形成决策权、监督权和执行权的有效制衡的法人治理结构，以及既有分工又有合作、既相互激励又相互制衡的科学运作关系，如负责集团自营商业板块的、业务类型多元化的华驰商业、职工参股的曹杨商城就是参照此类模式。二是以受托责任理论定位，在经营范围单一明确的下属国有独资企业，如中山集团、百众集团、永昌公司，不设董事会，直接委派执行董事并兼任总经理，通过高层一致命令转化为公司经营的更加强有力的控制。由此，形成了快乐集团较为完善的决策网络。

2. 任职要求

在确定各子集团决策机构的基础上，董事会办公室参照《普陀区国资委外派董事监事管理暂行办法》，从政治素养、专业知识、职业道德、身体素质、法律法规等方面明确各子集团董事的五项基本条件。

3. 选聘程序

作为出资人，快乐集团进一步明确各子集团董事选聘的一般程序：由快乐集团党委提出人选建议方案，经过充分酝酿、审批通过后，由党群工作部门和董事会办公室共同到各子集团进行考察、了解，汇总意见后报集团党政联席会议讨论通过。最后，按照公司法和干部管理权限规定，由集团委派和聘任。

（三）明确战略目标任务

为深入贯彻落实党的十八大关于全面深化国资国企改革的战略部署，新的董事会提出“注重一个规划、聚焦两个平台，凸显三大产业”的“123 工程”总体战略目标，制定了五年战略规划（2014—2018 年），确定了各子集团的重点项目，比如:中山集团的化工交易平台经济项目、永昌公司的标准化菜市场管理平台经济项目、百众集团的宜川路商业街项目等。2014 年底,总经理室根据董事会的总体战略目标制定了三年行动计划(2015—2017 年),进一步细化了改革步骤,各子集团的具体行动计划也在对接细化中。

(四)强化激励约束机制

快乐集团董事会对完善各企业法人治理结构十分重视,全面推行契约化、项目化管理,实行"一企一策""一人一约"。每年初与各子集团签订经营业绩考核目标责任书,约定本年度考核的重点项目、具体任务与运营目标,并要求各子集团每两个月上报一次工作重点和进度,履行对各子集团决策管理的监督职责;建立权责一致、有效制衡、注重长效的激励约束机制,明确各子集团领导人员的薪酬主要由基薪、绩效年薪两部分组成,绩效薪与各子集团的全年经营业绩、工作任务完成情况挂钩,年度经营业绩完成特别突出的,还有特别奖励。

(五)项目报告跟踪落实

快乐集团施行重点项目报告制度,作为董事会履行职责和国有资产出资人掌握信息的主要渠道。通过事前、事中、事后的决策、监督和管理,董事会及时调整发展目标或提出建议和意见,体现了及时性,客观性和准确性的原则,有效地保护了出资人利益,有利于发挥出国有资产的最大效益。上海快乐国际贸易有限公司由快乐集团与其他三家公司或自然人于 10 年前共同出资组建,法定经营期限为 2014 年 2 月 24 日。快乐集团董事会办公室在董事会的带领下,根据市委、市政府《关于进一步深化上海国资改革促进企业发展的意见》,遵循市场原则,以开放式重组积极寻求市场合作,会同改革办、快乐国际贸易对快乐国际贸易近 10 年的经营情况和发展前景进行分析,认为其过去 10 年发展目标明确、治理结构完善、经营管理规范、运营状况良好,同意继续与其合作 3 年。通过理顺和健全合资企业的法人治理结构,快乐国际贸易形成了市场化的经营机制,积极探索了混合所有制经济的道路,实现了双方优势互补、资源互用,释放出了更大的乘数效应,拓宽了国有企业的发展新路。

二、集团董事会的工作成效

(一)集团本部分权管理

为落实深化国资国企改革、建立健全法人治理结构的要求,快乐集团按照资产、资源、资金统一管理的要求，加大管理整合力度。通过完善一系列重大管理制度、明确董事会和总经理室的管理责任，理顺两者关系，形成产权明晰、责权明确、管理科学的集团管理体系。比较典型的是《资金运作审批程序及权限的操作规定》，对董事长和总经理在办公用品、维修管理、会务、交通、差旅、业务招待等各类日常费用的权限做了详细规定，并以表格的形式简洁明了地表现出来，既考虑了管理的相对稳定性，确保有利于总经理对日常业务的管理效率，又考虑了风险防范，体现了对总经理的有效制衡和监督。通过全面分析集团所面临的机遇与挑战，制定集团五年战略规划，并指导总经理室根据总体战略目标制定了三年行动计划，探索与建立了适合集团的发展模式和道路。还与总经理室签订经营业绩目标责任书，明确集团当年工作任务和目标，确保总经理室贯彻落实董事会的战略决策，在董事会确定的范围内经营指挥。

（二）各子集团分类管理

快乐集团董事会按照各子集团生产经营范围、主业分类情况，在 7 家子集团分别设立执行董事、董事会或不设董事。根据集团下属产权关系和资产管理现状，因企制宜，分类指导，要求中山集团、百众集团等国有企业的商业网点集中到子集团管理，而对长期以来以自主经营为主、资产管理核心还在基层的集体企业商业网点暂时仍集中到二级子公司管理。通过分类监管，优化产业结构，建立符合市场化发展方向的发展模式，做好对下属国有企业和资产管理的顶层设计。

（三）总体经济发展数据

经过快乐集团董事会进一步优化资源配置、明确职能定位、彰显功能特色、规范管理行为，虽然集团受到市场“大气候”不佳和下岗职工多、负担重的影响，但总体经济发展平稳。2015 年 1～6 月，集团实现租金收入 12 873 万元，完成年度目标的 57.73%；利润总额 1 501 万元，完成年度目标的 62.55%；净资产收益率，国有部分 1.47%，完成年度目标的 77.37%；集体部分 0.96%，完成年度目标的 95.84%；重点企业区级税收合计 611 万元，完成年度目标的 51.43%。

三、集团董事会的工作思考

虽然整合重组两年以来，快乐集团取得了不错的经营业绩，但如何进一步突显代理成本理论、受托责任理论等在深化国有企业改革、完善法人治理结构的指导意义，值得进一步思考。

（一）创新子集团管控模式

快乐集团以全面深化国资国企改革为契机，以资本为纽带，以加强法人治理结构建设为手段，在治理结构明晰、子集团功能定位明晰的基础上，从集团的三个角色定位出发，即出资人角色、子集团制度安排角色、集团整体运作角色，确定集团的"法人治理＋控制＋宏观管理"的管控模式。通过法人治理，来解决解决子集团董事会听话问题；通过控制，来解决子集团经理班子有效落实董事会决议问题；通过宏观管理，解决子集团怎么获取额外利润的问题，进而影响和干预各子集团的产权结构、运作方式和管理体系。

1. 必管——管理类管控子体系

管理类管控子体系是集团必管的子体系，其条线具体内容是集团对子集团必须要管理的项目，是集团对子集团进行管控的主要抓手，是管控框架中总部关注的问题，是必管板块。快乐集团的必管板块包括产权管控、战略管控、财务管控、人力资源管控、资产管控和资本管控。此外，法定代表人的变更管理也集团必须抓牢的重要环节。

2. 或管——业务类管控子体系

业务类管控子体系是集团根据子集团不同板块特点和发展需要，选择性管理的项目，需要根据具体情况区别对待，主要看子集团的成熟度，对于成熟化运作的子集团，母公司只要进行合理的监督和审计就可以了。对于成长期的子集团，集团就需要有选择性干预。快乐集团的或管板块包括品牌管控和运营管控。

3. 无级变速——辅助类管控子体系

辅助类管控子体系是集团管控中特别提出的板块，集团根据管控需要，进行适度把握，可紧可松，进行适当调节，所以称为无级变速。监管、法律、舆论、监督这种外控环境越好，辅助类可以越少一点，外控越差，尤其是职业经理人的守法意识、内部人控制越严重，辅助类越要强大。这也是集团进行全面管控的补充子体系。快乐集团的无级变速板块包括审计管控和信息管控。

（二）适时建立专门委员会

设立专门委员会可以提高董事会的决策效率和运作质量，有助于实现职责分明、团队合作、客观独立、专业优势、相互制约。参照《上海市市管国有企业董事会建设指导意见（试行）》，快乐集团董事会近 2 年应率先建立战略投资委员会、薪酬与考核委员会、审计与风险控制委员会。

（三）不断增强履职能力

加大对各子集团董事以及其他公司治理后备人才的培养力度。鼓励各子集团董事参加市国资委举办的实务培训班，获取董事监事资格，提高决策能力、履职能力和综合素质。鼓励各子集团推行职业经理人制度，提高领导能力、沟通能力和职业素养，使集团在竞争激烈的商业行业中获得真正的核心竞争力。

（四）逐步探索混合所有制经济

推进下属企业的产权多元化，在不动摇国有资本控股的前提下，在非关键产业企业和经营效益不高的企业内探索发展混合所有制经济，建立健全合适的产权结构和协调运转的治理结构，通过民营资本、境外资本的介入创新集团商业发展模式和经营模式，激发企业创造力和生命力，实现融合互补，互促共赢。

（五）全面实施年度报告制度

除已施行重点项目报告制度，各子集团董事会（或类似权力机构）在会议后，应及时向集团备案和报告。内容包括会议议程、会议决议及董事签名、外部董事书面意见、会议决策事项的材料。如涉及须经集团委批准的决策事项，应需会前向集团报告。有序推进子集团决策机构年度报告制度，报告内容要反映企业运作情况、公司预算执行情况、董事和经理人员业绩考核与薪酬情况、全面风险管理等。

国企改革顶层设计方案正式出台已进入倒计时，我们要按照中央、市委、区委的总体部署，紧紧围绕经济工作和管理业务，在构建完善的现代管理制度、健全公司法人治理结构、探索混合所有制经济、建立市场化的选聘激励约束机制的实践中，求真务实、孜孜求索、勇于变革、敢于创新。用科学的精神、科学的理念、科学的方法、科学的机制把快乐集团进一步打造成一家责任有主体、行为有规范、问责有对象的国有企业，提升对区域经济的贡献度，切实发挥好国资国企对区域经济的引领和带动作用，实现区域经济的全面协调可持续发展。

作者系上海市快乐（集团）有限公司董监事会办公室副主任、
上海卓越管理中心第35期高级职业经理人班学员

借力铁路投融资新体制　打造集装箱管理新模式

赵建平

长期以来我国铁路因受到路网结构、运输能力等诸多因素影响，始终是制约国民经济和社会发展的瓶颈。为适应新形势、新变化，必须找到一条全新的建设模式，才是发挥出铁路作为"先行者"作用的最佳途径。合资铁路公司就是在改革开放大背景下，在中国铁路发展史上出现的一个创新之举。合资铁路公司的出现，打破了铁路建设长期以来形成的单一、独家建设经营的格局，为经济社会发展提供了一条可借鉴之路。

一、中心站在铁路投融资新体制的背景下应运而生

为促进长江三角洲地区经济社会快速发展，配合上海市建设成为航运中心的发展战略，发挥上海对全国的辐射和服务功能，上海市与铁路方面决定共同出资组建服务于洋山深水港的重要配套工程——芦潮港铁路集装箱中心站(以下简称芦潮港中心站)。作为有别于传统意义上的铁路车站，芦潮港中心站是实行自主经营、独立核算、自负盈亏，依法享有民事权利，承担民事责任的法人企业。法人治理结构设有股东会、董事会、监事会，实行董事会领导下的总经理负责制。

芦潮港中心站位于上海市浦东新区临港新城国际物流园区，与洋山深水港相邻，新建的 32.5 千米东海大桥将港区与中心站紧密相连，并通过芦潮港线纳入全国铁路线网。项目共征地 1 352 亩。作为洋山深水港至内地集装箱物流的重要运输通道和主要接续点，中心站的建设对实现国家经济结构由沿海向内地延伸和加快建设以集装箱运输为主导的物流体系都具有十分重要的意义。

芦潮港中心站现有铁路芦潮港线全长正线铺轨 7.61 千米，其中 1 座高架特大桥 5963 米，4 座中桥 352 米，站线铺轨 10.96 千米，为国铁 II 级铁路，能完全满足双层集装箱运输条件。一个 5 股道的到发场，具备每天 26 对列车的到发能力。货场作业区拥有 4 个线束 8 条装卸线，整列集装箱可一次完成装卸车

作业。

铁路装卸线两边有 4 块总面积 13 万 m^2 的主箱区场地。另还设有各类辅助箱区,同时还设有洗车台、维修车间和一套污水处理装置。

芦潮港中心站拥有现代化集装箱装卸机械设备。配备了 4 台轨道式龙门吊,额定起重量 40.5 吨。有 1 台正面吊和 2 台空箱堆高机、2 台站内牵引车以及 10 辆集装箱卡车,可高效、方便、安全地实现箱区、港站间短途驳运。此外,为打造国内一流的现代化物流企业,芦潮港中心站配置了与港口码头一致的高度现代化管理系统,包括箱号识别、智能卡口、场站监控、信息管理等,并实现了各系统间的数据交换,极大地提高了作业效率。一整套完备且高度专业的软硬件管理体系实现了芦潮港中心站对货物跟踪信息联网化、场站流程管理先进化、站内运作模式港区化的要求,为芦潮港中心站集装箱运输作业的安全有序进行提供了有力支持。

二、面临的困境和挑战

为与洋山深水港有效配合,在设计之初就考虑到应有一定规模、具有一流水准的铁路设施与之相配,因此,在设计上充分瞄准了当时国内、国际最先进的技术;正因为起点较高,初次投资规模过大,而前期可行性研究又未能做深、做透,造成了目前这些不利的局面。芦潮港中心站工程总计投资 13.96 亿元,其中资本金为 5.04 亿元,占项目总投资 36%,由股东双方各按 50%比例出资,其余 8.92 亿元来自银行贷款。造成中心站进入经营期后,每年财务费用高达 6 000 万元以上,企业不堪重负。固定资产 13 亿多元,折旧率 3.5%,平均使用年限 28 年,铁路固定资产实际使用寿命 50 年以上,造成折旧费用和受益期限不匹配,前期费用摊销过高。

再则由于历史的原因,在建设洋山深水港时未将铁路通上岛,造成历史遗憾。现在路港分离的局面一时无法从根本上解决,形成各自为政的态势,未能形成一个合力。仅仅依靠 32.5 千米的东海大桥通过集卡车进行驳运,大大降低了运输效率,增加了运输成本。作为洋山深水港配套的铁路集装箱办理站,目前的运量始终不容乐观,且一时难以有所突破。从整个洋山深水港区集装箱的集疏运方式运量和比例来看,公路和水路比例较高,铁路运输的比例虽较开站初期有所提高,但从近 3 年的数据来看,该比例基本都维持在接近 0.5%的水平,显然偏低。按照规划设计能力年到发 186 万标准箱,但目前实际仅仅只有 5 万标准箱,显然与当初的设想相去甚远,投资回报也无从实现。

三、走出困境的方向和途径

近年来，各级政府逐步认识到发展铁水联运的重要性，这不仅可以节省运力成本，缓解公路拥挤，还能进一步加快港口向内陆腹地拓展的脚步，是提升港口竞争力的关键之举。各地为配合"以港兴市、以市促港"发展战略不断出台政策，对从事铁水联运的经营者给予政策鼓励，既有在税收政策上优惠，更有通过财政直接补贴等举措，旨在加快推进港口物流产业，壮大联运市场，延伸港口腹地。

（一）充分利用毗邻自贸区的区位优势

芦潮港中心站紧靠中国（上海）自由贸易区和临港物流园区，是唯一一个与洋山深水港相近的铁路车站；港口与车站各具优势，同时也相互竞争；港口既为口岸市场又为内陆市场服务，必须与贯穿内陆地区的铁路运输系统相连，港口要在未来取得成功，就必须继续拓展港口的腹地，才更加凸显其作用。车站发展离不开港口，港口需要铁路集疏运，两者相互依存。一般港口是国际贸易的货物集散地，国际运输体系的分运中心。要求港口和公路、铁路、内河和空港有合理衔接，形成集装箱多式联运中心，实现集装箱安全快捷的集结和疏散。

（二）紧紧依靠浦东铁路的地理环境

浦东铁路是上海铁路枢纽一条新建线，浦东铁路一期工程从金山线的阮巷站接轨，向东行进，经过金山区、奉贤区至四团站约 40.6 千米，再经 7.6 千米铁路到达芦潮港中心站。二期工程从四团站大转角向北经浦东新区至宝山区，在铁路北杨支线与张庙站接轨，再与京沪线连接，届时浦东铁路全长约 117 千米。这样洋山深水港往北的货物，无需先经过浦东铁路一期从上海南部地区绕路，而可直接往北进入京沪线和沪通铁路江苏段。与芦潮港中心站形成一体，同为洋山深水港的配套工程，它的开通运行，使长三角乃至中国的货物可以通过铁路"喂给"洋山港，来自世界各地的货物也可以通过铁路输送到全国各地。铁水联运将大大提升洋山深水港的集散能力。

（三）合理发挥内在因素的能动作用

(1) 芦潮港中心站设施、设备具有现代水准，作业能力能适应大运量的冲击，站内有各类机械设备 13 台，4 条铁路装卸线，采用 24 小时不间断作业，对到达的整列车在 1～1.5 小时内即可完成作业。由于在运输组织上没有将发送与到达的集装箱分区堆放,可以不用调车一次作业就可完成。

(2) 在经过几年来的积累,企业内部各项管理制度逐步完善,有了一整套适应管理需要、符合现场实际的规章制度。

(3) 员工队伍素质趋向成熟,经过几年来在生产实践中锻炼,大多数员工已经适应和习惯了中心站的作业方式以及管理模式。同时,根据发展需要采取走出去、请进来的形式,通过不断培训,集中授课或自学来提高员工业务素养,以及岗位所需的技能。一方面在现有员工中培养造就了一批企业所需之才,另一方面从社会上引进了各类人才满足企业发展的需要。

四、采取积极的手段是走出困境的有效举措

自然环境和生活环境的恶化已经使得可持续发展成为全球关注的主题。与其他运输方式相比,铁路运输具有明显的绿色、环保优势,有利于节约能源和环境保护,是国家大力鼓励发展的重要产业,是建设"低碳经济"的重要生力军。国务院节能减排综合性工作方案明确提出强化交通运输节能减排管理,交通运输业需采取诸多转变措施,政府支持铁路和驳船的充分发展,都将为铁路集装箱的发展提供绝佳的机会。

(一) 适应铁路运输整体战略,坚持协同业务的发展方向

面对全路紧张的运能形势和日益激烈的市场竞争,要以只争朝夕、时不我待的精神进一步加大市场营销工作力度,解放思想、拓宽思路,在确保运输安全的基础上,更好地开展和完成各项工作,工作主攻目标在以下几个方面:

(1) 继续把扩大班列运输量作为第一目标,积极做好现有班列的维护工作。在加强与船公司紧密合作的同时,继续开发与货代公司的合作,共同做大运量。

(2) 加大客户营销力度,在发展重点客户的同时不放弃与其他的中小客户的合作,做好每一个客户的服务,争取每一个箱源的运量。通过组织内贸货物运输、拓展国际联运业务、开拓仓储和堆场租赁等业务,以此带动运输箱量的增长。

(3) 随着集装箱铁水联运、国际联运业务优势不断凸显,进一步规范自身业务发展,积极参与和支持洋山港物流基地建设,提供一流的国际物流运输服务,做大做强集装箱国际多式联运业务。积极与上海自贸区管委会联系,通过在芦潮港中心站开展保税堆场业务,来带动物流业务范围的进一步拓展。

(4) 铁路、港口、船公司以及运输代理人在市场上都具有相当的市场支配力,各方都有自身的利益,都追求自身利润最大化,而开拓集装箱运输上正需要

各方面的通力协作。但是目前所能带来的收益对每个部门的吸引力都不大，而且各部门的行为准则都不相同，各方的利益协调困难就限制了集装箱运输的发展。出路就在于合作，只有合作才能共赢。

（二）探索多元化发展之路，造就企业的成长性

2015年经国务院批准，中国（上海）自由贸易试验区进一步扩区和深化制度改革。这一举措为服务业扩大开放和投资管理体制，推动贸易转型升级，培育国际化、法制化的营商环境，起到发挥示范带动，服务全国的积极作用。同时，加快国际金融中心和国际航运中心建设，是上海实现又好又快发展的需要，也是更好地服务于全国发展的需要。芦潮港中心站应抓紧融入这个发展环境，利用好紧靠自贸区的铁路车站，场站面积大，设施设备齐，物流环境好等优势，全面出击，多头并进，为可持续发展蹚开一条生路。

（三）深化企业制度改革，为企业发展提供支撑

中共中央、国务院下发的《关于深化国有企业改革的指导意见》，为国企切实破除体制机制障碍，坚定不移做强、做优、做大国有企业，主动适应和引领经济发展新常态指明了方向。铁路是国家重要的基础设施和民生工程，是资源节约型、环境友好型运输方式。改革铁路投融资体制，加快推进铁路建设，对于加速工业化和城镇化进程、带动相关产业发展、拉动投资合理增长、优化交通运输结构、降低社会物流成本、方便人民群众安全出行，都具有不可替代的重要作用。

近年来，我国铁路发展取得了显著成就，高速铁路已初步成网，通道能力已大大提高。但与经济社会发展需要、其他交通方式和国外先进水平相比，铁路仍然是综合交通运输体系的薄弱环节，发展相对滞后。要充分利用当前铁路改革带来的发展机遇，把中心站的发展与整个铁路发展紧密结合起来，跟上铁路跨越式发展的步伐。当前，铁路管理体制进行了重大改革，实现了政企分开，为深化铁路投融资体制改革，更好地发挥市场的作用，促进铁路持续发展创造了良好条件。中国铁路总公司在2013年6月又对铁路货运管理体制进行了改革，进一步理顺了铁路内部各企业相互间的管理界限，利益格局，为铁路企业放手走市场松了绑。我们也可借鉴铁路改革之经验，把它运用到芦潮港中心站的改革之中，拓宽思路，解放思想，就一定会找到破解难题之解。

（四）突出战略思维，逐步形成企业核心竞争力

发展铁路物流是适应运能快速扩充的必然选择。随着大规模路网建设的

加快推进和客货分线运输的逐步实施，区域之间大通道基本打通之后，铁路运输能力紧张状况将初步得到有效缓解并逐步发展到相对的宽松富余，推动并最终实现我国铁路运输由限制型向宽松型的转变，铁路货物运输市场格局将由卖方市场向买方市场转变，将由以满足运量需求为主向以满足质量需求为主的转变。发展铁路物流，有利于扩大目标市场，巩固扩大铁路货源；有利于促进货运产业升级，培育铁路新的经济增长点；有利于改变粗放经营模式，增强铁路可持续发展能力；有利于增强核心竞争力，强化铁路在供应链中的主导地位。

芦潮港中心站具备发展铁路物流的先决条件，充分发挥自身优势和特点，是走出困境的必由之路。应进一步理顺股东间，股东与铁路企业间以及中心站内部间在架构上的关系，让其更加符合现代企业的模式，更加适应铁路运输生产需要，更加顺应客户对集装箱运输的期望。创新是企业的灵魂。在当今社会科学技术水平日新月异，我们在组织手段和方式上也必须与时俱进，只有在不断的创新中，才会使企业得到发展和壮大。

综观世界铁路集装箱运输发展趋势，我们面临着前所未有的发展机遇，也面临着前所未有的挑战。只要我们坚持体制创新、机制创新和制度创新，从思想观念、组织架构、经营方式等方面适应集装箱市场化经营的需要。在洋山口岸各相关单位共同努力下，洋山口岸的各种功能一定会得到充分的发挥和完善，芦潮港中心站的前景也一定十分光明，它将为洋山港拥有强大的腹地经济、具备完善的后方集疏运系统，全面地发挥其配套工程的作用，为打造成上海国际航运中心作出应有的贡献。

作者系上海铁路集装箱中心站发展有限公司总经理、
上海卓越管理中心第 32 期高级职业经理人班学员

试析网点资源现代化管理

许耀华

在计划经济向社会主义市场经济转型的过程中，保障城市居民日常生活供应的店铺网点，如粮店、煤店、饮食店、杂货铺等不再具有往昔的“法定”功能，遗留下大大小小的网点资产遍布城市的各个角落，组建集团公司进行统一的经营管理是盘活这些国有资产的重要途径。在这一背景下，仅上海市就先后组建了数十家网点资产经营管理公司，以商铺租赁和自主经营相结合的模式经营着从数百家到数千家大小不等的网点，上海普陀饮食有限责任公司正是这些公司中的一员。面临激烈的市场竞争，如何保障这些国有资产的保值增值，保障职工的权益成为经营管理者必须面临的挑战。

一、研究背景

上海普陀饮食有限责任公司成立于 1962 年，前身是上海市普陀区饮食公司。公司集合了普陀区内数百家饮食店，有众多供应网点，业务经营不断发展。随着计划经济转为市场经济，企业的发展遇到了瓶颈，为了企业的生存、职工的生计，企业走市场化的道路，坚持国有资产保值增值的理念，由于传统经营的萎缩，自营网点绝大多数转为租赁网点，公开向社会招租。

由于历史原因，2000 年时，公司商业网点普遍存在基础资料不清、不全、多部门分散管理以及管理制度不完善的问题，发展迅速的网点租赁业务与传统管理手段滞后的矛盾凸显：

(1) 网点基础资料不清、不全，传统管理方式数据保存难度大，查阅和使用困难。

(2) 经营管理的网点类型多样、变更频繁、租户行为复杂多变，难以实时进行监控和信息转换，管理决策缺乏依据、难度大。

(3) 大量表单数据日积月累，数据统计分析工作量大，信息的综合利用程度不高。

(4) 多部门分散管理。

(5) 管理制度不全、执行不利。

二、信息化管理战略实施

通过认真分析研究认为,前期的商业网点排查为企业信息化管理提供了大量有价值的数据资源,而逐步健全的企业管理规范为实施信息化管理工作提供了有力的制度保障,公司已经具备推进商业网点信息化管理的基本条件。

但由于公司经历多次国企的改革重组,企业存在一定的负担,信息化项目的实施若投入过多资金可能会给企业造成新的负担。为使企业负担不会太大,公司确立了“量力而行”的原则。但同时,也寻求管理理念、管理技术同信息化技术的匹配时机,使信息化技术真正成为企业管理理念的支撑,使得效果最大化。

(一)建立制度和标准流程

公司在人工管理模式阶段发现,网点资源的管理往往存在腐败的漏洞,国资流失的根本点就在于网点基础资料不清不全,制度保障不全面。针对这样的情况,公司采用信息化管理来封堵基础资料不清不全的漏洞符合了遏制腐败的管理需要,然而单一采用信息化管理也无法做到彻底的保障,还必须制定制度来进一步确保管理完善。

公司先后制定了大量规章制度,并制定商铺租赁标准流程和标准租金核定流程,真正做到管理有章可循、有章可依。在制定规章制度的同时也不断加强对制度执行的督查力度,形成了全面的制度化和信息化管理,资产管理会审部在同一平台上共同对网点资源运行进行监督、决策。通过制度的执行与信息化管理方式的结合应用,逐步将管理方式和管理流程以信息系统的方式“固化”下来,真正将管理变革的成果应用在实际工作中。

(二)实施战略

1. 摸清家底,夯实基础

公司在几次兼并时带进了不少房屋和商铺,但是,对于这些不动产,2000 年前几乎都没有相关的完整资料,家底不清。鉴于这样的现实,公司管理层没有安于现状、得过且过,而是确定了商铺管理的推进战略。从 2001 年起对所有网点进行拉网式排查,摸清具体情况,从实地测量并以 1∶100 的比例绘制房屋平面图开始,查实房屋性质,建立基础资料档案,统计租赁使用情况,核实门号,拍摄商铺外观照片,确定商铺产权归属,补办权证,登记造册,整理归档,为实施规范管理奠定基础。

2. 建立信息化管理平台

前期艰辛庞大的基础工作无疑为建立信息系统奠定了基础，经过家底排摸和建章立制，建立“看得见的管理”信息系统水到渠成。

开发完成的网点资源管理信息系统，使得企业家底全部放到阳光下运作，网点家底和租金收入一目了然，企业尝到了信息化管理的“甜头”。

通过不断的探索实践，公司在信息化项目实施的过程中也碰到了不少问题，针对网点资源管理工作中的一些重点环节，我们做出了相应的解决方案。

1）依托信息技术，实现资产动态管理

公司在信息管理平台建立的初期，首先把历时一年多的资产普查成果数据存入系统数据库中，实现原始数据的系统化保存。其次，借助系统提供的查找、搜索功能，便于管理者的快速查询。此外，根据网点数据的变化，系统还可以轻松实现动态跟踪管理，提高管理效率。由此，网点资源各类信息在系统中均可见，资产变得透明化，减少了管理难度。

2）利用信息技术，搭建“可视化”多部门协同管理平台

传统的人工模式无法在多部门间协同管理，为解决这个问题，商业网点管理系统依托数据库技术等协同整合了房产、物业、会计等多部门的管理业务，在这个统一的信息平台上公司所有业务运行情况都在掌握之中。

此外系统还将租户与安全管理连接。在物业安全管理中，系统设置了一系列的安全服务，包括水电煤设备等信息，并设置了警示提醒功能，对于商业网点中的物业安全类信息进行登记追踪，为安全管理人员提供直观的信息支持。

3）通过系统授权，实现职责与权限明晰

在网点信息系统中，用户权限被严格分配，限定了每个用户所能使用的系统功能。并且在系统的运行过程中，每一个用户登录使用的情况都通过系统日志被记录下来，可防止任何的非法操作，确保了数据的完整。企业管理和运行的效率、效益等各种信息，对于总经理和一般员工，甚至上级领导都是完全一致的。

4）借助辅助决策系统，提供网点规划与租赁定价的依据

租赁管理的效益和效率取决于能否做出有效的决策，但管理决策是无法用算法来模拟的复杂过程，因此，网点资源管理信息系统提供的辅助决策功能，正是以最适当的方式提供给决策者所需要的原始数据和对比分析数据，由决策者对问题做出正确的判断和决策。比如，通过不同关键字的归类、划分、比较，实现网点的便捷查询和对比分析，提供网点规划和租赁定价的依据（见图 1）。

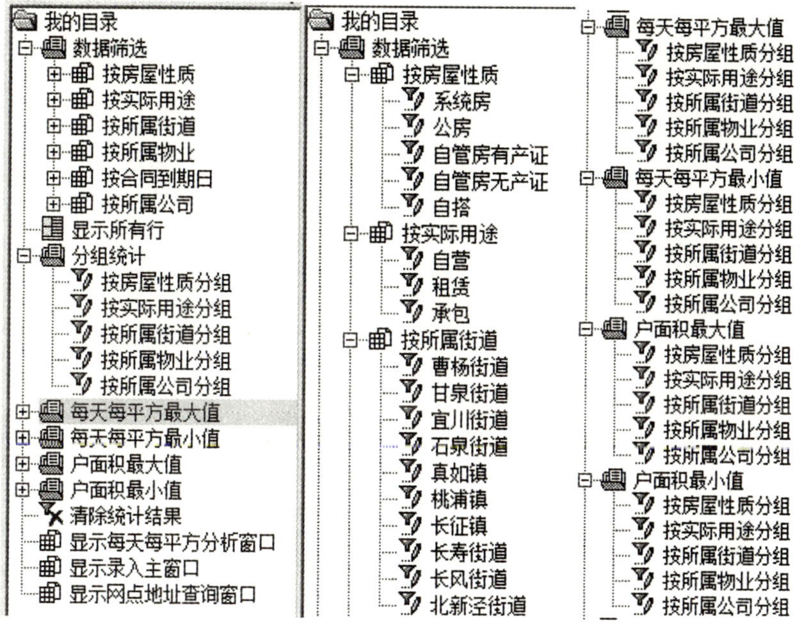

图 1　网点分类查询

3. 强化标准流程

线上的操作通过使用信息化平台固化流程，线下的操作也制订了标准流程规范租赁行为。根据商铺租赁的特性，特制订了商铺租赁标准流程和标准租金核定流程。

1）商铺租赁标准流程

如图 2 所示。

按标准流程的规定，由系统数据分析比较后产生标准租金，操作人员按标准租金的指导价与租赁户洽谈租金。在租赁初步意向达成后还必须由公司资产经营会审部对租赁事项进行会审，审核通过的租赁合同按租期长短分别由董事长或总经理审批后方可进行合同签订。这一流程将系统管理与人工管理有机结合，防止租赁漏洞的产生。

2）标准租金核定流程

如图 3 所示。

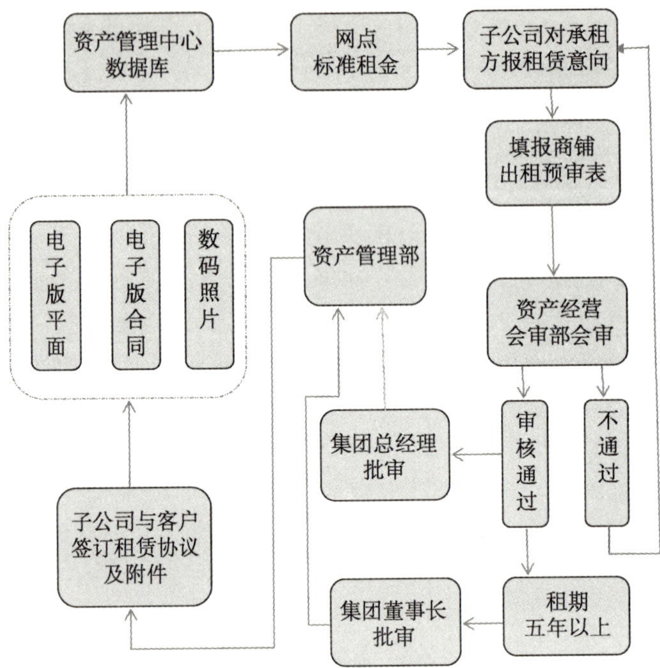

图 2　商铺租赁标准流程

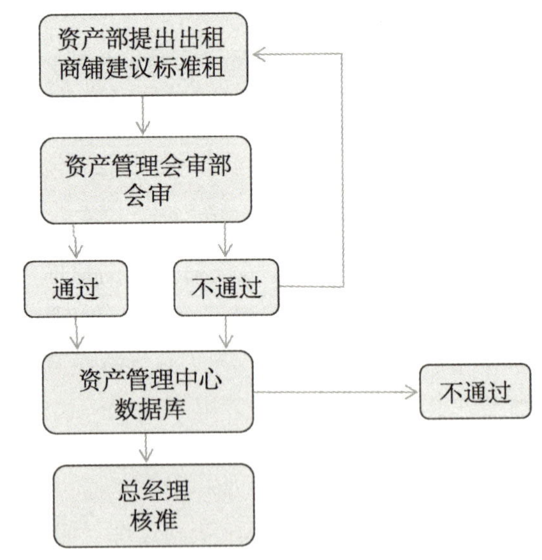

图 3　标准租金核定流程

由于网点租金的制定含有人为的因素，为了将操作漏洞降至最低，特提出了“标准租金”这一概念，从定价之初依据区位的重要性、配套设施的差异性、经营状况的影响性及相邻商业房地产的相关性等，从商圈区位、场所区位及个体因素三个层次进行分析，对每个影响因子进行评分，最后按权重确定其最终的价格，即确定一个标准，再从审批流程中控制操作的规范性。

4. 拓展与提升

近年来，普陀区为打造商贸科技区，加大了国资国企改革重组的力度，对区属所有商业集团进行整合重组，公司也由此整合进入上海市快乐(集团)有限公司。快乐集团也重新升级了集团网点信息系统，完善了管理功能，促进了本企业对网点资产管理水平的提高。其中比较重大的两项功能提升包括：

(1) 在地理信息技术的支持下，将房屋物业安全信息综合结构图纸用 CAD 矢量化，可以任意缩放以及编辑应用，同时采用高分辨率的城市遥感影像和大比例尺地图，商业网点资产的空间分布一目了然(见图 4)。

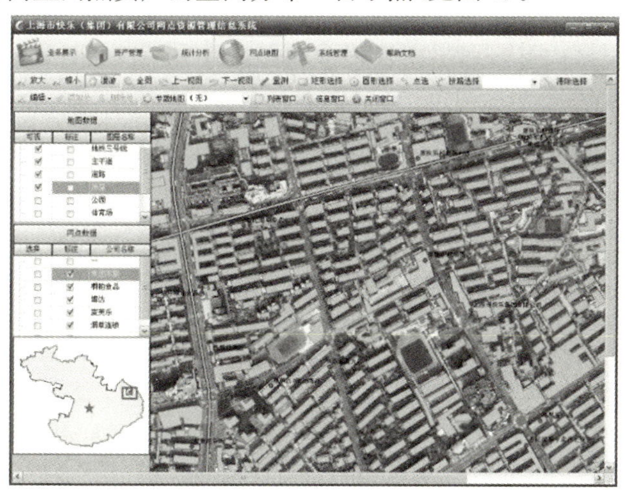

图 4　网点资产的空间分布

(2) 由于在实际的商铺网点管理工作中，各基层公司的管理者分布较为分散，系统管理员与实际工作者的工作业务范围不同而造成管理工作上的脱节，因而导致系统不能很好地发挥其作用，租金等的管理也不能体现实时的状况。

对此，集团采用远程动态管理模式对系统进行集中监控，各子公司操作员直接对数据进行操作的一种模式。其拓扑结构图如图 5 所示。

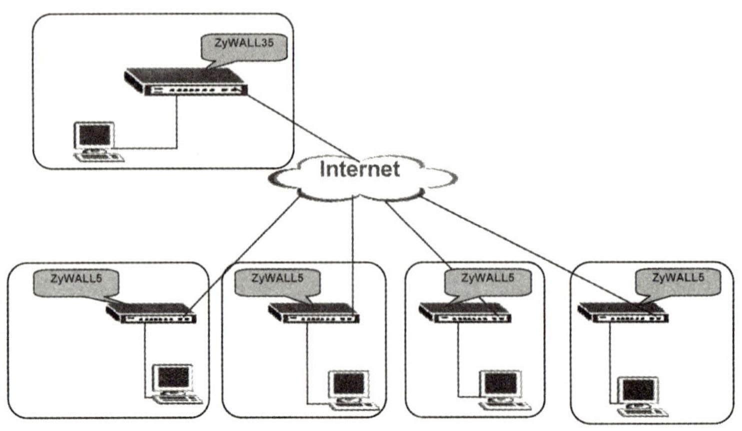

图 5　远程动态管理模式

实现远程操作克服了地理因素的阻碍，即使系统管理员不处于网点管辖范围，也能通过局域网及时登录网点资源管理信息系统进行数据操作及信息更新，管理工作更具时效性。同时各子公司自主管理本公司的业务，数据操作、统计等更为便捷，且能及时掌握商铺网点的运营情况，针对相应出现的问题能及时提出解决方案。

三、实践成果

（一）信息化解决的问题

随着公司信息化推进项目的逐步展开，目前网点管理呈现出新的气象：

(1) 网点基础资料清晰、齐全，并通过权限管理，防止了数据库数据外泄；通过系统化运作，方便了资料的查询和检索。

(2) 通过管理制度的实行和管理信息系统的应用，无论网点类型如何多样、变更如何频繁、租户行为如何复杂多变，都可以轻松实现实时监控和信息转换。

(3) 依托管理信息系统的辅助决策功能，提供管理决策依据，使管理决策更加科学有效。

(4) 通过管理信息系统提供的各项功能，提高了信息的综合利用程度。改变了过去多部门分散管理，促使各部门在一个平台上进行操作和沟通。

(5) 改变了过去管理制度不全、执行不利的局面。通过管理信息系统的“固化”作用，将业务管理流程和管理制度精神固化在日常操作流程中，使得业务管理过程更加透明化；通过强化执行，加强监督，提高了管理的效率。

（二）经济与社会效益

通过信息化管理的不断推进，公司也取得了一定的经济与社会效益，主要体现为：

1. 加强管理，确保国有资产的保值增值

公司坚持摸清家底、实现信息系统管理，实际上就是要提高国有资产运营效益，就是要把监督管理的职能作用贯穿到整个国有资产运营的过程。公司通过信息化项目推进，提升了网点管理水平，有力保障了网点租赁租金收益稳步增长，也确保了国有资产的保值增值。

2. 民主管理，切实保障职工的权益

在传统商业日渐萎缩的今天，公司和大多数的同行一样，已经成为一个事实上的租赁型企业，与此同时，租金收入也是保障职工生存的主要来源，特别是公司大量的下岗职工依然要依靠公司发放生活费来维持生活，对于这样的社会责任和负担，公司敢于对敏感的权利点采取透明的管理办法，坚持企业民主管理，通过加强对商业网点资源的管理，在提高企业效益的同时也提高了不在岗和在岗职工收入及福利，为公司进一步的改革和调整工作创造了和谐稳定的氛围。

3. 走“制度加科技”的道路，从源头上遏制腐败

过去公司的商铺在由“人管”的阶段，因为信息不完整、不对称，管理漏洞不可避免。通过近几年的不懈努力，目前公司已进入由制度和先进的管理信息系统技术“管人”的阶段，严控权利的滥用，构建了与现代企业制度相匹配的国有资产管理机制，从源头上遏制可能滋生的腐败。

四、结论与启示

在信息时代的大背景下，企业经营发展的环境发生了巨大的变化，面临的市场竞争更加剧烈。发展信息技术，实现企业信息化不仅关系管理模式的创新，而且是提升企业的综合发展实力和市场竞争能力的关键。

而信息技术的发展也离不开制度的约束和保障。公司坚持走“制度加科技”的道路，运用信息化手段预防腐败、管理商业网点资源的做法，是用科学理念设计制度，用信息技术优化管理，真正做到权力在阳光下运行、资源在市场中配置、资金在网络上监管，为在新形势下探索如何做好反腐倡廉工作提供了宝贵的经验和思路。

如今企业的发展进入一个崭新的阶段，同时也面临着又一次“化蝶蜕变”的机遇与挑战。公司未来的发展已经站稳在更高的平台上，期待着新的思路与理念。公司将结合企业自身商业地产发展战略，在现代化管理工作探索和实践的基础上，始终牢抓科技这一武器，运用制度加科技防治腐败的有效经验，逐步在功能上进一步提升，在领域上进一步拓展，在层级上进一步深化，努力推进网点资源管理向商业地产经营管理转型，为地区经济的发展作出新的贡献，实现企业新的腾飞。

作者系上海普陀饮食有限责任公司总经理、
上海卓越管理中心第35期高级职业经理人班学员

人力资源管理

浦发银行教育培训创新发展的探索与研究

朱福涛

企业职工教育对于提高职工整体素质，促进技术进步和管理创新，提升企业能级和核心竞争力，具有十分重要的意义。浦发银行在自身发展的过程中，坚持"人才资源是第一资源"的理念，抓好人才引进开发、教育培养工作，服务银行发展战略，有效支持了银行快速、持久、健康的发展。

一、培训概况

从1994年始，在浦发银行建行初期，就开始了比较系统的企业内部培训工作。进入2000年后，随着浦发银行"建国际上较好商业银行"发展战略的实施、扁平化矩阵式组织架构的改造、业务结构的调整、金融产品的创新、经营手段的现代化和操作流程的再造，对干部队伍的理论素养、知识水平、业务本领和领导能力都提出了新的更高要求，教育培训工作的作用越显重要，任务也日趋艰巨。为此，总行加强了对教育培训工作的领导，加大了对全行教育培训资源的配置。2005年，浦发银行正式将培训与发展职能从人事部门分离出来，专门成立了基于信息网络、教育培训与管理为一体的总行培训中心，进一步推进了企业教育培训工作的深入发展。连年来，浦发银行教育培训工作，围绕银行发展的战略要求，努力推动内涵发展，在制度建设、培训服务、资源整合、方法创新、人才培养等诸多方面都取得了一些进展。浦发银行始终坚持"一流银行需要一流人才，一流人才需要一流的培训支撑"这一理念，大规模开展教育培训，发挥教育培训在促进人力资本价值和企业核心竞争力提升方面的重要作用，并取得了一系列重要成果。

2010年11月荣获"上海市2006－2010年成人教育先进集体"称号。

二、探索与实践

(一) 理念创新:注重培训生态环境建设

1. 浦发银行培训理念

浦发银行企业培训面临的大环境是科技突飞猛进,信息瞬息万变的知识经济和信息化时代。员工基本上都具有良好的教育背景,许多岗位只招聘"211"全国重点大学的毕业生,他们在较快掌握岗位业务处理流程中"应知应会"的一些硬技能外,主要呈现类似"不缺知识缺智慧,不缺能力缺方法"的特点。而这些软技能的培养,由于个性需求多样化,更需要靠个体的悟性自觉来奏效。他们已经完成了正规的教育,进入职场后的自我发展与完善,主要靠学习来实现。

据此,浦发银行倡导"大培训"的理念,着力营造(培训+学习)"大培训"格局,不断打造良好的企业学习生态环境。把"增强对业务工作的渗透力,增强对员工职业生涯的影响力"作为企业教育培训工作的立足点,在支持各项业务工作顺利进行的同时,加强对员工职业生涯的引导和规划,支持和满足员工根据岗位和自身发展需要不断学习,使员工学习的权利得到真正落实。

2. 浦发银行"学习生态环境"建设

在"大培训"理念的指导下,浦发银行通过一系列制度安排和培训体系建设,着力营造良好的企业学习生态环境,促进和保障员工学习的需要,实现了全行全员全覆盖"大规模开展教育培训"的目标。

在制度建设方面:以制度创新为重点,建立了覆盖全行的培训管理机制。包括:自我提高与发展列入员工行为准则(2006);新员工入职教育培训制度(2006);专业岗位持证上岗制度(1998);员工个人教育培训基金制度(2005);兼职培训师遴选聘任制度(2005);分行(条线)教育培训工作考核评价制度(2005);教育培训工作全面审计制度(2007);教育培训联动会议制度(2009)等8项基本制度。

在培训体系方面:以四大体系建设为主导,积极发挥培训的基本职能。包括:覆盖全员学习的网络培训体系;关键业务岗位资格论证体系;服务于发展战略和人才培养的课程体系;外部培训资源和内部师资开发与管理体系。

这些制度安排和体系建设,分别从教育培训的资源投放、专业岗位的人员准入、内部培训师资的管理与培养、机构或部门培训工作的考核激励等多个方面构建了企业教育培训的基本框架,营造了企业学习生态环境,推动和促进了全员培训和员工自主学习活动的开展。在提高员工素质,提升企业能级和核心竞争力方面发挥了积极作用。

（二）制度创新:建立个人教育培训基金

在知识经济时代,保障员工学习权,是贯彻终身学习理念,营造良好的教育培训生态环境,促进人的全面发展的基石。

浦发银行认为,企业培训主要为成人工作场所的学习。保障员工的学习权,符合企业的发展战略,有助于组织目标的实现。浦发银行要"建设成为具有核心竞争优势的现代金融服务企业",离不开员工素质的全面提升,需要打造一支结构合理、数量充足、符合发展要求的人才队伍。

保障员工的学习权,有助于"学习型银行"的构建。浦发银行高度重视员工的学习权,不断激励员工学习,以提升员工学习力为中心,不仅营造了浓厚的学习氛围,更进一步使员工形成了对学习型银行文化的深刻认同,从而形成"一个银行"的共同愿景;共同愿景的形成不仅仅来自对企业文化直接的学习,更多的是来自组织形成了学习共同体后,所产生的强大"渗透力"和"影响力"。

保障员工的学习权,有利于实现资源的优化配置。浦发银行保障每个员工的学习权利,体现了资源分配的公平性,为学习动机强的员工提供更丰富的学习机会和条件,体现了资源分配的合理性。这也为员工实现自我发展提供了坚实基础,不仅有利于员工个人职业生涯的发展,同时,员工能力的提升直接影响组织绩效,关系整个企业的生命力。

2005 年起,浦发银行建立了惠及全行员工的"个人教育培训基金"制度,向员工提供持续的、充足的培训经费支持,确保经费有序地落实到每个员工,为改善企业培训现状、保障员工参与在职培训、推动企业人力资源向人力资本转化提供了一个良好的基础。

（三）措施创新:实行专业岗位持证上岗

近年来,浦发银行围绕"建设具有核心竞争优势的现代金融服务企业"的战略目标,突出人才是第一核心竞争力的人力资源理念,结合银行专业岗位工作特点,完善制度建设,实施措施创新,不断拓展人才开发路径,以全行专业岗位资格考试认证工作为抓手,加快专业人才开发培养,在公司银行、个人银行、运营管理、风险管理、信息科技、审计等业务条线 30 个专业岗位实施了专业岗位资格考试认证,基本形成了"制度体系健全、业务流程规范、方式方法多样、业务覆盖全面"的专业岗位资格考试认证体系。仅 2013 年度就组织全行性专业岗位资格考试认证近 50 场次,逾 53 000 人次参加专业岗位资格考试认证和岗位任职继续教育,颁发电子版专业岗位资格证书 35 000 余张。有效提升了员工素质,助推业务快速稳健发展。

(四)手段创新:网络教育覆盖全员培训

1. 随时随地皆能学的网络教育

随着互联网络、移动通讯的高速发展,浦发银行提出了"把银行建在网上"的战略规划,把全行的信息化建设作为银行发展的重要工作,在开发建设办公自动化系统、人力资源信息化系统、财务信息系统等信息化系统基础上,较早开展了集网络学习平台、网络考试平台及网络体验平台为一体的培训信息化建设。做到任何人,在任何地点、任何时间都可以进行学习。使全国数百家网点,上万名员工都能及时学习了解、掌握银行新业务、新知识、新规定,提高了培训的效率,支撑了业务的发展,受到员工、业务部门和各级管理者的欢迎。

2. 多管齐下,做好网络培训的推广应用

网络培训系统建成后,其价值的实现关键在于应用。为此,浦发银行根据自身特点,采取了加强课程开发、制度创造需求、业务部门参与等措施,多管齐下,做好网络培训的推广应用工作,使网络培训由最初辅助面授培训,是面授培训的补充,发展成为与面授培训平分天下,成为全员培训的重要渠道。

一是加大课程开发的力度,坚持每年新开发 100 门具有浦发银行自身特色的网络课件放在网上,供全行员工学习,在任何人、任何时间、任何地点都可以学的基础上,解决了网上有东西学的问题。在课件的制作上,以培训内容为主线,将培训目标与教学设计融合,根据成人学习的特点,精心设计开发多种形式的网络课程。同时把每个网络课程的课时长度控制在 45 分钟之内,既保证了员工学习专注度,也有利于员工利用中午休息等空闲时段能够完成一门课程的学习,增强学习的成就感。

二是以制度创造培训需求,推动网络培训发展。在引导员工参与网络培训的过程中,浦发银行还根据业务发展和人才培养的需要,建立了新员工入职教育培训、员工行为准则、信息安全、合规反洗钱、专业岗位持证上岗培训等一系列制度规定。通过制度的硬约束,创造出网络培训的需求,引导员工参加网络学习,继而接受网络教育,从而有效推动了网络培训的发展。

三是业务部门积极参与,共同推动网络培训广泛应用。网络培训在浦发银行的推广应用经历了一段时间的导入期,在导入期内,培训中心站在业务部门和使用者的角度,分析业务部门培训需求,运用网络培训的优势和特点,设计开发贴近业务需求的网络培训项目,通过会议、电话、邮件等各种方式向业务部门进行介绍宣传,结合面授课程导入网络培训,创建网络培训生态环境。经过几年的努力,逐渐使业务部门和员工了解、熟悉并接受网络培训。网络培训项目的发起也由最初以培训中心为主转变为由业务部门为主。从而使网络培训更切合银行业务发展的要求,有效助推了银行业务的发展和人才的培养。

(五)机制创新:教育培训纳入全面审计

为切实有效地提高各项培训制度在全行贯彻落实的质量,从2007年起,浦发银行在建立健全各项教育培训制度,营造良好的教育培训生态环境的同时,以加强金融企业案件防范工作为契机,将教育培训纳入全面审计范围,成为全面审计必审的内容之一。

在银行案件防范工作中,我们发现:在历次会议上,无论是领导、管理部门还是分支行,在分析案件发生的成因过程中每个人都会讲到,教育培训不到位。由此,带给我们的启示是,如果教育培训到位了,或许案件就不会发生或是少发生。为此,培训中心主动与案件防范职能部门审计部商议,研究制订了将各单位教育培训情况纳入全面审计范围的规定,从源头上来防范和抑制案件的发生。如,科技条线由于专业岗位多,同岗位人员少,多年来,专业岗位持证上岗制度一直难以落实。审计部在对IT进行审计的过程中,将该条线重要岗位没有落实持证上岗制度写进审计报告。作为整改措施,总行信息科技部马上主动与培训中心商量,很快在IT信息安全等8个重要岗位实施了持证上岗。该制度的实行,进一步增强了分支行抓好员工教育培训工作的力度,促使各项培训制度在全行得到更为有效的贯彻和落实,使全行教育培训工作出现了新的面貌。

三、成果与展望

20年来,浦发银行顺应社会经济发展变化趋势,遵循人才发展规律,围绕银行发展战略和经营管理需要,结合自身实际,在教育培训方面,着力完善一个环境、建立一个体系、创造一个机制,培养和造就了一支数量充足、结构合理、适应银行发展需要的人才队伍。

(一)完善一个环境

多年来,浦发银行按照终身学习理念和人才发展规律,围绕学习力的培育,通过全行教育培训联席会议、个人教育培训基金、专业岗位持证上岗等一系列的制度安排,做到业务推出新产品、人员进入新岗位,都必须“先培训、后上岗”,在银行内部营造了一个“大培训”的生态环境。根据银行不同阶段发展的需要,不断充实和完善相关的内容,持续完善每一个环节,使企业的教育培训生态环境始终保持良好的状态，有效支撑了银行持续、健康、快速发展。

（二）建立一个体系

结合干部管理和业务发展要求，明确总行培训中心、各业务管理部门和分行的教育培训职责，创立了“统一管理，分类分层培训，分级实施”的组织管理体系；建立了覆盖全员学习的网络培训体系，满足了全行员工随时学习和大规模学习的需要；构建了关键业务岗位资格论证体系，实行了岗位考试认证网络化、随机化和岗位资格认证体系化；开发了服务于发展战略和人才培养的课程体系，涵盖新员工、一般员工、业务专才和中高级管理人员等，明确了各类培训教材的构成内容和标准规范；建立了外部培训资源和内部师资开发与管理的运行体系，确保培训质量。

（三）创造一个机制

为确保在营造良好的教育培训生态环境过程中建立起来的一系列制度措施能够有效运行，浦发银行通过开展教育培训评价考核，实行教育培训审计制度等措施，建立了教育培训各项制度执行情况的监测、反馈、修正机制，从而进一步促进了全行教育培训工作的全面深入开展。从 2008 年起，全行连年做到全行全员教育培训全覆盖，年人均授受教育培训的次数在 6 次以上，培训方式方法不断创新，培训质量和效果持续提升，初步实现了党中央提出的“大规模开展教育培训，大幅度提高队伍素质”的战略目标。

站在 21 世纪的制高点上，我们可以清晰地看到：科技革命与全球化浪潮，以前所未有的力度把人类带进辉煌的 21 世纪，走进一个尊重知识，尊重人才，重视教育培训的人力资本新时代。浦发银行将更上一层楼，更加深入地做好教育培训创新发展的探索与研究，早日建成具有核心竞争优势的现代金融服务企业。

作者系上海浦东发展银行总行工会副主席、
上海卓越管理中心第 35 期高级职业经理人班学员

企业转型中高技能员工培养机制的研究

徐华琴

双钱集团公司始建于20世纪20年代，前身由国内最早的轮胎生产企业上海大中华橡胶厂和上海正泰橡胶厂强强联合组建而成。经过近一个世纪的发展，形成领跑轮胎市场的运行机制和模式，产销量连续多年处于同行业前列。在业务突飞猛进的同时，要实现生产、技术、质量、管理和服务的齐头并进，尤其是要打造一支能力强、业务精、忠诚度高的人才队伍，为企业发展提供支撑。双钱载重轮胎分公司(以下简称“载重公司”)是双钱集团公司唯一地处上海的核心分公司生产基地，随着集团“走出去”战略而输出大批高素质技术员工，在集团中被定位为从单一生产制造向高端制造、研发支持、智力输出和服务集团的转型企业，迫切需要进一步加强高技能人才队伍的培养。

一、高技能员工队伍现状及分析

2004年起，轮胎行业经历一波“直线上升”式的行情，国外轮胎企业纷纷进入国内市场，轮胎行业迎来又一个崭新的发展时期，载重公司亦不例外，产能直线提升。在此过程中，载重公司面临的瓶颈之一是技术员工短缺，制约企业发展。一大批高素质技术员工随集团“走出去”战略而输出，剩余的高技术员工凤毛麟角；新员工的补充和招录，加重员工技能培养的任务。面临的问题有：

(一) 技术员工总量减少，且年龄老化

公司有226个岗位，技术员工仅占总量70%；支援输出的技术员工绝大部分为技术骨干，对一个年产量280万套的企业来说，技术员工的总量偏少。且超过46%的技术员工年龄在40岁以上，年龄老化问题日趋严重。目前，活跃在一线且支撑关键岗位的仍有一批是临近退休的老技术员工。

(二) 关键岗位人手紧缺，培训周期长

轮胎制造自动化程度低，人机匹配度要求高，如轮胎成型工、压出主手等岗

位，人员培养周期较长，从入职培训到独立上岗需 3～6 个月，要达到中级及以上技能一般需要 1 年以上的培训及实际操作，造成关键岗位高技能员工成长速度缓慢，在选拔、支援或输送到外地企业的关键时刻更显得资源紧张。

（三）操作水平参差不齐，技能需提高

在员工技能统计中发现，技师、高级技师所占比例偏低，仅为 3.8%；中、高级工比例接近 50%，但部分员工尽管获得技能等级资格证书，在实践中仍存在实际操作技能达不到要求的情况；同时无技能等级的人员还约占一线人员数的 30%。

（四）生产骨干素质差异，综合能力弱。

轮胎生产是一个劳动强度高，人机接触频繁的劳动密集型企业。相当一段时间以来，许多上海年轻人不愿意进入，只能大量使用外来务工，目前企业使用外来务工超过 30%，进入关键岗位或担任骨干的约为 40%，由于文化程度相对较低，接受系统培训后，适应要求的能力差异大，一定程度上削弱生产现场的控制能力。

（五）一线管理（班组长）队伍，呈两极分化。

一线管理人员（班组长）总体学历偏低，大专及以上学历人员仅占 7.5%，初中及以下学历仍有相当比例，超过 50%。班组长现状是经验型和年轻型的比重相当，总体年长化的趋势较明显。无技能等级、技能等级较低以及学历偏低的班组长仍占较大比例，呈两极分化的状态。

二、高技能员工队伍培养的迫切性

从双钱集团对载重公司的定位及现状分析中发现，高素质技能员工是载重公司转型发展的重要制约因素之一，大力培养高技能员工队伍十分迫切。

（一）高素质技能人才培养，符合企业发展战略

在企业发展的诸要素中，人是最重要的。载重公司要成为精品轮胎的生产基地、轮胎研发的转化中心，除了要大力进行科技的创新、硬件设施的改造等，提高企业的核心竞争力，最关键的还是要拥有核心资源——人。要确保产品具有市场竞争力，高素质技能人才是最重要的资源。

（二）高素质技能人才培养，与企业定位相匹配

顺应变化是企业立足市场、处于不败之地的生存之道。企业要找出制约发

展的根本原因,采取适应实际情况、具有可操作性的解决方法,有针对性进行突破。双钱集团的战略、载重公司的定位,对高素质技能人才的培养提出了全新的要求,必须采取超常规的方法加以培养。

(三) 高素质技能人才培养,助推企业生存与发展

"转变经济发展方式很重要的一点,就是要把发展方式转到主要依靠人力资本积累、依靠创新驱动的道路上来。可以说,人才特别是高层次、高技能人才是城市发展的根本动力所在。"企业转型发展,关键是人才的转型升级;载重公司在集团的地位和作用,必须进一步加强高技能人才队伍培养。

三、高技能员工培养的对策与实践

(一) 高技能员工培养目标

根据企业"十二五"发展规划,载重公司将实现从单一生产制造向高端制造、研发支持、智力输出和服务集团的转型发展;载重公司计划在未来 3 年内,对高技能员工实行科学化的培养,通过重点项目平台、"师徒带教"活动、优化等级工晋升制度、发挥技能大师室作用、建立后备技能人才训练营等方面来完成对高技能员工队伍的建设。高技能员队伍工培养目标,到 2016 年,一线员工中技师及以上高技能人员达 8%~10%,高级工人员达 30%,中级工人员达 40%,初级工人员小于 20%,无等级人员小于 5%。

(二) 高技能员工培养对策措施

1. 完善员工培训体系,奠定人才培养基础

培训能促进企业与员工、管理层与员工层的双向沟通,培训能增强员工对企业归属感和主人翁责任感。就企业而言,对员工培训越充分,企业对员工越具有吸引力,越能发挥人力资源的高增值性,为企业创造更多的效益。据美国权威机构对美国大型制造业公司的分析,发现公司从培训中得到的回报率大约可达 20%~30%。培训是企业为了适应市场变化、增强竞争优势,培养后备力量,保持企业永继经营生命力的有效手段。

目前,载重公司培训体系为:针对符合资质的生产和通用工种员工,推进技能等级晋升,提升员工技能等级取证率;针对生产岗位和通用工种员工,完善内聘管理模式,提高员工操作技能实战能力;针对新进员工、技能差的员工,改进现场带教方法,缩短培训周期降低培训成本;针对具有潜力的生产和通用工种

员工，深化技师带徒活动，培养生产骨干、维修技术骨干；针对具有一定经验和中高技能的员工，丰富技师讲坛内涵，提升解决现场专业问题的能力；针对关键岗位、主要岗位员工，探索多能员工培养，培养复合人才满足柔性生产所需；针对工段长、班组长，强化一线骨干管理，提升管理能力，实现优胜劣汰；针对企业生产辅助岗位人员，深化主辅分离工作，提高服务现场的能力。

2. 发挥技能大师室作用，拓展人才培养渠道

"黄红雄技能大师工作室"是上海市首批32位以个人姓名命名的技能大师工作室，于2012年9月在载重公司揭牌成立。近两年在技师带徒、技术攻关、技艺传承、技能推广等方面，积极发挥技能大师工作室在技能人才队伍建设中的作用。

1）首席技师示范引领作用

根据上海市总工会、上海市劳动和社会保障局、上海市国资委颁布的《关于在本市企业中推行首席技师制促进高技能员工培养的指导意见》精神，企业建立首席技师制度，形成以"黄红雄技能大师工作室"为活动平台，以项目、课题为活动主线，一线技术员工通过参与项目、领衔课题、解决现场难题，获得专业技能和职业素养提升。

企业对首席技师的评聘采取公开、公平、公正的方式进行，一年一聘，让真正有能力、责任心强的技能员工都能参与评选，形成一种良性竞争的氛围，促进高技能人才脱颖而出。

2）技师带徒加速人才培养

通过开展技师带徒、技师结对活动，加快高技能人才队伍和一线专业技术人才队伍的培养。自2009年起，每年开展"技师带徒"签约活动，并将师傅带徒弟一个传统的方法逐步改进为"定"对象、"定"目标、"定"评估、"定"考核和"定"激励的"五定"技师带徒法，事实证明方法相当有效，"滚雪球"带动一批员工，实现了高技能的代际传承。

3）总结提炼传承经验绝活

组织专业的人员，帮助技能大师工作室的成员将自己擅长领域的经验绝活进行归纳、整理、总结和提炼，制作成标准化课件，通过"技师讲坛"的方式，对具有一定专业知识或现场经验比较丰富的员工进行交流和传授，为企业培养高技能复合型人才。技师讲坛内容覆盖电工、钳工和生产三大模块，更多的技师走上讲台，帮助有一定基础的员工快速掌握技能与知识的积累，促进成长。

4）培训练兵比武晋升四位一体

改革初级工培训模式，提高培训针对性和有效性。2013年公司尝试从组织形式、授课方式、培训内容、教师配置等方面对初级工培训进行改革，合格率从

85.25%提升到93.85%。完善基础设施，创造练兵条件。完善电工和钳工练兵场地等基础硬件和软件配置，实现具备初、中、高级电工和钳工能力培训的标准要求，被上海市技能鉴定中心授予华谊技能等级鉴定考核点。结合技能练兵比武，改变技能等级晋升评聘模式，对在比武中获得名次的选手优先进行技能等级晋升奖励，鼓励和提高员工学知识提技能的积极性。

3. 建立技能人才后备营，设立人才"储备池"

为弥补目前高技能人才供给不能满足需求的现状，建立优秀技能人才后备训练营。利用"黄红雄技能大师工作室"的平台和技师协会组织，每年从一线员工中选取一定比例的人员作为培养对象，通过管理技能和专业技能的专项培训和训练，提升技能水平和管理能力，培养后开展评估，能满足公司战略发展需求的进入后备人才库中储备，在人才输出、岗位晋升或薪酬调整时，通过训练营培养的后备技能人才将优先获得机会。

4. 开展岗位价值评估，明晰人才配置需求

岗位价值评估又称职位价值评估或工作评价。2013年在合益(Hay)咨询公司的指导下，围绕"专业知识及熟练程度、影响程度、工作强度及工作环境、监督指导和沟通表达"五个纬度对公司所有岗位进行评估打分，充分展现企业整个体系中各岗位的客观价值。通过岗位价值评估，生产一线岗位由238个精简优化至226个，进一步明晰企业岗位价值分布，修订完善岗位说明书，提升岗位工作内容和岗位价值的匹配度，进一步梳理高技能人才的情况，切实了解高技能人才配置需求。

5. 规范外来务工管理，增强员工归属感

目前主要生产岗位本地人员与外来劳工者各占半边江山，队伍的稳定性不强，阻碍高技能人才的培养。为有效管理外来劳工者、增强员工企业归属感，主要采取以下措施：

建立外来务工人员信息库，全面掌握外来务工的家庭、学历、合同以及岗位培训等相关信息，为后续的培训、培养提供可量化依据。

开展劳务工"转正"工作，每年在主要、关键岗位中评选优秀劳务工，开展"劳务派遣"性质的优秀劳务工转为"合同制"的评聘工作。

柔性福利形成关爱组合拳，每年滚动完善稳定劳务工措施，如调整培训期工资、设立返乡绿色通道、提供返乡购票服务、交通费补贴等。

6. 优化薪酬激励机制，激发员工积极性

为保证薪酬激励切实发挥作用，通过薪酬杠杆，促进广大员工学习技术、增长技能，提高才干，完善科学有效的薪酬激励机制是非常必要的。目前优化激励措施有：

1）实行岗位津贴制度

按员工的技能等级及岗位贡献，实行员工岗位津贴制度，岗位津贴分为若干级，包括首席技师津贴，技能津贴从 260 到 1000 元不等，大大激发并增强提升个人技能等级水平和岗位表现的主动性。

2）鼓励学习创新行为

绩效奖金发放实行“双百分”考核，以实现利润及完成工作业绩为主，并与学技能和参加创新行为相结合，使不同用工模式的员工，都能积极参与学知识、提技能和创新活动中。

3）关键岗位重点激励

绩效考核注重关键岗位员工的特殊贡献，最大限度发挥作用。根据关键岗位人员的学历、职称、技能、业绩等条件，纳入公司核心人才库，在薪资的宽幅中得以体现。

4）突出贡献专项奖励

在担任课题、领衔项目、“i 创益”等活动中，做出特别贡献的员工，给予专项奖励，从 500 元到 50 000 元不等。鼓励技能水平高、责任心强的员工担当大任，确保各项目标任务完成。

5）增加柔性福利待遇

福利是薪酬的一部分，也是激励员工的重要手段。因此，还设立各种弹性福利项目：各类体检、疗休养、家庭帮困、助学帮困、提供就业等，鼓舞员工士气，增强企业归属感。

双钱集团载重公司已进入一个崭新的发展阶段，高技能员工队伍培养机制的研究和运行，已渐见成效。在市场经济条件下，无论是国企还是民企，要生存发展，高技能员工队伍培养机制的完善，将有利于企业管理的完善；充分发挥人才的基础性、战略性作用，将促进企业转型发展；人才资源优先开发、人才结构优先调整、人才投资优先保证、人才制度优先创新，将促进经济发展方式向主要依靠科技进步、劳动者素质提高和管理方法创新的转变。

作者系双钱集团公司双钱载重轮胎分公司人力资源部部长、
上海卓越管理中心第 32 期高级职业经理人班学员

中青酒店物业员工远程品质绩效评价体系的研究

孙 琴

一、上海中青酒店物业管理有限公司简介

上海中青酒店物业管理有限公司是中青旅(集团)海江投资发展有限公司的子公司。上海中青酒店物业管理有限公司是中青旅集团中负责商业地产及酒店经营管理的核心板块之一,其投资经营和管理的商业地产及酒店项目主要集中在上海、苏州、庐山、海口、三亚、天津、泰安等地。目前公司总资产超过50亿元,净资产超过20亿元。

上海中青酒店物业管理有限公司目前拥有和正在经营的商业地产及酒店项目有淮海国际广场、海口财富中心、上海丽园OFFICE大厦、嘉定淮海国际豪生酒店、青之旅酒店、三亚金棕榈大酒店、山东龙曦项目等,正在建设和拟投入经营的酒店如苏州静思园酒店、庐山白云旅游度假酒店等。工业地产方面,公司目前在嘉定徐行工业开发区中投资开发了380余亩土地,建成了嘉定徐行海江工业园。目前全部出租经营,收益稳定。公司收购的浦东金桥海江工业园正在经营招商中;与境外投资基金和财团联合投资和开发经营的仓储工业园区正在规划建设中。

二、中青酒店物业绩效评价的现状分析

(一) 绩效评价流程

中青酒店物业绩效评价工作目前的考核方式是自我评估与考核者评估分步执行,与上级领导对团队的考核结果相结合。

绩效考核分为月度绩效考核与季度绩效考核两种。月度绩效考核在每月的月底进行;季度绩效考核在每季的最后一个月底进行。

考核者依据被考核者职责要求设定指标考核标准，并按职位在日常任务、紧急任务、重要任务方面不同的需要设定指标的考核权重，总权重为 100%，对于不能区分重要性的指标设置同等权重。对于无法量化的单项评分标准采取 5 级制，具体标准如表 1 所示。

表 1　5 级制评分标准

	分值	评价	通常具有的表现
A 级	20 分	(出色)工作绩效始终超越本职位常规标准要求	实际业绩显著超过预期计划/目标或职位职责分工的要求，在计划/目标或职位职责/分工要求所涉及的各个方面都取得非常突出的成绩
B 级	15 分	(优良)工作绩效经常超出本职位常规标准要求	实际业绩达到或超过预期计划/目标或职位职责分工的要求，在计划/目标或职位职责/分工要求所涉及的主要方面取得比较突出的成绩
C 级	10 分	(可接受)工作绩效经常维持或偶尔超出本职位常规标准要求	实际业绩基本达到预期计划/目标或职位职责分工的要求，既没有突出的表现，也没有明显的失误
D 级	5 分	(需改进)工作绩效基本维持或偶尔未达到本职位常规标准要求	实际业绩未达到预期计划/目标或职位职责分工的要求，在很多方面或主要方面存在着明显的不足或失误
E 级	0 分	(不良)工作绩效显著低于常规本职位正常工作标准的要求	实际业绩远未达到预期计划/目标或职位职责分工的要求，在很多方面或主要方面存在着重大的不足或失误

考核指标所得等级对应的分值乘以权重，汇总后得到考核总成绩。4 分(含)以下为不及格，4 至 8 分(含)为及格，8 至 12 分(含)为中等，12 至 16 分(含)为良好，16 至 20 分(含)为杰出。季度考核结果由公司总部评定给出最终成绩。考核者对每项考核指标的评分均需给出具体数据或事实依据。

(二) 存在的主要问题

1. 考核指标量化较为困难

由于部门或员工岗位职责之间的不可比性，在考核指标设置中难以完全涵盖各个层级和各个岗位的要求，因而在指标设置上要将全部指标均量化较为困难，目前只能针对同一性质和层次的岗位设定一致的考核指标，这在一定程度上制约了绩效考核的客观性。

2. 考核易受主观因素影响

在考核工作中，个人主观因素对考核结果的影响主要表现在以下几个方面：受人际关系和情感因素影响，使考核变成评人缘，甚至于在不同意见中做平衡；考核者常以近期表现来衡量被考核者的工作绩效，并以获得的最初信息进行比对，强化相似方面，弱化差异方面，这存在片面性；考核者易受到来自被考核者的压力，使得表现各异的考核者的考核结果往往一致，即考核的趋中误差；考核者还容易以自身偏好来衡量被考核者，与自身偏好一致的往往得高分，而不一致的则分数较低。以上这些都影响了考核结果的客观性、公正性与准确性。

3. 考核标准可操作性差

绩效考核标准模糊是造成绩效评估工具失效的原因，尤其是一些主观评价标准，往往不能准确判断，随意性比较大。不同的考核者对主观评价标准可能作出截然不同的解释；同一个考核者在不同时期对相同的主观评价标准也可能作出不同的解释。这样绩效考核的信度就会受到质疑，考核评价的连贯性也会受到影响。

4. 管理制度不健全

管理制度不健全，从而导致各部门的职责权限不明确、工作标准的界定不清晰，是造成绩效考核可操作性差的另一个因素。具体表现为不参考绩效考核结果，奖惩与考核分离，员工对于实现目标后的回报存在疑问；部门主管根据企业评先的名额比例进行评选，难以客观地参照标准来衡量，甚至出现“轮流坐庄搞平衡”的现象，激励存在的随意性使得其边际效用逐年递减。

三、构建远程品质绩效评价体系的实践与探索

（一）构建远程品质绩效评价体系的依据

远程品质绩效评价体系是运用“客户满意”“ISO9001—2008 国际质量管理体系标准”“全国物业管理示范大厦考评标准”等三大模块作为依据组合而成的完善系统。该体系的构建目的是突出以客户满意为重点、以国优标准为物业管理与服务的过程标准、以国际质量标准体系为管理基础的三大核心。通过公司总部（或第三方）设置指标，并通过一系列数据管理及处理，在定量的基础上，对各近地或远地的物业管理处实施过程监测，考核整体管理水平及细分指标。

即:体现整体经营状况为成绩,体现客户接受程度为效果。

(二)远程品质绩效评价体系的特点

1. 远程

中、大型物业管理公司的各近地或远地的物业管理处相应管理、服务过程通过一系列数据受到公司总部(或第三方)监管。

2. 客观

建立的品质绩效评价体系要求充分发挥管理中心一级的品管作用,形成全员参与的品管氛围,同时,将受检查部门日常的工作内容通过数据汇总的方式加以统一程序判断,并制定了统一的判别标准,减少了主观判断的可能性,提高了评价结果的客观性与真实性,与管理中心形成良好的品管互动性。

3. 量化

在整个绩效评价体系中,我们将每个评价指标都尽可能地转化为量化指标,其中很多数据由一线部门提供。通过量化指标的方式使整个品质绩效的评价结果比较客观。能定量的指标则制定出定量评价标准,无法直接定量的,则通过某种间接的方式来进行量化。

4. 创新

以往的品质管理考核,主要通过现场检查来确定被评项目的优劣,以一天或两天的现场检查来判断一个项目是否符合要求,主观性较大,许多问题在短时间内无法被发现。而公司所建立的品质绩效评价体系,充分利用品质管理网络资源,在该系统中将总部(或第三方)、公司、管理中心对项目的品质评价意见均作为参考数据纳入,是建立在日常品质管理的基础上,每个月根据项目数据汇总、日常检查、客户意见等,较完整地反映该项目的管理现状并进行持续改进。品质绩效评价体系是注重过程控制和持续改进的一种评价体系,也符合ISO9000的要求。

(三)远程品质绩效评价的指标体系和运作分析

通过客观量化的指标制定出定量评价标准,需要根据不同业态的管理对象,制定相应统一表单,通过不同的权重设置进行数据处理,获得评价指数贡献值,最终通过指数化形式,展示管理成果。

远程品质绩效评价体系主要由以下部分组成:

1. 报表部分

报表部分是由公司品质管理部按一定格式制定,由各管理中心负责汇总上报。上报数据会立即转入数据处理程序,管理中心只需按要求汇总相关数据,减轻了文字说明的负担，提高了工作效率。

2. 基础数据的处理过程

以客户有效投诉处理(及时)率指标为例，本项中的有效投诉数量由管理中心的报告体现，处理期限由公司根据质量管理体系文件要求自行设定，本案例中设定值为 2 天；及时率考核标准由公司自定，本案例设定为“100%”；“处理情况”包括：发生日期、处理完毕日期，均由管理中心提供；“处理及时情况”一览由电脑自动根据“处理期限”设定值判断“及时”或“不及时”，并自动生成及时处理率，即“实际完成情况”。

3. 细化指标的评价等级

评价等级表示某细化指标的评级：本例中，5 分表示超额完成任务、4 分表示完成任务、3 分表示完成了 97%以上的任务，2 分表示完成了 95%以上但低于 97%的任务，1 分表示完成了 95%或以下的任务。此处对任务完成的等级划分可由各公司自行评定。用该方法进行等级划分，可减少主观判断带来的许多弊病。仍以客户有效投诉处理(及时)率指标为例，本项的处理及时率，即“实际完成情况”为 75%，而及时率考核标准设定为“100%”，则：完成率＝(实际完成情况/及时率考核标准)×100% 。本例中的完成率也为 75%。本项指标在管理中心整体运营过程中所占比重的计算则通过设定“本项指数贡献”一栏，即：本项指数贡献＝(完成率×本项权重)/总权重。本例中，如权将第一部分当作管理中心全部考核内容的话，其对指数的贡献值＝ 75%×0.5/10＝3.75%，如本项考核指标为 90%，完成率上升到 83.33%，其对指数的贡献值＝ 83.33%×0.5/10＝4.17%。

4. 品质评价趋势图

将每一个考核单项的“本项指数贡献”累加，可获得一个数值，即评价结果。将每月的评价结果，用折线图连接起来，则为年度评价趋势图。假设，管理中心所有工作指标均正好完成，则所有指标的“本项指数贡献”正好等于本项权重/总权重×100%，故，当月的评价结果也为 100%。100%代表了该管理中心总体任务的完成。如评价结果大于 100%，则表明该管理中心总体运行状况良好，如评价结果小于 100%，则表明该管理中心总体运行存在一定的问题。然后，运用评价趋势图显示管理中心运行过程的质量是否保持稳定，是否保持持续改进，服务品质是否不断上升。

5. 综合分析

当管理中心品质评价趋势图形成并对管理中心运行情况进行综合分析或对管理中心各部门进行绩效考核时，可根据评价等级的高低，很直观地找到问题点或问题部门。通过评价等级，可以很快找到等级较差的项目，通过分析、整理，有的放矢地将该项目作为下月度工作的重点来抓。评价等级可以作为绩效考核的参考依据。根据评价等级，公司有针对性地要求管理中心对相应的成绩最差项目或未完成指标项目进行分析、整改，并可进行横向比较分析，找出问题症结所在，以达到持续改进的目的。

6. 工作原理

由于公司可根据本系统运用对象的不同，有针对性地对各项目进行权重设置、指标确定等，使之适应于任何管理对象。如：机电设备运行及维修保养在办公楼管理中可占30%权重，但在小区管理中，可进行适度调整，如只占20%权重。

7. 运作优点

在整个评价体系中，我们以建立数据库的方式将各类与品质管理有关的数据加以汇总，通过预设定的评价公式得出相应的评价得分。有了基础数据的支持，得出的评价结果更具说服力。

（四）远程品质绩效评价的有效支持

1. 确保数据准确性

在品质绩效评价体系中，很多基础数据由一线部门提供，这就牵涉到一个数据准确性的问题。品质管理部应加强对管理中心基础数据准确性的检验。检验手段包括日常检查、抽查、随访、内部审核等途径。

2. 完善员工绩效考核

品质绩效评价体系是对各物业项目的品质管理现状的一个综合评价，未设置奖惩措施。为了使该系统能有效发挥作用，必须与项目相关各部门的绩效考核联系起来，最终落实到个人。奖罚分明，才能使品质绩效评价体系有效运行，达到建立品质绩效评价体系的目的。

3. 强化培训

品质绩效评价体系的有效运行，还需对员工进行有针对性的专业技能的强化培训，同时在日常工作中形成对培训效果的跟踪评估。

（五）远程品质绩效评价模拟测评的效果分析

中青酒店物业管理有限公司从2013年3月起，将品质绩效评价体系在下属位于海南海口的世贸财富中心全面推行，得到良好效果。

中青酒店物业管理有限公司对海南世贸财富中心管理处之前采用了平衡计分法、360度考评法等方式予以考评，但由于地域的局限性，对各类考核结果，总部领导无法全面平衡的掌握，对考核过程的有效性也无法有效监管。自2013

年4月正式推行品质绩效评价体系以来，从执行标准到过程控制到以客户满意为结果整体考核，使管理处领导充分意识到项目管理存在的问题，直观的帮助管理处领导团队抓弱项，抓有效性，使管理处整体管理水平有了明显的提高，项目整体考核成绩从77.98%上升到87.33%，3个月平均成绩为81.47%，6月成绩与4月对比的升幅达11.99%。

与此同时，对比海南世贸财富中心绩效奖金的发放结果，也同样出现明显变化。以2013年4～6月的绩效奖金发放计算来看，按照原方案，海南世贸财富中心管理处总员工数63人，2013年4～6月平均月综合工资（员工部分）为194 213.88元，季度奖金发放以综合月工资乘10%乘3个月，则理论发放数应为58 264.16元。按品质绩效考核结果的成绩来计算，则为：2013年4～6月平均绩效平均成绩，即81.47%乘以理论发放数，即58 264.16元，等于47 465.87元/本季度。与原方案对比，降幅为18.53%。

海南世贸财富中心管理处各级领导及员工充分意识到项目本身管理上存在的问题，也体会到提高服务水平、保证工作质量所能享受的绩效激励。

四、总结与展望

（一）总结

上海中青酒店物业品质绩效评价体系，以建立数据库的方式将各类与品质管理有关的数据加以汇总，通过预设定的评价公式得出相应的评价得分。在基础数据支持的基础上，得出的评价结果有数据支撑，便于发现问题，并有针对性的解决问题，保证客户满意度。

（二）展望

上海中青酒店物业管理有限公司的品质绩效评价体系，克服了以往上级检查下级，受检查部门始终处于一种被动状态的现象，同时，提高了评价结果的客观性与真实性。品质绩效评价体系的实施，使物业总部与各项目管理中心形成良好的品管互动性。该系统实施时间尚短，现仍处在改进、完善和提高阶段。

绩效评价需要的是对全面工作的再认识，要有目标与计划、辅导与教练、评价与检查、反馈与改进，通过良性循环管理，而不是仅关注工作中的失误与缺项。绩效评价是在制定目标与如何实现目标间达成共识的过程，是促进员工成功地达到目标的管理方法。而没有考核的管理不是管理，绩效评价体系最终要与考核完全接轨。作为绩效管理的手段之一，其最终目的是企业效益得到应有的提高、员工得到正确的评价和应得的回报、员工的素质得到提升，使公司效益和员工成长取得双赢。

作者系上海中青酒店管理有限公司副总经理、
上海卓越管理中心第 29 期高级职业经理人班学员

人力资源管理创新仍是国企内部改革的关键

葛志伟

国企改革仍是我们国家改革创新的重中之重，十八大提出国企分类管理是解决国企改革的核心举措，比股权多元化等有意义得多。从国家层面上讲，就是要解决国资投资回报的问题，而不是简单的保值增值；从企业层面上讲，就是要解决国企效率低下的宿疾。国企效率低下的根由主要是三部分原因，一是所谓的“上级要求”，二是经营层任命，三是企业内部员工的观念。分类管理是解决前两个问题的有效方式，第三个问题就是要解决企业自身问题，也就是人力资源的问题。本文试图通过一个国有企业实例，探讨国有企业的改革深化、创新突破。

一、企业基本情况介绍

上海电气液压气动有限公司目前是中国沪市上市公司上海机电股份有限公司的全资子公司，隶属于上海电气集团统一管理的范围内，独立法人单位。公司经营主要包括贸易、销售生产制造自身产品、投资管理等方面。公司与美国、日本等国家的企业合作成立的合资公司，外方母公司均是世界一流企业，产品、制造工艺水平均达到国际一流、国内领先，市场占有率较高。贸易部分主要是包括与合资企业合作在内的进出口贸易。这两部分为公司提供了很好的投资收益和营业收入。但公司一直致力于自身制造业这一块的发展，本文所提到的企业改革创新也专指这一块业务。

自身生产制造的产品与合资企业的产品虽然都主要提供给工程机械主机厂，但企业产品之间有差异化，并不矛盾。目前自身生产制造的产品主要分三大类，一类是柱塞泵、马达，在市场上属于中高端产品，主要客户为工程机械主机厂中的中端主机产品；第二类是减速机，主要用于工程机械的水泥搅拌车上；第三类是小型液压成套产品，应用范围较广，除用于工程机械上外，在风电设备，火电设备、船舶、新能源等领域上都有应用。

二、企业存在问题分析

（一）客观存在的存量问题

从计划经济的国营单位到市场经济的国有企业的转变，国有企业的历史遗留问题较多，需承担一定的社会责任，难以明确责权利。企业内人员结构老化，缺乏核心人才，未进入良性循环状态，产品、质量、成本、效率等方面都还未成为行业领先者。

（二）观念的不同

国有企业员工深受传统观念、传统做事方式的影响，在日常工作中缺乏主动性，解决问题的方式缺乏理性，这些“老传统”在现代企业的运营、人事管理当中存在诸多弊端，影响企业的良性发展。

三、解决问题的思路

（一）理论结合实际

以理论知识为指导，联系企业的实际情况，找到理论与实际结合的关键点。以下几个理论均对国有企业的人力资源管理有一定的借鉴意义。

1. 赫茨伯格的双因素理论

赫茨伯格的双因素理论理论认为，激励因素，如成就感、兴趣、发展方向等决定工作满意度，决定绩效；保健因素，如工作环境、压力、人际关系、公平公正、家庭状况等决定工作不满意度，决定去留。但在国有企业的实际运用中要反其道而行，激励因素方面等一般达不到员工的要求，因而很多员工都缺乏积极性；保健因素方面相对较为宽松、和缓，导致员工安于现状，缺少突破意识。解决的思路是增强“不满意度”，激发员工的主观能动性，在工作岗位上实现个人价值。

2. X、Y、Z 理论

X、Y、Z 理论的应用需要分阶段、分层次推进。首先，分析企业存在问题，运用 X 理论，加强的制度建设、加强管控；逐渐养成良好的工作习惯、形成良好的工作氛围，进而在企业不同层面上运用 Y 理论，从被动接受任务转向主动要求进步，激发员工潜在的积极性；最近运用 Z 理论，推行人人参与的以人为本管理模式，这是在企业已形成良好的企业文化后，适合采用的模式，而企业文化的形成与领导层的管理关系密切，需要长时间积累。这种分阶段、分层次的运用，在实践中具有很强的指导意义。

（二）实现转变的前提条件

企业的人力资源要实现转变需具备几个前提条件。第一，客观的市场需求，使企业处于上升阶段，即企业的发展机遇期；第二，上级公司支持企业的发展，给企业很多的优惠政策和条件，即企业的发展政策期；第三，虽然市场需求平稳，竞争十分激烈，上级对企业也是常规要求，但是由于企业投资收益较高，自身积累较多，有条件变革。如果不具备这些条件，市场缺乏需求，企业产品落后，上级没有政策，自身举步维艰，这样的情况很难通过人力资源管理的改革和创新逐步走出困境。

四、整改思路和措施

（一）企业的组织形式

国企改革的重点就是要制度化、规范化，而通过严格的制度和考核来加强企业管理，管理成本非常高，实施效果也并不十分理想。由于长期的历史原因所养成的工作习惯和现实的人员素养，完全制度化的操作并不适合，需要寻求平衡，建立一个偏制度化的、又提供社交文化的组织。

企业开始强化部门绩效，对部门工作的职责进行认真仔细的梳理，明确部门的目标和绩效。对部门的考核则主要落在部门的负责人身上，而对部门内部的管理则给部门负责人更多的自由调整权，由部分负责人自行完善相关的岗位描述和考核细则，但管理方案需要到人力资源部备案。人力资源部加强对部门负责人的考核，细化到每个部门负责人身上，根据理论制定激励方案，将有限的资源充分发挥在部门负责人的培养、选拔和调整。

（二）针对问题采取措施

企业要进行人力资源管理的改革创新，首先要对关键部门，一般可选择人力资源部进行改造，这个部门需要调整引进人才，否则没有支撑，接着由此部门负责招聘、培训、调整乃至考核事项。其次，可按照一定标准，如年龄阶段划分等方式缩减现有人员，为引入新鲜血液打下基础。然后可同时开展两项工作，一是梳理部门职责，强化部门的绩效考核，选拔调整部门负责人，投入资金进行培训指导，要做到逐一跟踪和治理，同时制定激励和奖惩制度；二是尝试划小核算单位，试图先适用新的管理制度，形成新的机制。要特别注重改革成果的反馈。信息反馈一定要落实到具体的数据收集。所收集的数据具具备以下要求：一是要能够反映改革成果，二是要尽可能的量化，三是及时、准确、有效，四是可采集的周期一般不超过3个月，五是尽可能地由第三方收集。当然，数据反馈之后，要继续跟踪完善，企业一把手要重视并亲自参与。

五、部分实践成果和存在问题

（一）部门绩效的提升

企业对以部门为核心的人力资源改革创新工作进行了实践，在各方面取得了一定的成效。例如，①组建统一的信息化部门，通过选拔年轻同志担任部门负责人，明确了信息化部门的工作职责、考核标准。现在不仅把原来分布在各个组织和部门里负责信息化的5名同志减少为2名，而且通过服务外包的方式，使得企业在计算机使用上的问题得到有效解决，并且统一了服务和管理模式，总体运行费用也大幅减少，为企业下一步真正实行信息化管理奠定了基础。②调整人力资源部的员工，市场化的招聘部门负责人，工作绩效相比以前有很大提升，不仅完成了许多以前做不了、做不好的工作，而且也为其他人力资源改革工作提供了强有力的支持。③重组工艺部门，将车间技术组与原工艺部门合并，不仅缩减了人员，提高了工艺部门对车间现场的支持。另一方面，为年轻员工提供了展现个人能力的平台，配合新制定的职业通道制度、非管理岗位晋升制度，大大调动了工艺部门大学生的工作积极性，在这些“新人”身上体现了弗鲁姆期望理论的价值。④企业也深化了采购、计划和质检部门的改革，其核心都是明确部门职责、考核标准，注重跟踪数据的采集和分析改善，加大对部门（负责人）的考核力度，选拔聘用新的负责人，加大部门管理的权限，明确责权利，因人设置培训和激励措施，都取得了较好的成效。

（二）新机制下的成效

为了能够形成新的机制，企业将原有的一部分液压成套业务剥离出来，成立所谓的新的“分支机构”，划小核算单位，启用新的、年轻的管理人员，运用新的分配管理模式，采用新的管理制度，招聘新的员工，其核心目的就是尽量避开老问题的产生，短期内避免产生矛盾。试验结果是比较理想的，企业运行效率接近原来的一倍，还开拓了市场，稳定了产品质量，成为一个新的经济增长点，也提升了管理层的信心。

（三）还存在的问题

虽然企业的改革创新工作取得了一定成效，但仍存在一些问题需要解决。产品、技术、成本、质量、市场都是企业需要关注的问题，本文仅探讨人力资源管理的问题。缺乏人才，尤其是关键岗位核心人才的缺乏，仍是目前存在的一大问题。部门负责人、技术领军人才、人力资源跟踪考核人员等等，需要长时间的培养，这大幅度地增加了管理难度和成本。而招聘能否找到合适的人选，企业能否承受成本，分配的差异是否会带来更大的矛盾等，这些都是困扰企业管理的难点所在，需要找到一个平衡点。

六、下一步的改革思路和设想

（一）形成新企业文化

良好的企业文化，有利于企业更好的发展。但是，企业文化的形成需要长久的积累，绝不是一朝一夕能形成的。改变工作作风、工作方式难，改变习惯、思路也难，形成大家认同的核心价值观更难。但是，企业要取得成功，必须形成良好的企业文化，所以企业在反复强调解放思想、转变观念的同时，应该有意识的创建良好的企业文化。创建企业文化的关键就是要一脉相承，有计划、有目的地宣传、强化。国有企业客观上存在党组织、工会组织，党政工如何统一思想也是一个关键，各项工作的开展、活动的举办和宣传都要有目的地推动企业文化的形成，逐渐打造企业的核心价值观。

（二）用好增量

企业的资源总是有限的，做任何事都是有成本的。企业改革创新是要有前提条件的，不论是新的经济增长点的出现，还是企业销售的扩大、效益的提升、人员需求的增加、收入的增加、改革成本的使用、新的核算单位的形成，上级公司的支持等等都是企业的增量，是企业改革创新的机遇。要有目标、有目的、有计划地使用，对人力资源管理的改革创新起到至关重要的作用，也是改革创新能否成功的关键。

（三）实事求是

人力资源管理的基本理论是从人性的角度出发研究总结出来的，有着普遍适用的基础，首先以理论为指导、研究学习理论，大量在成功实践基础上总结出来经验、技巧也值得学习和领会。坚持实事求是的原则，摸清现状，发现问题根源，仔细分析，统筹规划，设定目标，对症下药，逐步解决，找到适合自身改革创新的方案才是最好的解决方案。

（四）坚定不移

对于一个传统的竞争型的中小国企来说，企业人力资源管理改革创新的核心是抓住关键岗位、核心人才，这是老国企真正走向市场竞争的第一步，其目的就是要让企业重新充满活力，提高运行效率，提升战略的执行能力。企业要获得成功，还有很多不确定因素，战略和机遇变得非常重要，而人力资源管理改革创新将带来整个管理的变革和企业文化的形成，影响企业效率的"上级要求"、经营层任命和企业内部员工的观念这三个要素交互影响，企业才能成功。本论文所涉及的内容仅仅是探讨如何走出第一步，人力资源管理改革创新的工作还将继续，需要真正围绕战略而运行，并且保持坚定不移的信念。

作者系上海电气液压气动有限公司执行董事总经理、
上海卓越管理中心第32期高级职业经理人班学员

教育投资向教育服务转变的突破管理

田久民

中锐教育集团成立于1996年，总部位于上海，是专注于中国学历教育、职业教育、继续教育的投资、管理及咨询的教育投资与服务企业。自成立以来，中锐教育集团在全国先后投资兴办了包括大专院校在内的多种不同类型的学校。近年来，集团顺应市场需求，以汽车职业教育为龙头，大力发展职业教育。集团积极引进德国、美国、英国、新加坡等国外优质教育资源、课程体系、师资力量、考试认证体系，同时整合行业及社会资源开发出了符合中国国情的职业教育课程体系，并拥有自主知识产权。中锐教育集团还与行业企业紧密联系，目前已经与国内百强汽车经销商集团签订人才委培的战略协议。发展至今，中锐教育集团已投资2亿元人民币，与国内近50所高等职业院校和20余所中等职业院校建立深度校企合作关系，共建汽车职业学院与实训基地。

2003年，国家大力发展职业教育，中锐教育集团面临市场大环境的变化，必须做出适应市场的政策调整，由教育投资型向教育服务型的公司转型。加强校企合作专业的内涵建设，提升中锐教育集团的知名度、美誉度和市场竞争力，继而强化中国职业教育领导品牌。

结合突破管理相关理论在以下六个方面进行了突破管理(见图1)。

一、加强体系建设，收购信息化软件公司

2014年6月27日，中锐教育集团正式全资收购全国第一家专业研发汽车仿真实训软件的沈阳敏捷科技有限公司，并丰富中锐教育集团数字化教学课程体系。

沈阳敏捷科技有限公司主要以汽车技术服务与营销、汽车保险理赔、二手车、汽车美容装饰等方向为服务核心，并提供有针对性专业化的建设咨询、人才培养方案、课程体系建设、精品课打造、师资队伍培训、教材及实训指导编写、实训室设计规划、大赛咨询等一揽子解决方案。同时辅以敏捷授课系统、敏捷情境仿真软件、敏捷实操软件、培训考评系统和资格证书体系、校企联合实训、实

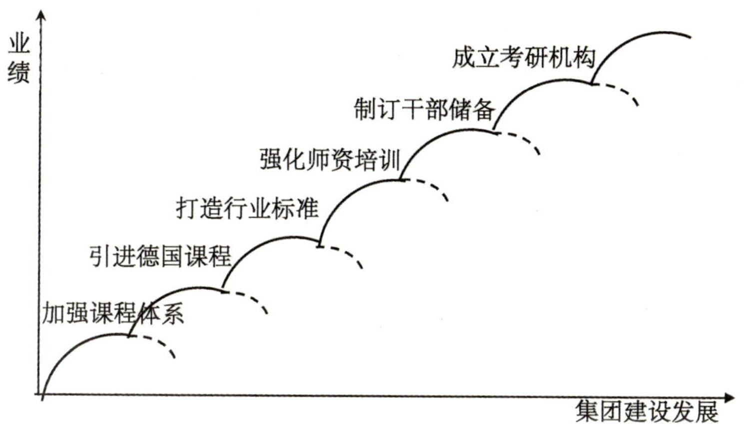

图 1　中锐教育集团突破管理

训室/培训基地建设等服务内容为一体的教育服务机构。

二、打造行业标准，成立人力资源联席会

职业教育原本就是就业教育，高素质综合技能型人才培训更是职业教育所追求。如果能够与国内用人单位的人力资源主管领导共同打造行业用人标准，培养出综合技能型的人才，这是内涵建设的一个重要组成部分。

中锐教育集团在过去的几年里，集团 50 多位职业教育专家收集了中国 2 480多家汽车企业人才信息，对 87 个城市的 3 000 余家 4S 店企业进行了问卷调查，对 832 家大型综合修理厂、品牌 4S 店、特约维修站等进行了重点跟踪，并与之进行了实地接触和深入访谈。同时还与国内外著名汽车企业建立了密切的合作关系，全面听取、收集企业关于汽车技术知识体系、职业技能、职业素质等方面的需求和建议，组织业界专家一起开发设计出适合中国中高等职业教育发展需要和企业用人需求的培训体系。

同时，中锐教育集团还建立了专家顾问团队，成立自己的顾问智囊团。汇聚来自政府、行业、协会、高校的专家和教授，成员包括教育部、劳动部的业务主管领导、大学资源教授、汽车行业协会资深专家、国内十大汽车经销商集团、五大主机厂主管领导。

中锐教育集团与中国汽车流通协会共同组建了“50CLUB 全国汽车企业人力资源发展联席会议”，每年定期召开会议，并邀请国内教育主管部门领导、著名的汽车专家、职教教授、学者等共同讨论与学习。已经形成了每年一次举办

的惯例。在会上“汽车行业人才岗位标准”话题被摆上桌面。中锐教育集团与联席会会员——中进汽贸、利星行、正通集团、永达集团、惠通嘉华、祥龙博瑞集团、长久汽车、利丰集团、润华集团、宝利德集团、轿辰集团、英伦之翼和燕骏汽车等全国领先的大型汽车经销商集团的人力资源负责人、地方汽车流通协会负责人研讨并定期更新“汽车 4S 店岗位培训标准”、汽车售后服务、汽车销售、二手车评估、汽车保险查勘员等 4 个重点汽车人才岗位标准。

三、引进德国课程，进行国际化课程合作

自 2003 年国家大力发展职业教育以来，国内众多职业院校也学习国外先进的教学方法及教学课程，尤其以德国“双元制”教学模式尤为受国内欢迎。中锐教育集团也牵手德国工商大会 IHK 职业资格证书教育项目，丰富集团国际化课程。这是德国工商大会首次与中国大型职教集团展开合作，引进德国 IHK 职业资格证书教育项目，按照德国“双元制”职业教育模式对国内汽车职业人才进行培养与认证。

德国工商大会由 82 个德国本土商会和 120 个海外商会组成的行政联合机构，在全球有 360 万个德国会员企业，最重要的职能之一是为职业教育提供职业资格认证和技术教育培训。德国工商大会参与的双元制职业教育培训模式，得到了中国政府的高度认可。2011 年，温家宝总理访德期间，德国工商大会参加了由温家宝总理和默克尔总理共同签署的合作谅解备忘录，在北京成立的中德职业教育政府联盟中，德国工商大会是指导委员会中重要成员。

IHK 职业资格证书是德国工商大会在海外颁发的职业资格证书，具有与德国本土职业资格证书相同的标准和质量水平，是进入德国企业就业的通行证。同时，在全球范围内也被其他国家接受和认可。职业资格证书是学生就业和员工提升的重要桥梁，但国内目前的职业资格证书各式各样，鱼龙混杂。德国 IHK 职业资格证书的引入，一定程度上将促进职业院校教学标准和水平的提升，以及国内职业资格证书体系的标准化、规范化和国际化。依托 IHK 最丰富的双元制职业教育经验和实践，以及中锐教育集团广泛的职业院校网络、产教合作平台和运营经验，双方此次在职业资格证书、师资培训等领域的战略合作将进一步促进中国和德国在职业教育领域的合作和交流，提升中国职业教育产业的水平和质量。

中锐教育集团牵手德国 IHK 职业资格证书教育项目，促进了集团教育国际化。

四、强化师资培训，完成华汽师资培训班

教育之道，师资先行。

集团目前在册教师已经突破百人，集团每年定期在院校寒假、暑假期间召开师资培训。

师资培训为期一周，分两个阶段进行。第一阶段主要讲解当前教育课程体系和教学方法，以及专业示范课程的演示与演练。第二阶段分汽车商务与汽车技术两个方向进行培训：汽车商务方向的培训，以企业案例进行情景教学，并根据岗位标准进行实战演练；汽车技术方向的培训则针对奥迪、大众车辆新技术及疑难故障进行诊断排除。培训以合班讲座、分班培训、理论授课与实践操作相结合的模式展开。由汽车行业内知名专家、行业精英等担任培训师。

中锐教育集团总经理也参会并重点介绍和分析当前汽车职业教育对教师的新要求，强调中锐教育集团将利用自身优势，继续加强为合作院校提供全面服务，着力为合作伙伴打造一支专业能力过硬的“双师”型师资队伍。中锐教育集团教育研究院常务副院长系统介绍了中锐教育集团华汽教育课程体系及教学方法。

培训结束后，进行专业考核，考核合格的教师将获得由全国机械职业教育教学指导委员会、机械工业教育发展中心及中锐教育集团联合颁发的培训结业证书及中锐教育集团颁发的培训合格证书。

五、制订干部储蓄，培养管理干部培训生

中锐教育集团的干部储备机制针对集团新进员工及干部梯队制订人才储蓄计划，2012 年下半年首次在中锐教育集团合作院校双向选择了一批管理培训生，并于 2013 年 2 月 25—26 日加盟中锐教育集团。中锐教育集团针对此次报到的 4 名同学，编制了管理培训生培养方案，通过中锐教育集团内部培训、集团新员工培训，在华汽不同部门或各大区、其他事业部进行实习，让他们深入了解华汽整个项目的运作流程(或集团其他事业部运作流程)后，再根据个人专长安排不同的岗位。

形成以组长、副组长，并加入班主任模式来内部选拔优秀毕业生加入中锐，制订培养目标：将管理培训生培养成初步具备基本工作技能、具有团队合作精神，初步了解集团文化与理念、集团业务架构、组织架构、规章制度，符合新员工入职标准的储备人才。培训期间对每个管理培训生每个阶段的训练效果进行

评估，并根据评估结果拟定下一阶段的培养方案，对不适合继续作为管理培训生培养的人应转入其他岗位培养行列，或由就业管理部门帮助寻找更合适的岗位。培训内容分内部和外部两大部分。

（一）内部培训

中锐教育集团内部培训包括：集团大楼介绍，教材、教案整理，中锐教育集团业务介绍、互动，中锐教育集团制度培训之接待制度，职业生涯规划、职业性格测评，商务礼仪，人事制度规范，新学年工作重点，专业演讲基本技巧，PPT 制作（理论＋实操），演讲练习及 PPT 制作练习，演讲练习情况指导，中锐教育集团制度培训之例会制度、周报、档案管理，演讲练习及 PPT 制作练习，笔试测试，演讲及答辩（15 分钟演讲 5 分钟交流），中锐教育集团制度培训（三），依据测试结果各部门选择对口培训生。

全部培训结束后，中锐教育集团依据阶段培训了解的情况及个人职业发展规划确定管培生工作岗位。

（二）实践内容

以跨部门轮岗的形式，让管培生较为全面地接触到华汽项目拓展、教学、就业、运营等各个方面工作。在每个部门工作 1 个月，每月安排 1 名带教老师，每个带教老师在带教第一周须针对所带管培生的特点制定当月的整体培养计划及月度内阶段培养计划，交予中锐教育集团本次管理培训班主任，经领导小组组长确认后执行。

具体按以下内容进行阶段实践：

(1) 3 月份带教老师：领队 1 名、教学部 1 名、院校合作部 1 名、就业管理部 1 名。

(2) 4～5 月根据管培生的实际情况和中锐教育集团工作需要确定带教老师。

(3) 6～8 月，中锐教育集团各项目点进入招生季，拟计划将管理培训生派到需要的项目点锻炼，继续在项目点进行持续培养，中锐教育集团总部继续跟踪培养计划的执行情况。

最后，对不同的培训生进行评价与评估。班主任根据每个管培生“月度培养计划”、带教老师的培训计划、监督管培生的培养计划执行情况，每个部门或带教老师的培训结束后，须由带教老师对管理培训生进行评估，管培生对带教老师进行评价。中锐教育集团针对带教老师对管培生的评估对月度培养计划进行调整，对不适合作为管理培训生培养的应转入其他培养行列或由就业管理部门帮助寻找更合适的岗位。

六、成立教研机构，组建中锐教育研究院

中锐教育集团在内涵建设，也就是核心竞争力的打造上，必须出现一个有科研性质的并可以持续更新和升级的教学课程资源与体系的核心部门，并且担任起引进国内外优秀教学资源、以创新为发展、创新为教学课堂应用的教育研究院。2013 年 7 月，中锐教育集团正式成立教育研究院。

教育研究院以创新求发展、以创新求市场、以创新求效益，人无我有，人有我新为工作宗旨。为中锐教育集团教学项目做好参谋与服务工作，研发教学项目新产品，打造教学项目新特色，协助巩固与发展教学项目。与中锐教育集团各业务及服务部门通力合作，积极开发及拓新产品与市场。

突破管理实施以来，取得了以下荣誉：

2010 年 10 月 11 日，在教育部、人力资源和社会保障部等发起并举办的首届“中国职业教育与汽车行业发展对接”高端对话中，中锐教育集团作为代表企业做大会发言，并被授予“全国汽车行业示范职教集团”。

2011 年 5 月，教育部、商务部授予中锐教育集团“全国商业服务业校企合作与人才培养优秀企业”光荣称号。

2011 年 9 月，商务部授予中锐教育集团“全国服务外包人才培养校企合作贡献奖”。

2012 年 5 月，中锐教育集团在新一届“全国机械职业教育教学指导委员会”中当选为“产教合作促进与指导委员会”主任委员、“汽车类专业教学指导委员会”委员和“实验实训建设指导委员会”委员。

2012 年 8 月，上海市合同信用促进会授予中锐教育集团“2010—2011 年度上海市守合同重信用企业”。

2012 年 12 月，中锐教育集团荣获 2012 新浪教育盛典“最具品牌知名度教育机构”。

2013 年 12 月，中锐教育集团荣获“2013 腾讯网十年最具价值职业教育品牌”。

国际合作方面，也得到了高度的认同。德国工商大会上海代表处（AHK）首席代表 Jan Noether 表示，IHK 与中锐教育集团在职业教育领域的牵手是“天作之合”，对双方甚至中德两国的教育发展和交流有着重要意义。同时 IHK 也将一如既往地支持双方战略合作框架下新的培训项目的开展，以不断满足经济发展对高素质专业人才的需求。

中锐教育集团全资收购的沈阳敏捷科技有限公司自 2012 年加入，前全年市场营销较 2011 年也翻了 3 倍，首年实现仿真软件全年营销突破千万大关。在合作院校客户数量也较 2011 年增加了 2 倍。实现了业绩与客户占有数的双倍增。同时在课程体系、国际合作、专业内涵建设、师资队伍建设的提升，也在集团品牌建设上先后得到了荣誉，提升了品牌价值的知名度与美誉度。引进的德国课程，也得到了德方代表及相关合作院校的高度认同，同时也带来了相关业务业绩的倍增。

作者系原上海中锐教育集团副总经理、
上海卓越管理中心第 35 期高级职业经理人班学员